陈奎庆 彭 伟 赵 帅 著

中小企业生态创新

驱动因素与绩效转化机制

Eco-innovation in Small and Medium-sized Enterprises

Driving Factors and
Transformation Mechanism of
Performance

社会科学文献出版社
SOCIAL SCIENCES ACADEMIC PRESS (CHINA)

前　言

　　党的二十大报告指出："推动绿色发展，促进人与自然和谐共生。"绿色发展已成为当前我国政府的重要政策取向，也是解决我国生态环境恶化、资源浪费等问题的重要途径。中小企业生态创新是实现经济效益和生态效益"双赢"的路径选择，也是我国生态文明建设和美丽中国建设战略实施的重要微观基础。然而，现实中我国中小企业普遍存在生态创新动力不足的困境。

　　现有研究主要聚焦欧美发达国家大型制造企业的生态创新问题，对中国情境下中小企业的生态创新尚未给予足够的关注，尚未揭示中小企业生态创新"为何""如何"贡献于可持续发展的理论本质和实践规律。

　　本书立足于中国转型经济情境，深入探讨中小企业生态创新的驱动因素和绩效转化机制，以期丰富中国情境下生态创新的理论研究，并为我国中小企业的生态创新实践提供决策参考。具体来说，本书通过三个子研究，基于特定的视角，对中小企业生态创新的驱动因素及其绩效转化机制进行了全面的分析和探讨。

　　现有研究主要基于单一视角探讨企业生态创新的驱动因素，从制度理论、利益相关者理论视角切入，探讨环境规制、利益相关者压力、技术等因素对企业生态创新的影响；或基于资源基础观探讨组织资源、企业战略动机与行为对企业生态创新的影响，缺乏多视角下的整合性研究。据此，子研究一（第3章）综合运用高阶理论、资源基础理论、制度理论等理论，探讨个体层面的高管环保意识、组织层面的组织冗余、环境层面的制度压力与中小企业生态创新之间的关系以及不同层面因素之间的作用机理。基于182家中小企业的问卷调查数据的实证研究结果表明：高管环保意识、组织冗余、制度压力对中小企业生态创新均具有显著的正向影响，后两者对高管环保意识与中小企业生态创新间的关系发挥显著的正向调节作用。该研究结果基于整合视角揭示了中小企业生态创新的多层次驱动因素，突破了单一视角探讨企业生态创新驱动因素的局限性，深化了我们对中小企业生态创新前因的认识。

现有文献主要就生态创新对企业绩效的直接影响效应开展研究，对两者之间内在作用机制的研究相对较少。据此，子研究二（第4章）将生态创新划分为主动式生态创新和被动式生态创新两种类型，从竞争优势的视角切入，深入探讨差异化竞争优势和低成本竞争优势在生态创新对中小企业绩效的影响过程中发挥的中介效应。基于中国经济转型情境下370家中小企业的问卷调查数据开展相应的实证分析，研究结果表明：主动式生态创新对中小企业绩效具有显著的正向影响，被动式生态创新对中小企业绩效具有显著的负向影响，生态创新对中小企业绩效的影响主要通过企业竞争优势（差异化竞争优势、低成本竞争优势）来发挥作用。该研究结论剖析了生态创新影响中小企业绩效的内在作用机制，突破以往多数研究笼统探讨生态创新与企业绩效之间关系的不足，打开了生态创新与中小企业绩效之间关系的"黑箱"。

虽然多数研究证实了生态创新对企业绩效具有显著的积极影响效应，但也有少数文献得出相反的结论。因此，生态创新影响企业绩效的情境因素及边界条件有待厘清。据此，子研究三（第5章）基于权变视角，实证考察外部环境层面的制度完善性和组织内部层面的管理者关系在生态创新与中小企业绩效之间关系的调节效应，基于234家中小企业问卷调查数据开展实证检验，结果表明：主动式生态创新对中小企业绩效具有显著的正向影响，被动式生态创新对中小企业绩效具有显著的负向影响，制度环境完善性和管理者关系在生态创新和中小企业绩效之间发挥显著的负向调节作用。该研究结论揭示了生态创新与中小企业绩效的权变关系机理，厘清了生态创新对中小企业绩效影响的边界条件，为调和已有生态创新与企业绩效关系研究结论的分歧提供了经验证据。

通过上述三个子研究的深入分析，本书明晰了中小企业生态创新的驱动因素，剖析了生态创新影响中小企业绩效的内在作用机制，揭示了生态创新与中小企业绩效间的权变关系机理，为我们系统认识中小企业生态创新的驱动因素及绩效转化机制提供了经验证据。基于上述研究发现，本书第 6 章分析了研究结果的理论贡献，讨论了研究结果的实践启示，针对中小企业及相关政府部门提出了若干对策建议。

本书具有多重理论意义，对生态创新、转型经济情境下创新研究等领域均具有一定的理论贡献。对生态创新研究领域，针对现有研究更多侧重于大型制造企业开展的生态创新实践并构建了基于大型制造企业的生态创新理论体系的现实，本书聚焦于中小企业的生态创新实践，系统探讨中小企业的驱动因素及绩效转化机制，提出了对中小企业生态创新更为有效的理论体系，拓展了生态创新的研究对象，提炼了中小企业生态创新贡献可持续发展的理论本质。对转型经济情境下的创新研究领域，相关研究大多沿用适用于西方发达国家情境的理论，在理论构建方面未能充分反映我国转型经济情境的独特性。本书聚焦于转型经济情境，从中小企业成长的独特性出发，探讨中小企业生态创新的驱动因素和绩效转化机制，这对现有的创新理论研究是一个有益的补充和发展。

本书的实践价值主要体现在两个方面：一是研究结论有助于为我国中小企业有效实施生态创新战略提供理论依据和实践指导；二是研究结论可以为政府部门优化完善相关政策以推动中小企业生态创新进而实现绩效提升提供决策参考。

目 录

第 1 章

绪 论

本章主要对本书的研究背景、研究问题、研究意义以及研究程序等相关问题进行概述与说明。首先，通过对现实问题的观察和理论问题的探讨来阐述本书的现实背景和理论背景；其次，从三个方面对本书要解决的研究问题展开初步分析；再次，从理论意义和现实意义两个层面探讨本书的研究意义；最后，从研究思路、技术路线、研究方法及内容组织等四个方面介绍本书的研究方案。

1.1 研究背景

1.1.1 现实背景

伴随着工业化进程的不断加快以及新服务和新产品的不断涌现，区域经济持续平稳发展。然而，在这一过程中，生态环境破坏、碳排放增加、环境污染等问题相继凸显。面对资源约束、生态恶化等一系列问题，我国政府高度重视，将美丽中国建设作为一项长期而艰巨的任务和系统工程。2020 年，在第七十五届联合国大会一般性辩论上，我国提出要在2030 年前实现"碳达峰"，在 2060 年前实现"碳中和"。党的二十大报告明确提出，要加快发展方式绿色转型，深入推进环境污染防治，积极稳妥推进碳达峰碳中和，推进生态优先、节约集约、绿色低碳发展。

作为国民经济的基本单位，中小企业在扩大就业、维护社会稳定及促进国民经济健康发展方面发挥着重要作用，其发展关乎我国经济高质量发展。生态创新是中小企业实现经济和生态"双赢"效益的路径选择，也是我国生态文明建设和美丽中国建设的重要微观基础。然而，现实中我国中小企业普遍存在生态创新动力不足的困境。因此，如何激发中小企业实施生态创新战略来实现绩效提升已经成为亟待解决的重要现实问题。

1.1.2 理论背景

国外关于生态创新的研究主要围绕三个方面展开。一是生态创新的内涵和测量。生态创新的概念起源于可持续发展理念，Fussler 和 James（1996）率先将其定义为"有效降低环境负面影响并能够给顾客带来价值，同时使企业增值的新产品和新工艺"，随后学者们相继对生态创新的定义、维度及测量方式进行了探讨（Horbach et al.，2012；Mat & Yusof，2020）。二是生态创新的驱动因素。学者们主要从环境、组织等外部层面探讨了企业生态创新的影响因素，在环境层面，从制度理论、利益相关者理论视角切入，探讨了环境规制、利益相关者压力、技术等因素对企业生态创新的影响（Costantini et al.，2017；Fliaster & Kolloch，2017）；在组织层面，基于资源基础观和自然资源基础观视角，就探索式学习、企业战略动机与行为、组织资源等因素对生态创新的影响开展了研究（Zhang & Zhu，2019；Cheng & Shiu，2012；Kesidou & Demirel，2012）。三是生态创新的绩效影响。多数研究主要考察生态创新对企业绩效的直接影响效应，少数研究考察生态创新影响企业绩效的作用机理（Chiou et al.，2011；Berrone et al.，2013；Berrone & Gomez-Mejia，2009）。

国内关于生态创新的相关研究主要沿着以下三条路径展开。一是对国外生态创新相关研究成果的审思与评价（彭雪蓉和黄学，2013；张韵和钟书华，2016；廖中举和黄超，2017）。二是从环境、企业/组织、个体层面探讨企业生态创新的驱动因素。环境层面的影响因素包括政府环境规制、利益相关者环保导向、行业可见性以及行业属性（蔡乌赶和周小亮，2014；彭雪蓉和魏江，2015；孟科学和严清华，2017）；企业/组织层面主要探讨企业规模、企业所有权性质、生态技术优势及组织创新能力等对生态创新的影响（彭雪蓉和魏江，2014；何岚和钟书华，2017）；个体层面多涉及高管认知等因素（王霞和徐晓东，2016）。三是采用实证研究方法探讨生态创新对企业绩效及竞争优势的影响作用（马玎等，2016；黄蝶君等，2016；刘子杨和陈进，2017）。

总的来说，现有生态创新领域的研究更多侧重于大型制造企业的生态创新实践，构建了针对大型制造企业生态创新的理论体系，较少涉及中小企业。基于大型制造企业构建的生态创新理论体系显然不能直接应用于中小企业的生态创新实践中。

鉴于上述背景，本书立足于中国转型经济情境，深入探讨中小企业生态创新的驱动因素和绩效转化机制，以期丰富中国情境下的生态创新理论研究，为优化完善中小企业生态创新相关政策提供实践参考。

1.2 研究问题

通过对生态创新等领域现有文献的分析，本书着力于回答以下三个问题：①中小企业生态创新的驱动因素有哪些？不同层面的驱动因素之间存在怎样的逻辑关系？②生态创新影响中小企业绩效的传导机制是什么？③影响生态创新与中小企业绩效之间关系的情境因素有哪些？生态创新与中小企业绩效之间的权变关系机理是什么？通过对多个研究领域的交叉，本书具体探讨上述三个问题，并通过三个子研究分别加以分析。

1.2.1 剖析中小企业生态创新的多层次驱动因素

转型经济情境下中小企业如何有效实施生态创新战略进而促进组织绩效

提升已成为亟待解决的重要问题，对中小企业成长也具有重要的实践意义（谢雄标和孙静柯，2021）。然而，现有研究较多关注大型制造企业的生态创新状况（Soewarno et al.，2019；肖振红和李炎，2022），对中小企业生态创新的影响因素却关注较少，尤其缺乏多层次整合视角下中小企业生态创新的前因探讨（陈奎庆和赵帅，2021；陈志红和李健，2020）。因此，本书的子研究一（第3章）综合运用高阶理论、资源基础观和制度理论，系统考察个体层面的高管环保意识、组织层面的组织冗余、环境层面的制度压力与中小企业生态创新之间的关系，以期揭示中小企业生态创新的多层次驱动因素及内在机理。具体而言，子研究一将通过问答以下几个问题来明晰中小企业生态创新的多层次驱动因素：①高管环保意识是否会对中小企业生态创新产生影响？②组织冗余是否会对中小企业生态创新产生影响？③制度压力是否会对中小企业生态创新产生影响？④组织冗余是否会对高管环保意识与中小企业生态创新之间的关系产生影响？⑤制度压力是否会对高管环保意识与中小企业生态创新之间的关系产生影响？⑥组织冗余和制度压力是否会对高管环保意识与中小企业生态创新之间的关系产生联合影响？

1.2.2 探讨生态创新影响中小企业绩效的内在机制

现有研究较多探讨了生态创新对企业绩效的直接影响（Cuerva et al.，2014；王霞和徐晓东，2016），对生态创新与中小企业绩效之间的作用机理未进行系统探究（杨阳等，2022）。针对这一问题，本书子研究二（第4章）拟系统考察生态创新与中小企业绩效之间的逻辑关系以及企业竞争优势在该作用过程中发挥的中介作用。具体而言，子研究二将通过回答以下几个问题来揭示生态创新影响中小企业绩效的内在机制：①生态创新（主动式生态创新、被动式生态创新，下同）是否会对中小企业绩效产生影响？②生态创新是否会对企业竞争优势（差异化竞争优势、低成本竞争优势，下同）产生影响？③生态创新是否会通过影响企业竞争优势进而对中小企业绩效产生影响？

1.2.3 考察生态创新与中小企业绩效之间的权变关系机理

学术界对生态创新与企业绩效之间的关系展开了较多的理论探讨与实证分析，然而现有研究并没有获得一致结论。这表明生态创新与企业绩效的关系是高度情境依赖的。因此，只有深入分析生态创新与中小企业绩效之间的权变关系才能更好地厘清生态创新对中小企业绩效作用的边界条件，明晰影响生态创新与中小企业绩效之间关系的情境因素。本书子研究三（第 5 章）拟深入探究生态创新与中小企业绩效之间的逻辑关系以及制度环境完善性、管理者关系对两者之间关系的调节效应。具体而言，子研究三将通过回答以下几个问题来分析生态创新与中小企业绩效之间的权变关系机理：①生态创新是否会对中小企业绩效产生影响？②外部层面的制度环境完善性是否会对生态创新与中小企业绩效之间的关系产生影响？③内部层面的管理者关系是否会对生态创新与中小企业绩效之间的关系产生影响？

1.3 研究意义

1.3.1 理论意义

从理论发展的角度看，本书的理论价值主要体现在以下三个方面。

（1）聚焦中小企业，拓展生态创新的研究对象

国内外现有生态创新领域的研究更多侧重在大型成熟企业和酒店旅游业等行业企业开展的环保实践活动，并且构建了针对大型成熟企业生态创新的理论体系（王雅君等，2018），较少涉及中小企业。本书以我国中小企业为研究样本，深入探讨中小企业生态创新的驱动因素和绩效转化机制，一方面有利于拓展生态创新领域的研究对象，另一方面有助于丰富生态创新领域的研究成果。

（2）考察中小企业生态创新的驱动因素，深化对生态创新的认识

现有生态创新的前因研究主要从制度、组织等外部层面出发，就环境规制、利益相关者压力、探索式学习等外部因素与生态创新的关系进行分析（吴建祖和范会玲，2021；Zhang & Zhu，2019），相对缺乏企业生态创新的内部影响因素探讨，多层次的整合研究更加鲜见。本书整合高阶理论、资源基础观、制度理论，深入系统地考察中小企业生态创新的多层次驱动因素，有助于深化我们对生态创新驱动机制的认识。

（3）探讨中小企业生态创新的绩效转化机制，提炼中小企业生态创新贡献于可持续发展的理论本质

现有生态创新的后果研究主要探讨生态创新与企业绩效的直接关系，虽然多数研究证实了生态创新有助于企业绩效提升，但也有少数研究持不同意见。本书基于竞争优势理论和自然资源基础观，一方面，探索性地探讨竞争优势在生态创新影响中小企业绩效过程中的传导机制，以期剖析生态创新影响中小企业绩效的内在作用机制；另一方面，系统考察制度环境完善性与管理者关系在生态创新和中小企业绩效关系间的调节效应，以期明晰生态创新与中小企业绩效之间的权变关系机理。内在作用机制与权变关系机理的揭示有助于提炼中小企业生态创新贡献于可持续发展的理论本质。

1.3.2 现实意义

从实践层面看，本书的价值主要体现在以下两个方面。

（1）为中小企业如何实施生态创新战略提供理论依据和实践指导

近年来，生态创新逐渐成为修复受损自然环境的重要方式，诸如高污染、高耗能等行业内的许多中小企业甚至会主动选择实施环保实践活动。生态创新也已成为中小企业获取合法性从而加快资源整合速度实现存活与成长的重要战略方式。然而，理论层面上，有关中小企业生态创新前因后果的系统研究还不多见。本书通过深入的理论研究与翔实的实证分析，明晰中小企业生态创新的驱动因素和绩效转化机制，提炼中小企业生态创新贡献于可持

续发展的理论本质，有助于为我国中小企业有效实施生态创新战略提供理论依据和实践指导。

（2）为政府部门优化和完善促进中小企业绩效提升相关的政策提供决策参考

从国家层面来讲，政府部门致力于推动中小企业的绿色环保实践，以期一方面通过中小企业发展增加就业岗位，缓解就业压力；另一方面促进区域经济发展，助推经济高质量发展。然而，现实中的中小企业缺乏生态创新主动性，使政策落地难。如何提升中小企业生态创新的积极性和主动性从而促进高质量发展成为各级政府部门的重要关注点。本书通过在我国不同地区开展大规模的实证调查来探讨中小企业生态创新的驱动因素与绩效转化机制，研究结论可以为政府部门优化完善相关政策以推动中小企业生态创新进而实现绩效提升提供决策参考。

1.4　研究方案

1.4.1　研究思路

本书的研究思路如图 1-1 所示。

基于实地调研和文献回顾，形成本书的现实背景和理论背景。在此基础上，本书提出核心研究问题，即中小企业生态创新的驱动因素与绩效转化机制是什么？本书进一步通过实地调研和文献研究将这一研究问题细化，形成三个子研究设计方案，并按照理论框架构建、研究设计与数据收集、统计分析与结果报告、结果讨论和研究结论等程序对三个子研究进行分析。最后，本书对三个子研究进行总结，归纳本书的研究贡献，指出研究的局限性，并对未来研究进行展望。

1.4.2　技术路线

如图 1-2 所示，本书遵循文献研究和实地调研相结合、理论分析和实

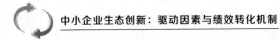

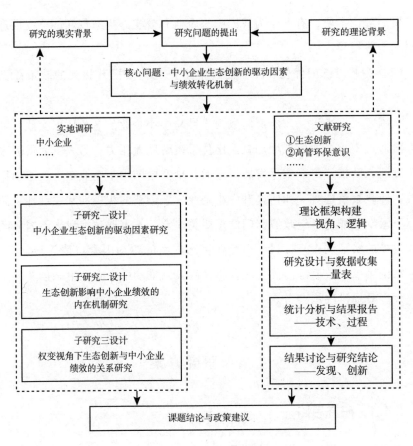

图 1-1　本书的研究思路

证研究相结合的思路。从相关理论出发，结合我国中小企业生态创新实践，探讨中小企业生态创新的驱动因素与绩效转化机制。通过相关理论的概念化和不同变量的操作化设计，提出相应的研究假设，通过大样本的调查问卷获取中小企业生态创新数据。运用 SPSS22.0、LISREL8.51 等软件进行描述性统计、探索性因子分析、验证性因子分析、回归检验等，对研究假设进行实证检验。

1.4.3　研究方法

为了全面回答本书的三个研究问题，本书采取了文献研究、问卷调查、

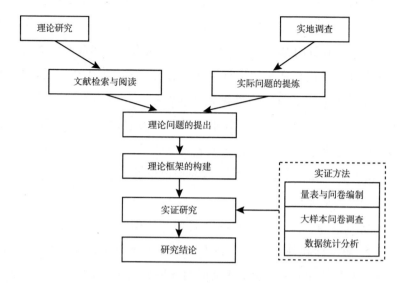

图 1-2 本书的技术路线

统计分析等研究方法。

（1）文献研究：在子研究一中，课题组对生态创新、高管环保意识、组织冗余、制度压力等领域的国内外文献开展深入研究，据此构建了中小企业生态创新多层次驱动因素的理论模型，为本书子研究一中的实证分析奠定了坚实基础。在子研究二中，课题组对生态创新、竞争优势、中小企业绩效等领域的国内外文献开展深入研究，构建了生态创新影响中小企业绩效的内在机制模型，为本书子研究二中的实证分析奠定了基础。在子研究三中，课题组对生态创新、制度环境完善性、管理者关系、中小企业绩效等领域的国内外文献开展了深入研究，构建了权变视角下生态创新与中小企业绩效的关系模型，为子研究三中的实证分析奠定了基础。

（2）问卷调查：本书的子研究一、子研究二、子研究三的数据均通过问卷调查获得。为了开展这三个子研究的工作，课题组先后实施了大规模的问卷调查工作，以获取相应的一手数据。子研究一从 2020 年 12 月至 2021 年 1 月选取了山东、江苏等东部沿海地区的多家中小企业进行问卷调查，共发放 281 份问卷，收回有效问卷 182 份，据此就中小企业生态创新的多层次驱动因素开展了深入的实证分析。子研究二在 2021 年 7～12 月，共发放问卷 600 份，回收有效问卷 370 份。基于这 370 份有效样本数据，就生态创新影响中小企业绩效的内在机制进行了深入的实证考察。子研究三在 2022 年 4～7 月，通过线上线下两种渠道收集问卷数据，一方面在江苏、上海、山东等东部沿海地区进行线下问卷收集，另一方面通过"见数"线上数据收集平台进行线上问卷收集。问卷发放量为 310 份，最终回收的有效问卷为 234 份。基于 234 份有效样本数据，就权变视角下生态创新与中小企业绩效的关系开展了实证分析。

（3）统计分析：基于大样本的问卷调查数据，课题组运用 SPSS22.0、LISREL8.51 等统计软件，先后开展了探索性因子分析、验证性因子分析、描述性统计与相关性分析、层级线性回归分析等统计分析工作。在子研究一中，实证考察了中小企业生态创新的多层次驱动因素，揭示了中小企业生态系统的驱动机制。在子研究二中，实证分析了差异化竞争优势和低成本竞争优势在生态创新和中小企业绩效关系间的不同作用，揭示了生态创新影响中小企业绩效的内在作用机制。在子研究三中，探讨了制度环境完善性和管理者关系在生态创新与中小企业绩效关系间发挥的调节效应，明晰了生态创新影响中小企业绩效的边界条件。

1.4.4　内容组织

本书分为 6 章，各章节的内容安排如下。

第 1 章主要介绍研究的现实背景和理论背景，提出研究问题，分析本研究的理论意义和现实意义，并在此基础上介绍了本书的研究思路、技术路线、研究方法及内容组织。

第 2 章概述了研究的理论基础，并对相关研究文献进行了详细梳理和述评，主要涉及高阶理论、资源基础理论、制度理论、竞争优势理论、自然资源基础观，为本书研究框架的构建与研究假设的提出奠定了基础。

第 3 章主要围绕本书的第一个子研究展开分析，综合运用高阶理论、资源基础观、制度理论，构建了中小企业生态创新的多层次驱动因素理论模型，借助 SPSS22.0、LISREL8.51 等软件进行回归分析，揭示中小企业生态创新的驱动机制。

第4章主要围绕本书的第二个子研究展开分析，构建了"生态创新—企业竞争优势—中小企业绩效"的逻辑关系框架；基于我国中小企业的问卷调查数据，运用 SPSS22.0、LISREL8.51 等软件开展统计分析，深入剖析生态创新影响中小企业绩效的内在作用机制。

第5章主要围绕本书的第三个子研究展开分析，基于权变视角，构建制度环境完善性以及管理者关系在"生态创新—中小企业绩效"关系间发挥调节效应的理论框架；运用 SPSS22.0、LISREL8.51 等软件开展统计分析，明晰生态创新与中小企业绩效间的权变关系机理。

第6章主要对本书以上三个子研究进行归纳总结，分析本书的理论贡献与实践启示，并指出本书的研究局限性及未来研究方向。

依据每章的具体内容，各章节之间的关系可用图1-3表示。

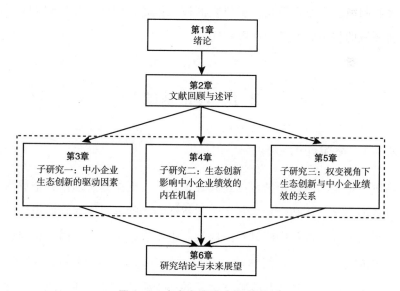

图 1-3 本书各章节之间的关系

第 **2** 章

文献回顾与述评

本章对研究所涉及的理论视角及重要概念进行文献综述与评介。高阶理论、资源基础理论、制度理论、竞争优势理论、自然资源基础观是本书依据的主要理论视角，在子研究中将进一步展开运用，因此，2.1节对其进行简单梳理和归纳。生态创新是本书研究的核心议题，因此，2.2节对国内外生态创新领域的相关研究进行回顾和述评。

2.1　理论基础

2.1.1　高阶理论

高阶理论是战略管理领域的经典理论之一。根据高阶理论，企业高层管理者自身的个性、认知、价值观等个体特征会影响其对所面临的组织内部和外部环境的解读，进而影响其组织决策及组织战略的形成，同时也会影响组织中其他成员的行为，最终影响企业绩效（Hambrick & Mason，1984）。高阶理论对企业高层管理者与企业间关系的详细阐述，使之成为战略管理领域的重要理论基础。基于此，本节将综述高阶理论的发展脉络，梳理高阶理论在创新创业领域中的运用，并对高阶理论进行简要述评。

2.1.1.1　高阶理论的渊源及发展

高阶理论发轫于 20 世纪 80 年代，Hambrick 和 Mason（1984）发现当时的主流商业期刊均表现出了对企业高层管理者的人口统计学特征的关注，于是首次提出了高阶理论的概念框架，认为组织应该是企业高层管理者的反映。Cyert 和 March（1963）曾提出，企业绩效实际上是企业的高层决策者做出决策后的表现，Hambrick 和 Mason（1984）在这一结论的基础上总结出了两条研究企业高管的路径，其中一条指出，研究重点不应当仅仅局限于企业的 CEO，而应该关注企业的所有高层领导者，这样才能更好地体现高管对于企业战略的重要性；另一条路径则指出，应当重点研究企业高管的人口统计学特征，如性别、年龄、学历、职业背景等，这些特征能较好地体现高管本身的认知水平。此时，为研究企业高管的个人特质对企业绩效及战略的影响作用而生的"高阶理论"开始进入高速发展期（贾迎亚和胡君辰，2021）。随后，高阶理论模型又经过多位学者的检验、发展与修正，其中有学者在研究企业高管团队的运行方式时，将研究范围从最初的企业高管团队成员背景特征扩展到整个团队的结构特征；Carpenter 等（2004）进一步将高阶理论与委托代理理论结合，认为企业高管团队对企业战略决策的影响作用将被其面临的外部环境因素所调节，并且在研究模型中加入治理结构和经济社会环境因素，对高阶理论做出了有益的补充。

随着时间的推移，经过不断地扩充和整合，高阶理论获得了长足的进步与发展，为战略领域学者们的研究提供了可靠的理论框架。

2.1.1.2　高阶理论在创新创业研究中的应用

高阶理论在创新创业领域的应用非常广泛，总体而言可以分为两个阶段：第一阶段聚焦高管的可观测特征（如人口统计学变量）与组织发展间的研究；第二阶段则更深入地探讨企业高管与组织结果变量间的具体发生机制，如高管认知、行为偏好以及价值观等心理因素对组织结果变量的影响过程。

在第一阶段中，Hechavarria 等（2012）研究发现，企业的女性高管通常表现出更高的环境意识，从而对企业的环保活动产生显著影响，而男性高管则不太容易受到非经济目标的激励。Horisch 等（2017）的研究也支持了这一观点，基于 GEM 数据发现，相比女性创业者而言，男性创业者在创业过程中表现出的环境导向非常微弱。此外，研究还发现受教育程度越高的企业创业者其环境导向程度越低。这些研究都是基于高管的基本人口统计学特征，探讨性别、年龄、受教育程度等变量与企业战略行动间的关系。杨林（2014）以创业型企业高管团队为研究对象，实证研究发现，高管团队成员的职业经历是企业战略导向的重要决定因素。傅超等（2021）对企业高管是否有从军经历进行研究，结果表明，相比没有从军经历的高管，有从军经历的高管更倾向于采取差异化战略。此类研究关注高管的职业背景，从高管任职时的时间、地域、职能出发，解读其对企业战略决策的影响。谷盟等（2020）研究了 CEO 命令型领导和授权型领导对高管团队情感冲突、任务冲突与战略变化速度间关系的影响，结果表明，授权型领导负向调节高管团队情感冲突与企业战略变化速度的关系；命令型领导负向调节高管团队任务冲突与战略变化速度间的关系，却正向调节高管团队情感冲突与企业战略变化速度的关系。还有研究聚焦中国家电行业，发现家电行业企业的高管团队异质性正向影响企业竞争策略组合的竞争复杂性（邓新明等，2021）。

在第二阶段，学者们不再局限于高管可观测特征的研究，而是从心理特征和领导风格两个方面探究其与组织结果变量间的关系。例如，Liu 等（2020）证实了企业高管对绿色采购的支持能有效推动企业采购职能的转变，由原来的成本导向向环境负责方向发展。张海丽和贺换换（2021）以中美两国的企业为研究样本，发现变革型领导可以正向影响新创企业的创新速度，进而提升企业绩效，但不同国家的变革型领导发挥影响的维度存在差异。

2.1.1.3　简要述评

总体来看，高阶理论在创新创业领域的应用研究取得了丰硕的成果，无论是从企业高层管理者的人口统计学变量入手探讨其对企业活动的影响，还是进一步从心理层面、领导风格层面剖析企业高管影响企业战略和发展的机理，都丰富了高阶理论的内涵并拓展了其外延。高阶理论的发展还改变了学界对企业高层管理者的传统认知（Gould et al.，2017）。自 20 世纪 70 年代以来，虽然学者们一直尝试通过分析企业所处环境来解释企业的战略决策（Mintzberg，1978），但只有真正运用高阶理论进行研究才能更好地将企业的战略决策与管理者个人特质相联系，企业战略决策过程应是企业高管个人特质与环境因素的结合（De Jong et al.，2017）。

2.1.2　资源基础理论

自 20 世纪 80 年代以来，资源基础理论逐渐兴起，并迅速成为战略管理研究领域的重要理论之一，受到学者们的广泛青睐。在解释相同外部环境下不同企业间的绩效差异和竞争优势差异方面，资源基础理论具有独特的优势，在组织绩效和创新创业研究领域中也存在很多资源基础理论运用的案例。为此，本节将综述资源基础理论的渊源和发展，系统回顾资源基础理论在创新创业研究领域中的应用情况，并在此基础上对资源基础理论进行简要述评。

2.1.2.1　资源基础理论的渊源及发展

资源基础理论认为企业拥有的独特的、难以模仿的、非流动性的组织资源是企业提升组织绩效的关键所在。独特的企业资源不仅可以促进企业构建和保持竞争优势，还有助于企业降低对外部环境的情境依赖（Ravinchandran & Lertwongsatien，2005；张琳等，2021）。"资源基础"概念最早由 Penrose（1959）在《企业成长理论》一书中提出。她认为能够获取重要资源并用于生产的企业通常具备较强的资源管理能力。直到 20 世纪 80 年代，Wernerfelt（1984）在借鉴 Penrose（1959）研究的基础上，首次提出了资源基础理论，认为相同外部环境下不同企业间拥有的资源差异是导致企业绩效差异的重要原因，不同的企业资源和企业资源组合可能导致不同的绩效表现，这为解释企业竞争优势的获得提供了一种新思路。此后，Barney 在吸收以往学者研究的基础上进一步将资源基础理论进行拓展完善，于 1991 年提出 VRIN 理论框架，主张企业资源具有非流动性，稀缺资源是企业获取可持续性竞争优势的重要基础，标志着资源基础理论开始逐渐走向成熟。需要注意的是，这一时期资源基础理论的相关研究多从静态视角来分析企业拥有的差异化资源和企业绩效间的关系，忽视了从动态视角分析资源整合对企业建立竞争优势的影响。针对这一现象，有研究者指出应从动态整合视角来分析企业资源管理的过程机制（Helfat & Peteraf，2003；张璐等，2021）。之后，动态能力、知识基础观、资源整合、资源编排等概念和理论相继出现，成为资源基础理论的重要补充，促进了资源基础理论的发展完善。

2.1.2.2 资源基础理论在创新创业研究中的应用

资源基础理论在创新创业研究中的应用主要体现在两个方面：一是探究新创企业在初创时期的资源存量与新创企业成长的关系，二是考察企业资源和企业绩效之间存在的关系。

具体来说，就资源存量与新创企业成长的关系来看，刘芳等（2016）以农业新创企业为研究样本，发现农业企业的高绩效工作系统对农业企业的生存和发展具有正向促进作用，动态能力在其中发挥完全中介作用；黄昊等（2020）通过对 4 家科技型新创企业进行的案例研究，发现科技型新创企业的资源编排能力有助于科技型新创企业的存活与成长，创业能力在两者间发挥中介作用；Khurana 和 Farhat（2021）以美国 3000 家新创企业为样本，探究了资源禀赋、多元化时机和新创企业成长之间的关系，结果表明，资源禀赋在新创企业初期发挥着至关重要的作用，能够提升新创企业的成活率。就企业资源和企业绩效之间的关系来说，Haron 等（2014）分析了马来西亚中小企业绩效状况和资源存量的关系，发现企业的现金流、现金比率分析、现金预算、库存以及用于融资和投资决策的银行余额能够显著提升企业绩效；Murimi 等（2021）通过对 350 家肯尼亚制造业中小企业的调查研究发现，财政、人力和物力等实物资源都对中小企业绩效产生积极正向影响，智力资源对企业绩效没有影响；国内学者魏谷和孙启新（2014）通过对 213 家中小企业的调查研究发现，企业的管理资源和创新资源通过战略先动性能够促进组织绩效提升。

2.1.2.3　简要述评

通过梳理资源基础理论的渊源和发展，发现资源基础理论突破以往从外部产业环境来探讨企业竞争优势的局限性，并聚焦企业内部的稀缺性资源，主张企业应该通过充分挖掘内部异质性资源和提高资源整合能力来增强企业综合竞争力。中小企业规模较小，生存能力较弱，外部合法性认同不足（Winter et al.，2009；彭小宝等，2018），因此更需要提高企业内部资源的利用效率，增强企业的竞争优势和创新能力。鉴于此，运用资源基础理论来探究我国中小企业生态创新的影响因素具有重要的理论意义和实践价值。

通过梳理资源基础理论在国内外企业绩效研究领域的相关文献，发现资源基础理论通常被运用于生态创新与组织绩效的研究中，但运用资源基础理论探讨企业生态创新驱动因素的研究较少。因此，运用资源基础理论来开展组织层面的生态创新影响因素研究是值得深入探讨研究的方向。

通过梳理资源基础理论在国内外创新创业研究中的相关文献，发现资源基础理论通常用于探讨企业资源存量和新创企业存活与成长的关系或考察资源存量与企业绩效的关系，但还有一些问题需要深入探究，如不同理论视角下的整合性研究相对较少，如整合高阶理论、资源基础理论和制度理论来探究不同层次因素及其交互效应对企业生态创新的影响。

2.1.3　制度理论

制度理论是组织研究与管理领域的基础理论之一。制度理论认为任何组织都不可避免地需要嵌入特定的社会环境中，而社会环境会通过其产生的制度压力影响组织的行为（DiMaggio & Powell，1983；Meyer & Rowan，1977）。目前，制度理论已成为创新创业研究领域的重要分析框架（Su et al.，2017），且受到学者们的广泛认同。基于此，本节将综述制度理论的发展脉络，梳理制度理论在创新创业研究领域中的运用，并对制度理论进行简要述评。

2.1.3.1　制度理论的渊源及发展

制度理论的衍生与发展可追溯至 20 世纪 70 年代，在其演化的过程中，有大量来自社会学、经济学等领域的学者对它的理论核心及内涵进行了探讨和研究（吴小节等，2016）。

DiMaggio 和 Powell（1983）作为社会学领域的代表学者，从制度同构的视角对制度理论进行了阐述。他们认为当组织面对外部环境中的不确定性时，更倾向于通过制度同构来提升企业的合法性，并且详细解释了制度是如何在组织场域内变迁和扩散的。此后，制度经济学派的代表学者 North（1990）进一步推进了制度理论的研究，认为制度的主要作用是人为设计出的，用来约束政治、经济和社会互动关系，既能够对个体及组织的活动边界加以限定，又能够赋予其合法性，给组织提供适合经营的外部环境并降低其不确定性。此外，North（1990）将企业所面临的制度情境划分为正式制度和非正式制度，前者主要指法律、法规、规章等客观的具有强制力的约束条件，后者指社会文化、习俗、价值观等自发形成的准则（Arshed et al.，2014；Stephan et al.，2015）。这一观点的提出为后续的制度理论研究奠定了重要的哲学基础（Veciana & Urbano，2008）。Scott（1995）在整合前人理论研究的基础上，强调了制度的不同维度对企业经济活动存在不同程度的影响，这也成为学者们在研究制度环境与组织的关系时被广泛认可并采用的观点（Valdez & Richardson，2013；Gupta et al.，2014；Urban & Kujinga，2017）。制度理论指出，制度是由管制、规范以及认知等三大基础要素所构成的。其中，管制制度指由政府机构所制定的对组织形成强约束的正式的法律和规章等；规范制度指被社会成员所认同并产生潜移默化影响的文化、价值观等；认知制度指构成现实本质的规则和创造意义的框架。Peng（2003）将经济学与社会学对制度理论的研究应用到战略管理领域，研究转型经济体中的企业及市场，认为企业的战略是制度环境与组织行动间相互作用的结果。

由以上分析可知，虽然制度理论的各大流派间存在一定差异，但彼此间存在关联，并不完全独立。经过社会学、经济学学者们的研究，各学派间相互借鉴、融合，共同推动了制度理论的发展壮大。

2.1.3.2　制度理论在创新创业研究中的应用

制度理论指出，各制度因素均会对企业的经济活动产生影响。众多学者在此基础上将制度理论与创新创业研究结合，证实了制度对创新创业活动的重要性（Díez-Martín et al.，2016；Urban & Kujinga，2017）。

目前，基于制度理论的创新创业研究主要分为宏观层面和微观层面，前者研究制度对组织的影响，后者则研究制度对组织内个体的影响。在组织层面，Sarkis 等（2011）研究发现，企业面对政府制度压力无法做出有效应对时，可能会面临巨大损失甚至停止运营；有学者也针对政府监管对企业的影响做了研究，发现当企业的活动符合政府监管条例时，能有效降低企业的成本（Cai & Zhou，2014）；此外，除了来自政府方面的制度压力外，来自企业外部利益相关者如顾客、竞争者的压力同样会影响企业的创业活动（Meek et al.，2010）。国内学者在组织层面主要探究了制度环境对创业活动的影响。李怡娜和叶飞（2011）聚焦制造业企业，研究发现，政府对企业的强制环保要求能够对企业的环保行为产生显著影响，但是政府的鼓励支持类政策却不会对企业绿色创新实践产生显著影响；陈力田等（2018）研究发现，企业在面对政府和市场的多重制度压力时，会因为侧重点不同而产生行为差异；还有研究将环保意识和组织绿色学习作为中介变量，考察了两者在环保舆论压力和绿色创新能力之间的中介路径（戴万亮和路文玲，2020）。

除了宏观层面外，国内外学者还从微观层面出发深入考察了制度对个人层面的影响。李华晶等（2016）整合了外部制度环境视角与创业者个人视角，构建并验证了制度环境对企业绿色创业机会开发的影响机制及作用机理；Thornton & Ocasio（2008）认为，相比于宏观层面的制度环境研究，对微观层面的制度环境研究具有更强的解释力。

整体而言，学界基于制度理论开展了丰富的研究，宏观层面的研究主要关注企业外部的制度环境是如何对企业的商业经济活动产生影响的（Scott，

2013）；微观层面的研究视角主要聚焦在制度环境对个体认知、动机和行为的影响（Yang et al.，2020）。

2.1.3.3 简要述评

制度理论自20世纪70年代发轫以来，经过了经济学派、社会学派等多个学派的探索发展，其理论内涵和意义已十分丰富，成为探讨企业发展问题的有效分析框架。越来越多的学者意识到制度理论在创新创业活动中的重要作用，且尝试运用此理论从宏观层面和微观层面开展实证研究（李华晶等，2016；戴万亮和路文玲，2020）。

然而，现有的制度理论研究中还存在一些尚待改进之处。一方面，虽然采用制度理论展开的研究数量不断增长，但其中的解释逻辑却不甚清晰。也就是说，虽然大多数文章都提到以制度理论作为理论基础，但在实际的阐述过程中却缺乏真正运用制度理论的内涵去解释研究的内在机理，使文章的理论浮于表面。对此，Bruton等（2010）呼吁学者们应该重视对制度理论的理解和运用，这样才能更好地推动制度理论的成熟与发展。另一方面，虽然现有的研究已从只关注制度在宏观层面对企业的影响，转变为宏观微观相结合的研究取向，但大部分研究仍忽视了制度在微观层面对企业行为和决策的重要作用。在后续研究中，可以关注制度环境与企业个体之间的关系，从而更好地对制度影响企业及企业中个体的行为的价值做出有效科学的解释（Yang et al.，2020）。

2.1.4 竞争优势理论

竞争优势理论作为战略管理领域中经典理论之一，受到学者们的广泛青睐，被应用于企业绩效、创新创业等研究中。为此，本节将综述竞争优势理论的起源与发展脉络，然后梳理竞争优势理论在创新创业研究中的运用，最后对竞争优势理论进行简要述评。

2.1.4.1 竞争优势理论的渊源及发展

自20世纪80年代以来，企业竞争优势成为战略管理领域学者的重要研究方向。竞争优势理论也成为战略管理领域内用以解释企业间绩效、市场地位差异化的重要理论之一。总的来说，竞争优势理论的发展完善经过了四个阶段，分别为古典论、外生论、内生论以及综合论。

古典论源于 20 世纪 60 年代，Chandler（1962）提出组织结构要根据战略的发展而不断发展变化，Ansoff（1965）指出企业的战略变化是适应外部环境的反应，企业要根据识别到的外部机会、威胁和自身的优劣势来制定战略。这为 SWOT 分析法的提出奠定了基础。古典论认为企业对外部环境的变化是可以预测的，企业要根据外部环境变化不断调整自身，以提升企业竞争优势。外生论认为企业竞争优势的获取源于企业外部环境。Bain 于 1959年提出 "SCP" 范式，指出企业竞争优势的高低取决于行业壁垒，行业壁垒越高，企业的竞争优势往往越强；Porter 等（1995）在此基础上进一步补充完善，认为企业竞争优势分为低成本竞争优势、差异化竞争优势和专一化竞争优势三种类型，这三种企业战略是提高和保持企业竞争优势的重要途径。20 世纪 80 年代，竞争优势内生论开始兴起。内生论认为企业资源和企业核心能力是企业竞争优势得以保持的关键因素，并由此衍生出资源学派和能力学派（张在旭和谢旭光，2012）。资源学派认为企业是独特资源的综合体，企业需要加强学习，通过资源整合和创新，用自身具备的独特的、不易被模仿和学习的企业资源来获取企业竞争优势（Barney，1991）；能力学派认为核心能力是企业的智力资本，包括生产能力、企业经营控制能力等，核心能力能够影响企业价值链作用的发挥，是焦点企业区别于竞争对手和保持关键竞争优势的重要原因。综合论指出企业要在兼顾外部社会环境的同时，做好企业内部资源的整合和调配，从组织演化的角度来考察企业竞争优势的形成（Hitt et al.，2000），强调企业内外部动态匹配的重要性，企业不仅要通过资源合理配置来提升短期竞争优势，更要提高企业整合资源的能力来建立长期竞争优势。

虽然不同学者对企业竞争优势的界定不太一致，但总的来说，企业竞争优势通常包括绩效优势、资源和能力优势、价值优势（Overby et al.，2004；巩世广和耿献辉，2020），越来越多的学者从演化的角度看待企业竞争优势的构建和保持。

2.1.4.2 竞争优势理论在创新创业研究中的应用

竞争优势理论在创新创业研究中的应用主要体现在三个方面，分别为国家层面的竞争优势、行业层面的竞争优势、企业层面的竞争优势。在宏观层面，学者们主要探究国家层面竞争优势的构建（Manyike，2017；邹纯龙等，2021；钟明宝等，2016），有学者研究发现，要素禀赋、国家开放程度以及经济体制等是新中国改革开放以来经济保持持续性竞争优势的关键所在，并提出了"动态国家综合要素竞争优势理论"（冯根福等，2022），这是竞争优势理论在新时代下的继承和发展；也有研究者发现，现代化的交通运输业、强大的工业基础以及专业化教育等因素是俄罗斯在20世纪初保持竞争优势的重要原因（Bessolitsyn，2020）。在中观层面，学者们主要探究行业层面竞争优势的构建（Viitamo，2012；Mathivathanan et al.，2017；战岐林，2009；王娟茹和刘娟，2020），有研究者以中国制造业为研究样本，发现改革开放、劳动力要素、市场要素、技术要素以及技术设施是中国制造业长久保持国际竞争优势的关键要素（裴长洪等，2021），这是竞争优势理论在中国情境下的理论解释，是对竞争优势理论的补充完善；还有研究者通过构建李嘉图模型，对中美2000～2014年的产业竞争情况进行对比分析，发现中国在制造业和轻工业方面具有优势，在重工业方面不占优势，中国产业竞争力在此期间不断减弱（周江等，2021）。在微观层面，学者们主要探究企业层面竞争优势的构建（Kisiel et al.，2001；Mehreen & Ali，2022；陈柏樫和吴青桦，2012），有研究者以187家新创企业为研究对象，从组态视角分析了新创企业保持竞争优势的原因，发现有三条不同的路径都可以产生新创企业的高竞争优势，企业家精神、资源、动态能力在其中发挥关键作用（张铭等，2023）；也有学者以汽车行业中的特斯拉为例对竞争优势进行分析，结果发现，架构创新、产品差异化战略、核心技术创新是特斯拉竞争优势获取的源泉（乌力吉图等，2021）；国外学者 Baierle 等（2020）通过对巴西67家中小企业的研究发现，客户满意度、企业创新理念等因素均会对中小企业竞争优势产生影响，企业应不断完善创新举措进而提升竞争优势。

2.1.4.3　简要述评

通过梳理竞争优势理论的渊源和发展脉络，发现竞争优势理论是从资源基础理论的基础上演变而来的。竞争优势理论突破资源基础观仅从静态视角来分析企业竞争优势的弊端，是对资源基础观的发展和完善。同时，竞争优势理论也突破了企业竞争优势构建的外生论观点，认为企业竞争优势的构建是企业内外部协同和动态匹配的过程（Smith et al.，2010；许志权，2021）。竞争优势理论对分析中小企业如何在动态变化的环境中构建和保持竞争优势进而提升企业绩效具有独特作用。当前正处于百年未有之大变局时代，从国际环境和国内环境来看，我国中小企业都面临较强的环境不确定性。运用竞争优势理论来分析我国中小企业在这种不确定环境中如何通过战略创新变革来实现企业快速发展具有重要的理论意义。

通过梳理竞争优势理论在国内外创新创业研究中的应用相关文献，发现现有研究主要是探讨企业竞争优势的内涵、前因和结果等问题，鲜有研究将企业竞争优势纳入生态创新与企业绩效关系研究中（廖中举等，2023）；此外，目前虽然企业竞争优势的前因研究取得了一定进展，但其研究结论仍局限于从企业家精神、企业家资源、资源拼凑、动态能力、知识资源获取、知识资源创造、网络能力等视角来建构企业竞争优势（Boonthawan，2012；Khattak & Shah，2020；张铭等，2023），缺乏其他视角下企业竞争优势的前因研究。

通过梳理竞争优势理论在国内外研究的相关文献，发现中小企业与大型制造企业在企业竞争优势的内涵和构建路径等方面还存在一些差别。因此，对于中小企业这一特定研究对象，有必要对其加强企业竞争优势的研究。比如，将企业战略变革、企业绩效以及竞争优势理论相结合，那么中小企业竞争优势的构建也许是一个值得探讨的问题。

2.1.5　自然资源基础观

近年来，作为资源基础观理论的重要扩展，自然资源基础观日益受到组织和战略管理研究者的关注，被广泛应用于绿色管理等研究领域。为此，本节将对自然资源基础观的起源和发展脉络进行综述，回顾和梳理自然资源基础观在创新创业研究领域的应用，然后对自然资源基础观进行简要述评。

2.1.5.1 自然资源基础观的渊源及发展

自然资源基础观试图解释为什么有的企业相比其他企业更能在实现环境友好和资源节约的基础上构建和保持企业的可持续竞争优势（Appannan et al.，2023；Bell et al.，2013；江怡洒和冯泰文，2022）。

自然资源基础观本质上是战略管理领域和组织经济学主流理论之一的资源基础理论演变发展而来的（Aragón-Correa & Sharma，2003）。资源基础理论通过分析企业所处环境，将企业拥有的资源与企业优势、企业战略演变联系起来，强调企业的独特性资源是企业获取竞争优势的关键所在，企业的人力资源、社会资源都有助于提升企业竞争力（Helfat et al.，2023；张琳等，2021）。资源基础观认为不同企业拥有的隐性资源和显性资源是存在差异化的，且不同企业之间的资源很难进行流动和转移。在这种情况下，企业往往会基于其独有资源生产产品或服务，构建企业独有的竞争优势。然而，随着经济发展速度的不断加快和社会环境的日益多样化和复杂化，资源浪费现象不断加重，自然环境也在恶化，部分企业以生态环境恶化为代价来发展，引起了消费者、企业高层管理者等利益相关者的关注（唐贵瑶等，2015）。因此，自然环境成为企业发展过程中的重要关注点。在这种背景下，自然资源基础观由此产生。自然资源基础观强调企业要在提升组织绩效、建立可持续竞争优势的同时兼顾环境保护和资源节约（Brulhart et al.，2017）。

自然资源基础观由 Hart（1995）提出，其内容包括防止污染、产品过程管理、企业可持续发展。防止污染意味着企业应尽量减少生产过程中的废弃物排放，提升资源利用效率，降低企业生产过程中的交易成本；产品过程管理是加强企业对产品生产流程的监管，降低产品各生产环节的成本；企业可持续发展目标表明企业应着眼于长期竞争优势和可持续发展能力，通过减少环境污染、提升资源利用效率，以期获得可持续竞争优势，提升公众认同

（唐贵瑶等，2015）。防止污染自然环境、产品全过程管理以及可持续发展这三种战略能够帮助企业兼顾经济绩效和环境绩效，一方面有助于企业不断提升行业竞争力，提升企业的市场地位；另一方面有助于企业获取合法性认同，加快资源整合速度。

2.1.5.2　自然资源基础观在创新创业研究中的应用

自然资源基础观在创新创业研究中的应用主要体现在两个方面：一是基于企业内部层面，分析企业运用自然资源基础观带来的优势和绩效（杨波，2011）；二是基于企业外部层面，探讨企业运用自然资源基础观所带来的组织合法性认同（Tan & Ndubisi，2014；胡元林等，2021）。就企业绩效而言，有研究者以我国重污染上市公司为样本，发现命令控制型环境规制、市场激励型环境规制和自愿参与型环境规制均能通过环境双元战略促进企业生态技术创新，进而提升组织绩效（杜可等，2023）；也有研究者从自然资源基础观视角切入，通过对 A 股上市企业的研究发现生态创新与企业绩效存在正相关关系，政府补贴在两者之间发挥正向调节作用，产融结合和环境规制发挥负向调节作用（赵树宽等，2022）；Amores 等（2014）分析发现，企业环境产品创新和营销能力正向影响金属公司的组织绩效，企业绿色形象发挥调节作用。就合法性认同来说，王丽萍等（2021）研究发现，企业实施环境战略可以更好地向公众展示企业的生态创新环保实践行为，迎合利益相关者的环保关切，更容易获得利益相关者支持，有利于企业存活和快速发展，从而促进组织经济绩效和环境绩效提升；Simmou 等（2023）分析了 367 家马尔代夫和摩洛哥服务企业，发现企业社会责任对公司环境绩效提升具有促进作用，环境绩效提升又有助于企业获取合法性认同和提升企业可信度。

2.1.5.3　简要述评

通过梳理自然资源基础观的渊源和发展脉络，发现自然资源基础观是资源基础理论的丰富完善和发展。自然资源基础观强调企业要努力获得外部利益相关者认同，创造更多的经济效益和环境效益。当前我国正处于高质量发展阶段，中小企业不仅要面临组织成长和绩效提升的问题，还要兼顾自然环境保护和资源节约。因此，基于自然资源基础观视角来探讨高质量发展阶段中小企业成长问题是适宜的。另外，生态创新不仅关注企业的生产流程创新、生产产品创新，而且认为环境目标也是企业发展过程中的重要关注点，因此，基于自然资源基础观视角来探究生态创新也是值得研究的重要方向。

通过梳理自然资源基础观在国内外创新创业研究应用的相关文献，发现现有自然资源基础观视角下的生态创新研究更多的是聚焦在生态创新对企业绩效的直接影响效应和组织合法性获取上，对生态创新绩效转化机制的探讨相对缺乏。这也启示未来研究要运用自然资源基础观全面系统地探讨生态创新的绩效转化问题。

2.2 生态创新研究综述

随着我国步入高质量发展阶段，社会主要矛盾发生变化，传统发展模式已不能满足经济社会的发展需要，我国正处于从效率驱动型经济体向创新驱动型经济体的转型阶段（姜国刚等，2019）。生态创新作为企业高质量发展的重要创新战略，在促进企业转变发展方式、优化发展动力等方面发挥着举足轻重的作用，已被越来越多的企业接受和认可（肖黎明和肖沁霖，2018）。然而，目前我国部分企业还存在生态创新动力不足、实践稚嫩的情况，在一定程度上抑制了经济发展和生态建设的协同推进（蔡乌赶和李广培，2018）。因此，稳步推进生态创新已成为现阶段迫切需要解决的问题。

企业生态创新实践活动的快速发展引起了国内外学者的广泛关注，研究成果不断涌现且呈现快速增长态势。综观以往研究，Fussler 和 James 于1996 年最早提出"生态创新"这一概念，标志着"生态创新"的正式诞生。此后，国外学者从不同视角对生态创新的内涵、影响因素、绩效表现、价值创造过程等展开了详细探讨（Rennings, 2000; Cheng & Shiu, 2012; Doran & Ryan, 2016）。相较于国外，国内生态创新研究的起步略晚，余华银（1998）最早开展了对农业行业的生态创新研究。此后，国内关于生态创新的研究相继涌现，并着重对中国情境下生态创新理论进行验证（杨燕，2013；王秋霞和张敦力，2018；胡元林和李英，2021）。国内学者除在定量研究方面进行了积极探索和有益尝试之外，对国外生态创新研究也进行了较为详细的梳理，这对生态创新在国内的引入和传播发挥了重要作用，但仍存在两点不足：一是在研究方法上，现有研究以大样本的定量研究为主，无法系统反映生态创新研究领域的全貌和动态演进特征，缺乏对相关研究的系统性呈现；二是在研究内容上，已有定性研究主要对国外生态创新的研究现状进行分析，较少涉及国内文献，在客观展现生态创新国内外研究现状、动态比较其发展演进方面尚未具有足够的说服力。

因此，为了全面客观了解生态创新的国内外研究现状，本书采用文献计量方法，对 Web of Science 和中国知网中的相关文献进行分析探讨。一方面，通过文献计量法对国内外生态创新文献进行科学计量分析，识别生态创新的研究热点、理论基础、发展趋势和研究前沿等；另一方面，就国内外生态创新研究开展比较分析，并在此基础上提出未来研究展望。

2.2.1 生态创新的内涵

随着高质量发展理念的提出和绿色经济的涌现，生态创新渐渐成为学术界与实践界共同关注的重要议题，其内涵也在不断变化发展，经历了末端治理、环境管理以及产业生态化等不同阶段（Rennings，2000）。迄今为止，学者们对生态创新的概念内涵尚未达成一致认识。

就生态创新的概念界定来说，相关研究主要从以下两个方面进行探讨。一方面，从对外界环境效益的界定角度来说，现有研究主要从绿色产品生产、绿色生产管理、降低产品生命周期内能源使用的消极影响及满足未来高质量发展需求等方面进行论述（Beise & Rennings，2005；Cooke & Philip，2008），如欧盟委员会将生态创新定义为减少或者降低对外界环境的负面影响，同时能够科学高效地合理利用资源，减少产品生命周期内的资源浪费和污染物排放；也有学者基于可持续发展理念，认为通过生态创新能够产生产品创新、流程创新、服务创新及方法创新，既能够满足当前人们的生活需要，又能满足下一代的高质量发展需求（Cleff & Rennings，1999）。另一方面，基于生态创新的有意性和无意性，学者们有不同的观点。有学者认为，生态创新是企业在追求突破性创新、颠覆式创新及双元性创新等其他创新过程中的自然涌现，是其他创新过程的"副产品"和企业在创新过程中无意识产生的环境效益（Cooke & Philip，2008）；也有学者对此持否定意见，认为生态创新是企业主动进行环境保护、资源节约和产品流程创新的表现，是前瞻性企业应对可持续发展倡议下的积极举措（杨燕，2013）；还有学者认为，生态创新是创新过程有意性和无意性的统一体，只要能产生环境效益均可被列入生态创新的范畴（Kammerer，2009）。

作为绿色经济增长的一种重要形式，生态创新与其他创新活动既有共同点，也有差异性。因此，有必要进一步区分和辨别生态创新与绿色创新、环境创新、可持续创新等相近概念，以从深层次明晰生态创新的独特之处。本书将生态创新与其相近概念从创新目标、市场导向、环境效益、创新层次、创新阶段以及创新动力等方面进行辨析，如表 2-1 所示。

表 2-1　生态创新与相近概念辨析

项目	生态创新	绿色创新	环境创新	可持续创新
创新目标	降低环境危害，提升资源利用效率，对企业生产流程和产品进行创新			
市场导向	企业通过提供生态产品或绿色服务，满足消费者绿色消费需求			
环境效益	减少或避免污染物排放，提升企业的环境绩效，获取合法性认同			
创新层次	涉及创新和环境友好的定义，强调在世界、行业或企业层面制定新的创新、绿色标准			
创新阶段	关注企业或产品生命周期的各个创新阶段	表层分析	全过程的环境影响	—
创新动力	经济层面和生态层面的双重驱动力，兼顾不同层面的协同发展			遵循三重底线，包括经济层面、生态层面以及社会层面的创新驱动力

2.2.2 生态创新研究进展

2.2.2.1 研究设计

文献计量方法和科学知识图谱工具可以清晰呈现某一研究领域的关键词、共被引文献、演进趋势等。因此,本书选用 CiteSpace 软件,并结合 CNKI 数据库统计分析工具对生态创新领域的文献进行系统梳理和综合分析。首先,运用数理统计方法对生态创新研究的时间分布特征进行分析,明确生态创新研究的发展趋势,通过对文献来源进行统计,客观分析不同国家、机构间的合作情况,并对生态创新研究的知识基础进行阐述。其次,对国内外生态创新的研究热点和演化路径进行分析,呈现国内外生态创新研究不同主题的结构变化和演进趋势。最后,根据生态创新的现有热点主题和演化趋势,重新审视转型经济情境下生态创新研究的迫切性。

筛选出正确有效的文献是进行研究综述的基础,本书在进行数据收集时遵循两个标准:一是研究样本应包括公认的能够反映生态创新研究领域动态变化并且相对可靠的期刊文献;二是研究样本的获取具备可操作性。基于此,对于国外的研究,通过 Web of Science 检索系统,在 SSCI、SCI-E、A-HCL 及 CPCI-S 等文献库中进行搜索;对于国内的研究,通过 CNKI 数据库,在 CSSCI 和核心期刊索引库中进行搜索。为了综合展示国内外生态创新领域的研究热点和演进趋势,本书同时将中英文生态创新期刊文献作为样本进行分析。

数据获取过程如表 2-2 所示,在初步检索后,对生态创新领域的文献进行精练。在逐一浏览相关文献的题目、摘要以及关键词后,按以下标准进一步筛选相关文献:一是以生态创新/绿色创新/环境创新为论述主题的概念性文章;二是涉及生态创新/绿色创新/环境创新的案例研究;三是以生态创新/绿色创新/环境创新为关键变量的实证研究。剔除不满足以上条件的文献后,最终得到 1788 篇文献,其中 1200 篇英文文献,588 篇中文文献。最后,将文献信息以纯文本格式导出,作为后续分析样本。

表 2-2　研究数据获取

检索科目	英文文献检索	中文文献检索
数据库	Web of Science	CNKI
检索方式	TS = ("ecological innovation") OR TS = ("eco-innovation") OR TS = ("green innovation") OR TS = ("environmental innovation")	关键词="生态创新" 或关键词="绿色创新" 或关键词="环境创新"
文献类型	article、review	论文
时间跨度	1996~2022 年	
检索时间	2023 年 3 月 20 日	
检索结果	1200 篇	588 篇

2.2.2.2　研究文献统计及图谱分析

如图 2-1 所示，1996~2022 年国内外生态创新文献发文量总体呈现上升趋势。国外生态创新研究的发文量明显多于国内。近年来，国内生态创新发文量急剧上升，说明国内学者越来越重视该领域的研究。

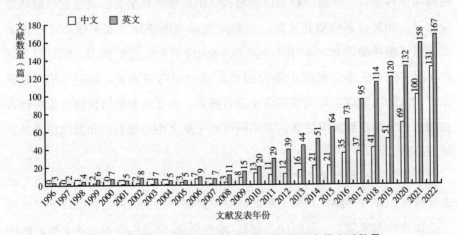

图 2-1　1996~2022 年国内外生态创新相关研究的文献数量

通过 CiteSpace 对生态创新研究的空间分布进行可视化分析，具体结果如表 2-3 所示。就发文量而言，中国的发文量最多，其次是美国，英国、意大利等欧洲发达国家紧随其后。值得注意的是，高校在发文量较高的研究机构中扮演着重要角色，中国有 4 所高校位列前十。中心度表示某一节点在网络中所发挥的桥梁作用的大小，反映该节点在网络中的重要性，中心度大的节点通常是网络中的重要节点（边明英等，2020）。就合作情况来说，中国的节点中心度处于领先位置，这既是我国大力推进生态文明战略的重要表现，也是积极践行高质量发展理念的学术体现；高校的节点中心度普遍较低，反映出当前生态创新研究领域尚未出现一个起主要连接作用的研究机构。总的来说，我国生态创新研究整体上呈现蓬勃发展态势。未来中国不仅应在生态创新领域加大研究力度，而且应加强与其他国家高校的交流与合作，进一步提升我国在生态创新领域内国际影响力和学术贡献度。

表 2-3　外文期刊中部分国家或地区、研究机构发文量

国家或地区	发文量（篇）	中心度	研究机构	发文量（篇）	中心度
中国大陆	284	0.28	费拉拉大学	24	0.01
美国	175	0.53	西安交通大学	18	0.04
英国	119	0.27	浙江理工大学	15	0.03
意大利	119	0.27	厦门大学	15	0.00
西班牙	110	0.20	台北大学	11	0.01
法国	89	0.24	博科尼大学	11	0.01
德国	80	0.21	曼彻斯特大学	11	0.00
中国台湾	64	0.00	大连理工大学	10	0.03
荷兰	39	0.36	美国西北理工大学	10	0.00
加拿大	33	0.38	萨拉戈萨大学	9	0.00

文献共被引分析可以清晰显现出生态创新研究领域的重要文献（廖中举和张曼婷，2020）。本书在对生态创新共被引文献进行分析的基础上，一方面识别该领域的知识基础，对生态创新领域具有重要理论贡献的高共被引文献进行分析；另一方面对生态创新研究领域的重要理论基

础进行解读。

国外生态创新研究的共被引文献聚类图谱如图 2-2 所示。由图 2-2 的知识图谱和相关文献可知，生态创新的知识基础可分为四大知识群，即生态创新的概念、驱动因素、测量方式及理论来源。

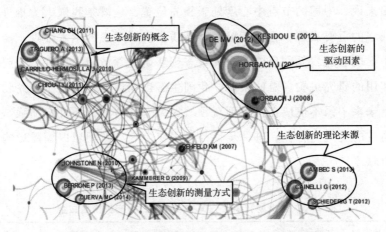

图 2-2　国外生态创新研究的共被引文献聚类图谱

通过分析生态创新领域的高共被引文献，可以明确生态创新研究的重要文献和主要作者，进而了解该领域的关键理论和学术贡献。按图 2-2 国外生态创新研究的共被引文献聚类图谱可以得到生态创新研究领域中的重要文献，逐一阅读生态创新研究领域的重要文献，发现该领域重要文献的贡献主要集中在以下四个方面。首先，生态创新的驱动因素是学者们的重要关注点，学者们探讨了环境规制压力、企业内部冗余资源、企业结构、企业员工认知、企业员工行为、不同企业间的创新合作与企业生态创新活动间的关系（Marchi，2012；Kesidou & Demirel，2012），发现企业生态创新战略的驱动因素是多层面的，涉及法律法规、企业特征、行业特点以及企业员工等多方主体（Horbach et al.，2012）；有学者从动态视角切入，研究发现企业的知识、资本流动和员工的绿色意识增长可能会增加企业开展绿色实践行为的可能性，进而对组织环境绩效和财务绩效产生正向影响（Horbach，2008）。其次，就生态创新的内涵来说，研究者们从不同的视角对其进行了定义（Triguero et al.，2013），有学者采用案例研究方法，通过对不同企业绿色环保实践案例的探究，提出了生态创新分析框架，并在此基础上将生态创新分为四个维度（Carrillo et al.，2010）。再次，就生态创新的测量方式而言，区别于以往基于主观评价的问卷调查方式，有学者指出，应该采用更为客观的指标数据进行衡量，比如企业的生态创新专利、企业为污染治理投入的经费、对水源或土壤的质量检测等（Berrone et al.，2013；Johnstone et al.，2010）。最后，就生态创新的理论基础来说，相关研究主要基于高阶理论、制度理论、社会网络理论等来探究企业开展生态创新活动的原因（Cainelli et al.，2012；Ambec et al.，2013）。

在对生态创新重要文献进行分析的基础上，结合近年生态创新研究领域的最新文献进行梳理，发现以下 6 个理论是生态创新研究领域的重要理论基础。在环境层面，生态创新相关研究主要从制度理论和利益相关者理论视角进行分析；在组织层面，学者们通常以资源基础观和自然资源基础观为理论基础开展生态创新研究；在个体层面，研究者们多聚焦于高阶理论和委托代理理论来探讨企业生态创新行为。

①制度理论。企业一般会实施公众认可或期望的组织行为来获取公众认同，以更好地提升企业竞争优势。从已有研究来看，制度理论在生态创新研究领域的运用主要表现为企业在社会中的嵌入性程度，基本研究观点是不同的环境规制将影响企业对生态创新的认知和态度。一方面，政府部门颁布严苛的法律能够促进企业环保实践行为的开展，如 Berrone 等（2013）以美国污染行业的 326 份数据为样本进行研究，发现源于政府部门的规制压力对企业的生态创新倾向具有积极的促进作用，但这一过程受到企业冗余资源和资产专用性程度的调节。另一方面，政府部门出台奖励性政策可以诱使企业确立绿色创新战略，比如，王秋霞和张敦力（2018）以部分制造业企业为样本进行研究，发现政府部门的激励性法律法规对企业生态创新行为具有正向影响。

②利益相关者理论。生态创新在很大程度上受到利益相关者的影响，企

业需要协调不同利益相关者之间的利益冲突，以统筹各差异化主体的认识，维护不同价值主体的利益诉求（彭雪蓉和魏江，2015）。部分学者研究发现消费者需求能够促进企业生态创新行为的开展（Horbach et al., 2012）；另有部分学者研究发现，利益相关者诉求与企业环境创新间存在更为复杂的关系，如环保导向与企业生态创新之间具有倒 U 形关系，但这一过程受到高管环保意识的影响（彭雪蓉和魏江，2015）。

③资源基础观。异质性资源使企业能够更充分地学习和吸收新知识，从而更有效推进生态创新实践活动的顺利实施。相较于同行企业，拥有独特性、稀缺性资源的企业更容易进行创新战略变革，且由于独特性资源具有非流动性特点，企业在进行创新和战略目标确立的过程中更具优势。在这种情况下，企业对内可以优化组织结构，提升企业运行效率和管理水平；对外可以运用独特性资源构建竞争优势，提升组织竞争力（Barney，2001）。有学者就企业资源状况与生态创新的关系进行了探讨，研究结果表明，企业资源、企业资源整合能力、企业特征等均能显著影响企业生态创新行为（Liao，2018；吴晟等，2019；杨静等，2015）。

④自然资源基础观。资源基础观为企业获取持续竞争优势提供了一条新途径，但随着社会经济活动的快速发展和人类对自然资源的不断开采，自然生态环境越来越成为企业快速发展的重要瓶颈（袁文融和杨震宁，2020）。在此背景下，Hart（1995）将自然环境这一要素引入资源基础观，提出了自然资源基础观。作为一种企业获取竞争优势的新型解释理论，自然资源基础观强调发展经济的同时要注重环境保护和资源节约，其核心内容包括污染防治、产品过程管理和企业可持续发展。其中，污染防治要求企业在日常运营中尽量减少有害物质的排放，提高废弃品的回收利用率；产品过程管理要求企业在产品的生命周期内加强与不同利益相关者的沟通和协作，降低产品生产环节中的能源消耗和废弃物排放；企业可持续发展表现为企业制定长期发展规划目标和承诺，并能够根据环境的动态变化而不断修正，最终实现经济、社会、生态的协调发展（Hart，1995）。基于自然资源基础观，Chan（2005）提出了一个包含自然资源基础观主要因

素和后果的概念模型，并据此对企业实现生态可持续发展提出相应对策；国内学者杨波（2011）将零售业低碳化实践划分为内部经营、外部协调以及可持续发展三个层次，并对国内外零售业的低碳化发展现状进行了动态比较。

⑤高阶理论。员工是落实生态创新实践的重要载体，是确保生态创新顺利开展的微观个体，而员工个体由企业高管统筹管理。高阶理论认为，企业高管自身的价值观、主观认知以及对创新的态度等影响其对周围环境的感知和认识，进而决定其对企业生态创新的看法。然而，企业高管对外部环境和法律法规的解读通常是不完全符合实际情况的，这可能影响企业的生态创新状况（Hoffman，2001）。Liao 等（2019）通过对私营企业的生态创新状况进行调查，发现企业高层管理者的宗教信仰显著影响生态创新战略；徐建中等（2017）的研究发现，高管环保意识正向影响绿色创新，同时高管环保意识正向调节制度压力与绿色创新战略间的正向关系。

⑥委托代理理论。随着现代企业经营权和所有权的分离，越来越多的企业股东开始雇用职业经理人负责企业的日常运营事务。委托代理理论认为企业股东和职业经理人的根本利益是不一致的，这影响了其对企业环保创新行为的看法，进而影响企业行为、组织财务绩效以及环境绩效。企业股东追求企业利益的最大化，往往不愿意向耗费资金较多的生态创新实践活动上投入大量资金（欧阳辰星等，2017），而职业经理人通常会优先考虑自身形象，更倾向于投资绿色创新行为（Hoffman，2001）。

2.2.2.3　生态创新研究的热点主题和演进趋势

运用 CiteSpace 软件对生态创新研究领域的共被引网络进行聚类分析，通过同类节点判断该研究领域的热点主题与演进趋势。关键词是文献的高度概括，能够较好地反映文献的研究主题。运用 LLR 算法可以从文献关键词中凝练聚类标签，生态创新研究领域的聚类标签如表 2-4 所示。其中，研发新产品、波特假说、可持续发展等是规模较大的聚类标签，反映了生态创新影响因素是生态创新研究领域的核心议题。

表 2-4　生态创新研究的主要聚类结果

序号	聚类标签	规模	轮廓值	平均发表年份
1	研发新产品	63	0.824	2008
2	波特假说	48	0.866	2006
3	可持续发展	45	0.954	2009
4	气候改变	37	0.804	2015
5	可持续发展创新	35	0.967	2008
6	地方政府	29	0.992	2005
7	经济绩效	23	0.963	2005
8	企业文化	23	0.930	2007
9	环境保护	23	0.989	2006
10	决策采用	22	0.948	2006

　　为对生态创新领域的研究内容进行深入细致的分析，本书通过统计国内外生态创新研究领域的关键词频次，并结合文献阅读来细化研究热点，进而反映该领域的研究状况。将从 Web of Science 和 CNKI 中搜索到的中英文文献数据分别导入 CiteSpace 中，选择"keyword"为关键节点，能够得到生态创新关键词共现图谱。关键词共现图谱中的高频关键词表明生态创新的测量方式、影响因素及绩效影响是学者们关注的重点，如图 2-3 所示。

　　生态创新的影响因素涉及制度、组织及个体等多个层面。在制度层面，相关研究分析了制度压力、企业特征、组织结构、数字化转型、绿色税制改革、政府部门环保导向、创新活跃度、利益相关者环保导向、行业竞争强度等因素和企业生态创新的关系（Costantini et al.，2017；何岚和钟书华，2017）；在组织层面上，相关研究探讨了知识转移机制、资产专用性、专利合作、企业社会责任表现、绿色信贷、绿色人力资源管理等因素可能对企业生态创新产生影响（胡元林等，2020；王进，2014）；在个体层面上，研究者们考察了管理者短视、高管从军经历、高管环保意识、女

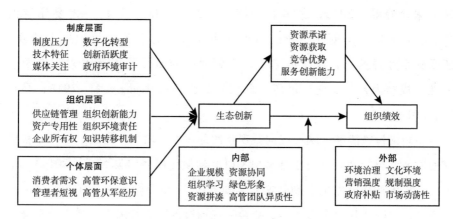

图 2-3　生态创新的驱动因素和绩效影响机制

性高管权力等个人因素对企业生态创新的影响（Liao & Tasi，2019；王霞和徐晓东，2016）。

同时，国内外生态创新领域的研究热点又各有侧重：对于生态创新的测量，国外学者主要基于两种视角对生态创新进行测量，一是投入视角，包括研发投入、环保投入等；二是产出视角，包括直接产出（创新数量、创新产品）、间接产出（环保专利、科技成果）以及间接影响（资源效率、生产率变化）等（Cheng & Shiu，2012）。反观国内研究，在对国外研究成果进行审思与评介的基础上，近年来开始有学者基于中国情境，探讨生态创新的结构维度和测量，如王雅君等（2018）以广州市部分星级酒店为研究样本，运用扎根理论方法发现酒店生态创新包括管理生态创新、顾客参与生态创新、服务设施生态创新、服务流程生态创新以及产品内容生态创新等五个维度；廖中举（2018）以 12 家企业为访谈样本，将企业生态创新分为生态管理创新、生态产品创新及生态工艺创新三个维度，并开发了中国情境下的生态创新量表。

关于生态创新的绩效影响，研究者们大多发现企业生态创新能够显著正向影响组织经济绩效、环境绩效和市场绩效，也有研究者发现生态技术创新能够显著正向影响企业环境绩效，对企业经济绩效的影响不明显（朱建峰等，2015；彭雪蓉和魏江，2014；Li，2014）。需要注意的是，企业开展生态创新实践的结果（主要表现为财务绩效和生态绩效）还受到企业规模、企业绿色形象、高管团队异质性等内部因素和市场动荡性、规制因素、文化环境等外部因素的影响（Huang & Li，2018；马玎等，2018）。

突现词检验能够反映关键词共现频次的爆发式增长，有助于明晰学科研究的发展状态，进而识别与追踪相关研究的演化路径（陈悦等，2014）。基于此，将国外和国内生态创新文献数据分别导入 CiteSpace，节点类型选择关键词，时间切片设置为 1 年，结合突现词检测算法对国内外样本分别进行突现性检测，得到生态创新的国外和国内关键词突现图谱，如图 2-4 和图 2-5 所示。

本书对国外生态创新领域的热点演进进行归纳分析，在图 2-4 的基础上将国外生态创新研究划分为 3 个阶段。①生态创新研究的初生阶段（2006 年以前）。生态创新这一概念可以追溯到可持续发展理念，Fussler 和 James（1996）最早提出"生态创新"的概念。随后，生态创新相关研究开始分析末端治理、废弃物排放对企业创新的影响，明确提出生态创新具有双重外部性、市场规制推拉效应、重视社会制度的特性（Rennings，2000）。总体而言，早期生态创新的研究主要围绕清洁生产、绿色创新等现象展开，研究内容局限于生态创新的起源、定义以及运作方式，属于生态创新研究的初生时期。②生态创新研究的理论探究阶段（2007~2013 年）。作为早期系统分析国外生态创新的高被引文献，Hellstrom（2007）在已有研究的基础上，比较系统地探讨不同维度生态创新的区别与联系。随后，有学者运用制度理论、利益者相关理论、资源基础观以及自然资源基础观，发现环境规制、管理者短视、用户参与、高管团队异质性、数字化领导力等均会影响企业生态创新的效果（Triguero et al.，2013；Lin & Sheu，2012；田红娜等，2023）。就研究方法来说，这一阶段的相关研究不仅包含案例研究法，还包括实证研究方法，这表明生态创新研究向成熟阶段迈进。总体来看，该阶段生态创新研究的论文数量较上一阶段有明显增加，研究方法趋于多样。③生态创新研究的

Keywords	Year	Strength	Begin	End	1996~2022
innovation	1996	19.0247	1999	2012	
strategy	1996	4.1258	2000	2009	
policy	1996	9.3474	2002	2011	
environmental management	1996	7.8795	2004	2013	
incentive	1996	6.2825	2006	2013	
management	1996	3.3737	2007	2009	
economic performance	1996	4.6347	2009	2013	
framework	1996	5.3072	2009	2017	
organization	1996	3.7046	2010	2016	
environment	1996	4.2268	2010	2016	
instrument	1996	4.2797	2010	2015	
technological change	1996	5.2331	2010	2015	
advantage	1996	4.1172	2010	2016	
market	1996	4.1172	2010	2016	
corporate	1996	4.2546	2010	2014	
environmental policy	1996	3.4252	2011	2015	
adoption	1996	5.3996	2011	2017	
diffusion	1996	12.3226	2011	2015	
technology	1996	5.4107	2011	2012	
regulation	1996	4.6449	2012	2017	
business	1996	3.8707	2012	2016	
productivity	1996	5.1543	2012	2017	
us	1996	5.7206	2012	2017	
dynamics	1996	3.5383	2013	2017	
empirical analysis	1996	5.7946	2013	2018	
productivity growth	1996	3.7991	2013	2015	
resource	1996	3.8318	2013	2016	
corporate sustainability	1996	4.1574	2014	2016	
governance	1996	3.4167	2015	2017	
product development	1996	4.5514	2015	2019	
perspective	1996	7.1302	2016	2018	
challenge	1996	3.674	2017	2019	
manufacturing firm	1996	4.6686	2017	2018	
csr	1996	3.6491	2018	2019	
absorptive capacity	1996	5.5927	2019	2022	

图 2-4　国外生态创新关键词突现图谱

Keywords	Year	Strength	Begin	End	1998~2022
绿色技术创新	1998	11.9522	2000	2007	
技术创新	1998	14.0252	2000	2014	
可持续发展	1998	10.4295	2000	2013	
绿色技术	1998	6.508	2001	2014	
生态化技术创新	1998	5.3814	2006	2011	
循环经济	1998	4.4981	2007	2010	
创新	1998	4.7366	2008	2014	
环境技术创新	1998	7.6968	2009	2015	
生态文明	1998	6.7812	2010	2014	
制造业	1998	6.2672	2011	2016	
生态技术创新	1998	3.4804	2011	2015	
绿色工艺创新	1998	4.9861	2012	2015	
生态创新	1998	6.9073	2013	2018	
环境创新	1998	3.8175	2013	2016	
绿色技术创新效率	1998	3.569	2016	2019	
绿色创新效率	1998	11.0574	2017	2019	
环境规制	1998	3.2998	2017	2018	
门槛效应	1998	5.7471	2017	2019	
长江经济带	1998	3.4193	2018	2022	
绿色创新	1998	58.1715	2020	2022	

图 2-5 国内生态创新关键词突现图谱

繁荣发展阶段（2014 年至今）。作为生态创新领域的高被引经典文献，Li 等（2014）综合运用资源基础观与制度理论，开始探究多层次因素对企业生态创新的综合影响，同时呼吁加强对生态创新绩效转化内在规律和作用机制的深入探讨。此后，越来越多的研究者开始关注生态创新在不同层面影响因素的交互效应（Mat & Yusof, 2020），越来越重视不同国家的政策、制度等外在情境和伦理道德在生态创新价值创造中的作用（Salim et al., 2019）。在这一阶段，学者们结合不同的生态创新情境开展了相应的理论和实证研究，研究主题日趋多元化。

结合国内生态创新研究的发展历程以及图 2-5 的突现词检测结果，本书对国内生态创新研究领域的热点演进展开归纳分析，将其划分为 3 个阶段。①生态创新研究的概念探索阶段（2008 年之前）。国内生态创新研究刚刚起步，多为对国外生态创新研究的引进和学习，相关研究集中在农业生态创新和生态旅游等方面（冯等田，2008），较少涉及制造业企业的生态创新研究，生态创新研究数量有限，研究方法较为单一。②生态创新研究的国外引进阶段（2009～2016 年）。祁明和林晓丹（2009）对"孤立创新"走向"生态创新"的必要性进行了初步论述，并构建了生态创新系统模型，揭开了国内生态创新驱动因素的研究序幕。国内学者开始注重生态创新与国外生态创新系统的比较分析，发现政府环境规制（黄蝶君等，2016）、利益相关者环保导向（彭雪蓉和魏江，2015）、组织创新能力及高管认知（王霞和徐晓东，2016）等因素与生态创新存在密切联系（陈刚等，2016）。③生态创新研究的应用阶段（2017 年至今）。随着"新时代""高质量发展"等理念的提出和日益普及，绿色发展和可持续发展成为越来越多企业的经营理念，我国的生态创新实践活动也蓬勃发展起来（李斌和曹万林，2017），促使"创新效率""经济带"等成为热点主题词。一方面，生态创新实践为生态创新理论的深入发展提供了研究素材；另一方面，生态创新理论的持续推进又能够为激发中小企业生态创新和全民生态意识提供理论依据（战睿等，2020）。总的来说，生态创新理论研究和企业环保行为相得益彰，协同推进。

2.2.3 生态创新研究文献述评

总的来说，国外生态创新研究取得了较为丰硕的成果，国内生态创新研究起步较晚，但也取得了一定的进展。然而，还有一些问题值得深入研究和探讨。

第一，聚焦中小企业的生态创新实践，拓展生态创新的研究对象。现有研究主要集中在欧美发达国家的大型制造企业，对中国情境下的中小企业生态创新关注不够。作为一个高度情境化的构念，生态创新随着嵌入制度环境的不同，其内容也会发生变化。在转型经济情境下，尚不发达的制度环境和特有的文化传统使中国中小企业生态创新可能呈现与西方大型制造企业不同

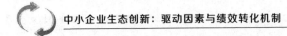

的特征。因此，未来研究可以聚焦中国转型经济情境下中小企业的生态创新实践，拓展生态创新的研究对象，以期深化转型经济情境下的生态创新理论研究。

第二，基于整合视角，系统阐释企业生态创新的驱动因素。现有文献通常运用单个理论视角就企业生态创新的驱动因素开展研究，大多只考察了驱动因素对生态创新的直接影响，整合不同理论视角来探讨多个驱动因素对生态创新的交互效应的研究尚不多见。实际上，企业生态创新战略的实施不是单一层面因素的影响，而是多个层面因素交互影响形成的结果。未来研究可以综合运用多个理论视角，从多个层面来考察企业生态创新的驱动因素，并进一步探讨不同层面驱动因素之间的交互效应，以期就企业生态创新的驱动机制做出全景式解读。

第三，探究生态创新影响企业绩效的内在机制与边界条件，厘清企业生态创新的绩效转化机制。现有研究较多关注生态创新对企业绩效的直接影响效应，虽然多数研究证实了生态创新有助于企业绩效提升，但也有少数研究得到相反的结论。生态创新与企业绩效之间关系的不确定性主要源于以下三个原因：一是笼统地探讨生态创新与企业绩效之间的关系，缺乏对生态创新的深入剖析，实际上，生态创新可以划分为不同的类型，如主动式生态创新和被动式生态创新，两者对企业绩效的影响效应可能不同；二是生态创新影响企业绩效的内在机制尚不清晰，现有研究还未打开生态创新影响企业绩效的"黑箱"；三是比较缺乏生态创新影响企业绩效的情境因素研究，尚未揭示生态创新影响企业绩效的边界条件。因此，未来研究可以将生态创新划分为不同的类型，深入考察不同类型的生态创新影响企业绩效的内在作用机制，探讨生态创新影响企业绩效的边界条件，以期揭示企业生态创新的绩效转化机制。

第 3 章

中小企业生态创新的驱动因素

3.1 问题提出

本章报告子研究一的内容，集中探讨中小企业生态创新的多层次驱动机制。随着高质量发展阶段的到来，新发展理念深入人心，我国社会主要矛盾发生变化，资源密集型和劳动密集型的发展模式已难以适应时代发展的要求，制约着绿色中国和经济建设的协同推进（曹翠珍和冯娇龙，2022）。加之转型经济时期，绿色消费需求引导经济结构转型的动力不足，要求我们亟须向创新驱动型和绿色发展型国家转变（Gurlek & Tuna，2018；龙思颖等，2021）。在此背景下，生态创新战略由于具有增强企业可持续发展能力、助力"碳中和""碳达峰"目标早日实现的功能，成为中小企业实现经济效益和生态效益"双赢"的路径选择（肖黎明和肖沁霖，2018）。

国内外学者对企业生态创新的测量方式、前因、绩效影响展开了分析（Yin et al.，2018；Lin et al.，2013；边明英等，2020；孙丽文和任相伟，2020），为探索企业生态创新行为提供了重要的理论依据。就生态创新的驱动因素而言，现有研究主要从制度、组织或个体等单一层面，就环境规制、利益相关者压力、战略动机、组织学习、高管认知等与生态创新的关系进行分析（吴建祖和范会玲，2021；Zhang & Zhu，2019）。

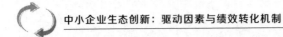

作为制度层面影响企业生态创新的重要因素，制度压力在企业开展生态创新的行为过程中扮演着重要角色，已成为企业发展过程中不容忽视的重要外部因素。企业深深嵌入于当地经济社会中，为了获得当地政府部门和普通民众的支持，减弱企业发展过程中的制度压力影响，往往会采取生态创新行为，进而对环境保护产生积极影响。有学者就制度压力与企业生态创新的关系进行了探讨。陈秋俊等（2021）深入挖掘了不同类型的制度压力影响企业绿色管理的内在机理，发现社会压力和商业环保压力对企业的绿色过程管理均有显著正向影响，但相较于商业环保压力，企业感受到的社会压力对其生态创新规范化管理的影响更加显著，创新能力发挥调节作用。Majid等（2020）通过研究发现，规制、规范、模仿压力能够促进企业生态创新，但这一过程会受到环境友好型战略的正向调节作用。上述研究说明制度压力是企业实施生态创新战略的一个重要因素。

相较于制度层面的压力，组织层面的企业资源也是企业响应环保战略的重要推动力（柏群和杨云，2020），为企业绿色行为的开展提供了坚实的基础。在面对内外部环境的急剧变化时，拥有更多组织冗余的企业能够更好地进行绿色战略变革，组织冗余能够充当企业环境变化的缓冲器。于飞等（2019）基于知识基础观和资源基础观，以128家A股制造业企业为研究样本，发现企业间的知识耦合和组织冗余是企业生态创新的前提。Wu等（2020）以2011~2016年深圳和上海的高科技企业为研究样本，发现政府财政补贴和企业的未吸收冗余是推动企业开展绿色科技创新的关键因素。相关研究为我们理解组织冗余与生态创新的关系奠定了重要基础。

此外，企业创新战略的实施还受到企业高管主观态度的影响。作为高管的一种认知，高管环保意识可能会对企业生态创新实践产生影响。于飞等（2021）从社会网络理论和注意力基础观视角切入，通过对282家制造业企业的问卷调查，发现高管注意力配置与绿色创新存在密切关系，规制压力与模仿压力在其中发挥了正向调节作用。Liao等（2019）发现，企业高层管理者的宗教信仰对生态创新的方式具有重要影响。由此可知，企业高管对环保的态度、主观认知及对政策的解读与企业生态创新密切相关。

综上所述，现有研究大多从个体、组织、制度层面中的某一视角探讨生态创新的影响因素，少数研究者从两个视角切入探讨其交互效应与生态创新的关系，从个体、组织及制度等三个层面讨论跨层次因素与中小企业生态创新关系的研究尚不多见。据此，本书综合运用高阶理论、资源基础理论、制度理论，从个体、组织、制度等三个层面分别探讨高管环保意识、组织冗余、制度压力及其交互效应对中小企业生态创新的影响，以期明晰中小企业生态创新的多层次驱动机制。

3.2 文献回顾

3.2.1 高管环保意识

3.2.1.1 高管环保意识的内涵

作为组织战略决策和日常经营活动中的关键角色，高管在企业的组织战略变革和创新演进中发挥着重要作用。在相近或者相同的政治制度、文化背景及经济环境中，不同企业间采取的生态创新策略存在显著差异，这是由于企业战略变革受到企业高管绿色价值观和主观态度的影响，即高管环保意识不同（Huang & Kung，2011）。也就是说，高管环保意识是企业高层管理者对生态创新、绿色经济等主观认知的反映（曹洪军和陈泽文，2017）。高阶理论认为，企业高层管理者基于外界环境的变化和对组织情境的解读形成的认知决定了其对组织实施生态创新战略的看法，但这一过程受到高管所处情境和有限理性的影响。

总的来说，关于高管环保意识内涵界定的研究较为缺乏。学者们大都认同以下观点，即高管环保意识是企业高层管理者对企业实施环保创新和生态创新等战略的认知、经验及价值观。

3.2.1.2　高管环保意识的维度与测量

有关高管环保意识的维度划分和测量研究，主要存在以下两种划分方式，如表3-1所示。Gadenne和Mckeiver（2009）将高管环保意识划分为环保风险意识与环保收益意识，并开发了8题项量表对其进行测量，典型题项如"企业高层管理者特别重视组织行为对自然环境的消极影响""企业高层管理者认为企业绿色产品生产能够显著提高组织销售收入"等。近年来，开始有中国学者在借鉴西方学者关于高管环保意识维度划分的基础上，立足于中国情境，对国外高管环保意识量表进行适度修订和改变，将高管环保意识划分为机会型环保意识与责任型环保意识，进而实现中国本土文化情境下高管环保意识的测量，测量题项如"企业高层管理者认为实施生态创新战略能够使企业在多个方面获得积极效益""企业高层管理者将企业设计、生产、销售以及售后等各个流程的生态创新问题视作自己的责任"等（陈泽文和陈丹，2019）。

表3-1　高管环保意识的维度划分

研究者(年份)	维度	定义
Gadenne 和 Mckeiver （2009）	高管环保风险意识	企业高层管理者对企业产生消极环境影响的主观认知
	高管环保收益意识	企业高层管理者对实施环保创新战略所产生积极影响的认知
陈泽文和陈丹 （2019）	高管机会型环保意识	企业高层管理者基于利润动机，聚焦于企业开展环保创新行为产生的机遇
	高管责任型环保意识	企业高层管理者基于道德动机，将实施环保创新行为作为自身责任的认知

3.2.1.3　高管环保意识的实证研究进展

高管环保意识属于企业高层管理者对环保创新行为形成的主观认知。回顾高管环保意识的相关文献可知，关于高管环保意识的研究仍处于起步阶段，相关实证研究较为缺乏。

哪些因素会影响高管环保意识？目前尚未有学者对这一问题进行研究，大多数学者围绕高管环保意识这一概念的直接影响效应及其作为调节因素在组织实施创新战略变革中的重要作用进行探讨。通过对相关实证文献进行梳理，发现高管环保意识通常会促进企业实施生态创新战略、提升企业的绿色绩效。陈泽文和陈丹（2019）以 256 家重污染企业为研究样本，探讨企业高层管理者环保意识与组织战略的关系，发现高管机会型环保意识、责任型环保意识均正向促进企业开展生态创新战略，但相较于责任型环保意识，机会型环保意识对商业模式变革和企业战略演变的影响更加强烈。Park 等（2014）基于 206 名企业高层管理者，考察企业高层管理者环保态度与企业环境管理的关系，其实证研究结果表明企业高层管理者的环保态度正向影响企业的环境管理活动，高管感知优势发挥中介作用。近年来，Wan 等（2017）以酒店服务业为研究样本，考察企业环保意识、环保措施与组织绩效的关系，发现环保意识弱是阻碍企业环境创新的重要因素。Huang 等（2019）以中国 2003~2014 年 A 股上市企业的 7615 个观测值为样本，探讨高管环保意识与企业科技环境创新行为的关系，发现高管环保意识越强，企业开展科技环境创新行为的可能性越大。

除此之外，部分研究者就高管环保意识在内外部环境影响企业创新产出和绩效表现过程中的调节作用展开了研究。彭雪蓉和魏江（2015）通过对制造业企业进行实证分析，发现不同类型的高管环保意识发挥的作用不同，高管环保风险意识负向调节政府部门环保压力与生态创新的关系，高管环保收益意识正向调节政府部门环保压力与生态创新的关系。徐建中等（2017）通过对 209 家制造业企业进行调查研究和实证分析，发现规制压力、模仿压力等不同类型的制度压力与生态创新战略存在倒 U 形关系，高管环保意识发挥完全中介作用，并且高管环保意识在制度压力与生态创新的关系中能够发挥正向调节作用。边明英等（2021）以交通运输业为研究样本，发现高管环保意识在环境规制与企业生态创新的关系中发挥中介作用。国外学者 Rustam 等（2020）以 360 份企业调查问卷为样本进行实证分析，探讨生态创新战略、高管环保意识与消费者绿色消费行为的关系，其研究结果表明，组织信息披露行为正向影响顾客绿色消费行为，高管环保意识发挥正向调节作用。本书对高管环保意识的重要实证文献进行了整理，如表 3-2 所示。

表 3-2　高管环保意识的研究文献整理

研究者（年份）	研究问题	研究样本	研究结论
曹洪军和陈泽文（2017）	探讨高管环保意识在环境变化与生态创新战略间的作用	216 家企业	高管环保意识正向调节规制压力、冗余资源和企业生态创新实践的关系，负向调节组织动态能力与生态创新行为的关系
彭雪蓉和魏江（2015）	探究高管环保意识、利益相关者压力与生态创新实践的关系	长三角制造业企业	高管环保风险意识正向调节政府压力与绿色流程创新的关系，高管环保收益意识正向调节政府压力与绿色产品服务创新的关系
徐建中等（2017）	探讨外部制度压力、高管环保意识与生态创新的关系	209 家制造业企业	规制压力、模仿压力与生态创新存在倒 U 形关系，高管环保意识在其中发挥完全中介作用，并且高管环保意识正向调节外部压力与生态创新实践的关系
陈泽文和陈丹（2019）	探讨经济新常态背景下高管环保意识对组织经济绩效和环境绩效的影响	256 家污染企业	高管机会型环保意识、责任型环保意识显著影响生态创新实践的开展，进一步增强组织绩效；高管机会型环保意识对商业模式变革和企业战略演变的影响更为显著，生态产品创新在其中发挥中介作用
潘安娥和郭秋实（2018）	考察高管环保意识在政府监管和组织环境信息披露间的作用	2010~2015 年 A股上市企业	政府监管对组织环境信息披露具有正向影响，高管环保意识发挥正向调节作用
边明英等（2021）	探讨环境规制和交通运输行业生态创新的关系	206 家交通运输企业	命令控制型环境规制正向影响生态技术创新，命令控制型环境规制与生态工艺创新存在倒 U 形关系，市场激励型环境规制正向影响生态技术创新、生态工艺创新，高管环保意识在环境规制与生态创新间发挥中介效应
Jang 等（2017）	探讨高管环保意识、利益相关者压力与环境创新的关系	2018 名企业管理者	高管环保意识正向影响企业经济绩效和非经济绩效
Huang 等（2019）	探讨高管环保意识如何驱动科技环境创新	中国 2003~2014年 A 股上市企业 7615 个样本	高管环保意识对企业科技环境创新具有积极影响

续表

研究者(年份)	研究问题	研究样本	研究结论
Park 等(2014)	探讨企业高层管理者环保态度和企业环境管理间的关系	206 名高层管理者	高管环保态度正向影响企业的环境管理活动,高管感知优势发挥中介作用
Wan 等(2017)	探讨企业环保意识、环保措施与绩效的关系	31 家酒店	环保意识是阻碍企业环境创新的重要因素
Rustam 等(2020)	探讨企业环境创新、环保意识与绿色消费行为的关系	360 份问卷	企业环境信息披露正向影响绿色消费行为,环保意识发挥正向调节作用
Wang 和 Mohammad (2022)	考察生态创新、食品生产质量和高管环保意识的关系	290 份企业调查问卷	高管环保意识正向影响生态产品创新、生态过程创新、生态组织创新

3.2.1.4　高管环保意识文献评介

本书对高管环保意识的相关研究进行了详细梳理,发现该主题近年来受到国内外学者的广泛关注,但其研究进程仍然较为缓慢。首先,就高管环保意识的概念内涵、维度划分及测量工具来说,学者们对高管环保意识的概念内涵尚未达成共识,其维度划分也较为单一,测量工具则主要借鉴国外学者开发的量表。其次,就高管环保意识的作用效果来说,现有为数不多的研究主要探讨高管环保意识对企业生态创新战略的直接效应,对其中介机制和边界条件的探讨相对较少。最后,大多数研究聚焦于高管环保意识作为调节变量上,忽视了哪些因素可能引发企业高管环保意识。

3.2.2　组织冗余

3.2.2.1　组织冗余的概念内涵

March 和 Simon(1958)在借鉴企业多余人员维持组织运行方面的作用,首次提出了"冗余"的概念。随后,国内外学者从不同的视角切入对组织冗余的内涵进行了阐述。

西方早期学者认为组织冗余是企业正常运行所需资源与企业内部可利用

资源的差额（Cyert & March，1963）。此后，有研究者在系统总结前人分析的基础上，强调组织冗余对企业应对内外部环境突变的重要作用，认为组织冗余是企业应对战略变革和环境变化的特有资源（Bourgeois，1981）。除此之外，还有学者将组织冗余界定为组织高管依据企业环境变化发起创新变革和增强企业绩效时所能够灵活支配的战略性资源（Simsek et al.，2007）。

近年来，国内学者基于独特的文化背景和转型经济情境，开始探讨中国组织情境下组织冗余的独特内涵。如方润生等（2009）主张组织在满足正常产品和服务等需求后，企业内部存留的资源累积和价值剩余构成了企业的组织冗余。于飞和刘明霞（2014）从组织演化理论视角切入，认为组织冗余是企业在外部动荡性环境冲击下，促进组织实施新战略、加快创新速度以及超过企业现实需求的可利用资源。此后，刘星和金占明（2017）基于资源观和能力观，将组织冗余定义为企业目前存在但尚未被充分发掘的组织资源和企业能力。

综观已有文献，国内外学者对组织冗余概念进行了不同界定，如表3-3所示。虽然学界对组织冗余的含义尚未达成共识，但多数概念界定中都提到"资源"和"缓冲物"，这说明组织冗余是企业尚未被完全开发的，并且能够促进组织创新和提高组织绩效的富余资源。

表3-3 组织冗余的内涵

研究者（年份）	内涵
Cyert 和 March（1963）	企业正常运行所需资源与企业内部可利用资源的差额
Bourgeois（1981）	企业应对战略变革和环境变化的特有资源
Greenley 和 Oktemgil（1998）	未被充分挖掘，有利于企业应对外部变化的战略性资源
Simsek 等（2007）	组织高管依据企业环境变化发起创新变革和增强企业绩效时所能够灵活支配的战略性资源
方润生等（2009）	满足正常产品和服务等需求后，企业内部存留的资源累积和价值剩余
于飞和刘明霞（2014）	企业在外部动荡性环境冲击下，促进组织实施新战略、加快创新速度以及超过企业现实需求的可利用资源
刘星和金占明（2017）	企业目前存在但尚未被充分发掘的组织资源和企业能力

3.2.2.2 组织冗余的维度划分与测量

目前，就组织冗余的维度划分来说，相关研究并未达成一致，这在很大程度上影响实证研究的发展。本文就组织冗余的主要维度划分进行了梳理与回顾，如表 3-4 所示。

表 3-4 组织冗余的维度

类型	研究者(年份)	维度
二维	Singh(1986)	未吸收冗余,已吸收冗余
	Sharfman 等(1988)	非沉淀性冗余,沉淀性冗余
	Tseng 等(2007)	内部冗余,外部冗余
	戴维奇(2012)	财务冗余,人力冗余
三维	Bourgeois 和 Singh(1983)	潜在冗余,可恢复冗余,可利用冗余
四维	Voss 等(2008)	运作冗余,人力资源冗余,客户冗余,财务冗余
	吴航(2017)	关系冗余,财务冗余,运营冗余,人力资源冗余
	刘星和金占明(2017)	非预期冗余,已吸收冗余、可恢复冗余,未吸收冗余、可利用冗余,外部生成冗余

当前主要有主观测量法和客观测量法两种方式对组织冗余进行测量，主观测量法一般采取问卷调查方式，客观测量法通常就企业的财务数据进行测量，如表 3-5 和表 3-6 所示。

表 3-5 组织冗余主观测量指标

研究者(年份)	维度	内容
李剑力(2010)	已吸收冗余,未吸收冗余	企业拥有较多的潜在关系资源可以利用等 10 个题项
方润生和李雄诒(2005)	分散冗余,组合冗余	引进的先进管理方法等 8 个题项
戴维奇(2012)	财务冗余,人力冗余	企业有充裕的管理储备人才等 7 个题项
吴航(2017)	关系冗余,财务冗余,运营冗余,人力资源冗余	内部投资收益等 14 个题项

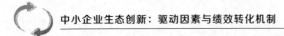

表 3-6　组织冗余客观测量指标

研究者(年份)	维度	内容
Singh(1986)	已吸收冗余,未吸收冗余	速动比率、流动比率、销售成本费用率 3 个指标
Greenley 和 Oktemgil(1998)	产生的冗余,投入的冗余	息税前利润、利息费用等 10 个指标
Xu 等(2015)	沉淀性冗余,非沉淀冗余	存货/总资产、货币资金/总资产 2 个指标
李晓翔和刘春林(2013)	沉淀性冗余,非沉淀性冗余	管理过程投入/营销收入+营销费用/营销收入、流动比例+资产负债率等 2 个指标
周国强和杨书阅(2018)	已吸收冗余,未吸收冗余	营销费用率-行业中值、流动比例-行业中值等 2 个指标

3.2.2.3　组织冗余的影响因素研究进展

关于组织冗余的影响因素研究，学者们主要从企业内部和外部两个方面展开了研究。

关于组织冗余的内部影响因素，现有研究主要集中在企业规模和企业年龄、组织绩效及组织战略等三个方面。首先，有研究者认为组织年龄、高管特征等能够显著影响企业资源，组织年龄越大，其积累的沉淀性冗余就越多，高管积极性越高，组织冗余则越少。例如，李晓翔和刘春林（2013）以 500 家制造业上市公司为研究样本，发现企业年龄与低流动性组织冗余存在正相关关系，管理者年龄、企业绩效等与高流动性组织冗余存在正相关关系。De 和 Bruggeman（2015）通过对 247 名企业管理者的调查研究发现，企业管理层预算动机负向影响预算冗余，管理层情感承诺负向影响预算冗余。其次，也有研究者主张组织绩效产生的可支配现金流、原材料等非沉淀冗余是应对环境急剧变化的缓冲器，如李晓翔和刘春林（2011）通过对上市企业的调研发现企业的经营状况能够显著增加企业的非沉淀性冗余。李健等（2018）通过对 2001～2014 年 A 股上市企业的研究发现制造企业期望绩效反馈结果能够负向影响非沉淀性冗余。最后，还有研究者认为实行差异化的创新与投资战略对组织冗余的影响不同。Dehning 等（2004）以 109 份投资公告为调查对象，对组织新技术战略投资和企业多余资源的关系展开了研究，发现 IT 投资战略会产生大量组织冗余。苏昕和刘昊龙（2018）以 2012～2014 年的上市企业为研究样本，探讨企业实施不同层次的创新战略与企业资源间的关系，发现实施多元化战略的企业，其内部的组织冗余也越多，非相关多元化负向影响组织冗余。

关于组织冗余的外部影响因素，现有研究主要围绕市场竞争强度、网络特征及环境特征等因素展开。Chen 等（2013）通过探讨组织冗余与外部企业合作的关系，发现企业间合作能够增加组织冗余，企业部门间的职能协调也能够显著增加组织冗余。王分棉和张鸿（2016）基于 397 家 A 股上市公司的面板数据，从环境包容性与环境动态性两个较为细化的角度探讨了环境特征与组织冗余的关系，发现环境包容性与组织冗余之间存在正相关关系，环境动态性与组织冗余之间存在负相关关系。朱福林和黄艳（2020）基于 200 家企业的调研数据，考察了社会网络特征对组织冗余的影响，发现网络强度仅能正向影响未吸收冗余，与已吸收冗余并无显著相关关系。

3.2.2.4　组织冗余的作用机制研究进展

关于组织冗余的作用结果，现有文献多围绕组织冗余对组织绩效、组织创新以及组织多元化战略的影响展开研究。

就组织冗余与组织绩效的关系而言，现有研究主要存在三种观点。组织理论学派代表学者强调组织冗余是企业应对环境突变的资源缓冲剂，拥有更多资源的企业能更好地实施创新战略。如有学者以高新区企业为研究样本，发现组织冗余正向影响组织绩效（Chiu & Liaw，2009）。代理理论学派代表学者认为企业职业经理人会利用企业资源为自身谋求不当利益，组织冗余将不利于组织绩效的提升。如李健和李晏墅（2013）以 1545 家上市企业为样本，探讨了制造业组织冗余与绩效反馈结果的关系，发现非沉淀性冗余负向影响组织绩效。此外，还有学者认为组织冗余与企业绩效间并非仅仅存在线性关系，如黄金鑫和陈传明（2015）的研究发现上市企业组织冗余和企业成长绩效间存在更为复杂的 U 形关系。

就组织冗余与组织创新的关系而言，现有研究主要分为两类。一方面，有研究者探讨组织冗余对组织创新的影响，发现组织冗余与企业创新间存在正相关、倒 U 形关系及 U 形关系。苏昕和刘昊龙（2018）通过 509 家企业探讨组织冗余与企业研发投入和创新的关系，表明组织冗余有利于增加企业的研发投入费用，进而增强企业创新战略的实施；Mao 等（2023）以上市公司为样本研究发现，已吸收冗余和未吸收冗余均能显著正向影响组织弹性，进而有利于企业绩效提升。另一方面，有学者从更为具体的角度，探讨各种细化组织冗余对企业创新战略的影响。Murro 等（2016）发现已吸收冗余、潜在冗余以及未吸收冗余等均会对组织创新产生正向影响，但相较于前两者，未吸收冗余的影响效应较低；徐向艺等（2020）通过对 2012～2016 年国内民营上市公司数据进行实证研究，发现企业的未吸收冗余与研发经费投入存在倒 U 形关系，而现有可用冗余资源与企业的研发经费投入存在正相关关系。

就组织冗余与组织多元化战略的关系而言，有学者认为，组织冗余能够提升企业战略变革的动态能力，促进企业的对外合作，因而能够扩大其多元化战略。Paeleman 等（2017）在研究中发现财务冗余与人力资源冗余均有利于组织产品出口多样性的增加，在促进企业多元化战略的进程中发挥积极促进作用。也有学者认为，在不同发展阶段，组织冗余对多元化战略的影响不同，在组织冗余较少时，组织通常实行专业化战略，但当组织冗余超过一定限度时，组织往往实行多元化战略改革（陈家淳等，2018）。还有研究者以重污染上市公司为研究样本，发现非沉淀性冗余和沉淀性冗余与企业的生态创新呈 U 形关系，风险承担能力在其中发挥中介效应（刘宇嘉等，2023）。

值得注意的是，现有相关实证研究不仅对组织冗余的前因变量和结果变量进行了探讨，而且还进一步探讨了其作为调节变量在企业战略决策和日常经营活动中的重要作用。比如，Dutta 等（2016）通过探讨企业高管任期时间、组织战略变革与组织冗余的关系，发现组织冗余在企业实施国际化战略进程中发挥负向调节作用。周霞等（2020）研究发现，非沉淀性冗余负向调节企业高管心理认知与组织创新模式的关系。

3.2.2.5 组织冗余文献评介

本书在梳理组织冗余文献的基础上，构建了一个组织冗余的整体研究框架，如图 3-1 所示。由图 3-1 可知，关于组织冗余相关研究进展仍不充分，其前因研究多集中于企业年龄、规模、经营状况及研发投资等内部因素和网络特征、市场竞争强度及环境不确定性等外部因素，较少关注内外部因素的交互作用；其结果变量研究中，现有研究主要围绕组织冗余与组织创新、组织绩效、多元化战略的关系进行探讨，并辅之以少量调节变量研究，相对缺乏对组织冗余发挥作用的影响机制、边界条件的探讨。

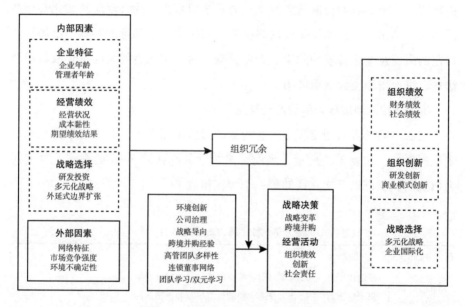

图 3-1　组织冗余已有研究成果框架

3.2.3　制度压力

3.2.3.1　制度压力的概念内涵

自 19 世纪源于政治经济学的制度理论产生后，制度压力研究才开始有较为长远的发展。制度环境最先被界定为个人或企业应遵守的法律法规和约束条件。随后，有学者将制度环境逐渐引入组织行为领域，并强调其不仅对组织日常运营具有重要作用，而且能够满足利益相关者的差异化价值诉求，进而获取企业的合法性认同（DiMaggio & Powell, 1983）。自此，制度压力成为组织战略行为研究的重要因素。Powell 和 DiMaggio（1991）进一步扩展了制度因素与组织行为关系的研究，认为制度压力是通过建立法律法规等强制性措施来规范企业的组织行为和战略决策。Scott（1995）认为除法律法规等强制性措施以外，制度压力还能够为社会生活带来和谐与稳定，并认为制度压力由规制、规范以及文化认知等三个关键要素组成。

总体来说，虽然不同学者基于不同的视角对制度压力进行了概念界定和内涵解读，但学者们普遍认为制度压力是法律规则、社会规范及文化心理共同作用的结果，并强调组织的战略决策受到组织外部环境的影响、市场行业规范的限制及文化传统的约束，企业合理应对制度压力的目的是获取组织合法性，进而增强资源获取能力。

3.2.3.2 制度压力的维度与测量

随着不同学者对制度压力概念内涵的理解不断深入，其维度划分也形成了不同形式，如表 3-7 所示。当前，多数学者都认同 Scott 的观点，制度压力由规制、规范以及文化认知等三个维度组成。

表 3-7 制度压力的维度划分

研究者(年份)	维度	定义
DiMaggio 和 Powell(1983)	强制性压力	政府部门制定的强制性法律法规及政策
	规范性压力	社会上普遍认同的价值规范和道德认同
	模仿性压力	组织层面对行业内领先竞争对手的模仿及外界环境下的组织理解
Scott(1995)	规制压力	执法部门颁布的政策和法规
	规范压力	价值观、社会规范等的限制，如行业标准、经验和规则
	认知压力	企业内部形成的价值共识，如组织内道德规范、社会伦理等
Simpson (2012)	消费者压力	消费者对企业产品和服务等提出的明确要求或潜在要求
	监管压力	企业内外部监督部门对企业产品或服务的要求
	处置成本压力	企业为降低内部生产成本而面临的压力
Wu(2013)	市场压力	由消费者或领先行业竞争对手产生的压力
	监管压力	由外部监管部门和内部监督部门产生的压力
	竞争压力	由行业竞争对手产生的压力

3.2.3.3　制度压力的实证研究进展

从有关制度压力的实证研究文献来看，现有文献主要关注制度压力对于后果变量的直接影响效应和其作为调节变量的研究。前者聚焦于制度压力或不同类型的制度压力对企业绩效、创新战略以及绿色供应链管理的直接影响效应；后者将不同类型的制度压力作为一种外在情景，探讨其调节作用。本书对相关文献做了整理，如表 3-8 所示。

表 3-8　制度压力的研究文献整理

研究者(年份)	研究问题	研究样本	研究结论
田玲和刘春林(2021)	分析试点政策对"同伴"企业生态创新的影响	2004~2016 年沪深 A 股上市公司	"同伴"制度压力正向影响同伴城市企业的生态创新，且正向效应在国有企业、污染行业企业尤为显著
武立东和周亚拿(2019)	探讨制度压力、媒体关注以及银行绿色贷款间的关系	城市商业银行	媒体关注与城市商业银行的绿色贷款业务存在正相关关系，制度压力发挥负向调节作用
徐建中等(2017)	探讨不同类型的制度压力与企业生态创新战略的关系	209 家制造业企业	规制压力与生态创新存在倒 U 形关系，模仿压力与生态创新存在倒 U 形关系
彭荷芳等(2016)	探讨制度压力、员工社会责任与组织绩效的关系	238 家民营企业	规制、规范及认知等三个维度和员工社会责任之间存在正相关关系，规制压力与组织绩效之间存在正相关关系
林润辉等(2016)	探讨不同类型制度压力与信息安全合法化和企业绩效的关系	通过信息安全管理认证的国内企业	规制压力、规范压力、模仿压力与制度履行间存在正相关关系，规制压力对内化影响更为显著
马玎等(2016)	探讨制度压力、生态创新与企业营利性的关系	2004~2013 年 A 股上市企业	外部降低型创新与组织盈利存在负相关关系，规制强度、行业竞争度、出口在其中发挥负向调节作用；资源效率创新正向提高组织盈利能力，并且在行业竞争激烈的企业中更加显著
周丹妮(2020)	探讨东道国制度压力、人力资本和组织绩效的关系	257 家中国企业	规范压力、模仿压力能够显著提升人力资本土化水平，规范压力、模仿压力能够显著提升组织绩效，规制压力负向影响人力资本本地化和组织绩效；人力资本本地化在制度压力和组织绩效间发挥中介作用

续表

研究者(年份)	研究问题	研究样本	研究结论
于飞等(2021)	探讨制度压力、网络特征与高管注意力配置的关系	282家制造业企业	规制压力、模仿压力在网络密度、注意力配置对绿色创新的正向影响中发挥正向调节作用，且模仿压力的正向调节作用更加强烈
于飞等(2020)	探讨制度压力、知识耦合与绿色创新战略的关系	128家A股制造业企业	规制压力、模仿压力与绿色创新存在正相关关系，但其时效性存在显著差异，知识耦合发挥中介作用
金永杰和赵树良(2023)	分析企业环境伦理、制度压力、补贴强度和重污染企业绿色创新的关系	2013～2018年934家上市公司	规制压力正向调节企业环境伦理与绿色创新的正相关关系
Rui和Lu(2021)	分析利益相关者压力与企业生态创新的关系	278家企业	利益相关者压力与企业生态创新存在正相关关系，企业环境伦理发挥正向调节作用
Chaudhry和Amir(2020)	探究制度压力、绿色环境管理、环保主动性与企业环境绩效的关系	500名中高层管理者	规制压力、规范压力、模仿压力能够显著提升环境绩效，环境管理发挥中介作用，环保主动性能够正向调节模仿压力与环境绩效间的正相关关系
Shafique等(2017)	探讨绿色供应链管理、制度压力、绿色创新与企业绩效的关系	500家电子企业	绿色供应链管理能够显著提升企业绩效，生态创新发挥中介作用，制度压力在绿色供应链管理与企业绩效间发挥调节作用
Zeng等(2017)	探讨制度压力、可持续供应链管理与企业可持续发展间的关系	363份问卷	可持续供应链管理能够提升企业可持续发展能力，制度压力的不同维度在其中发挥差异化调节作用
Daddi等(2016)	探究不同制度压力类型对企业绩效的差异化作用	242家欧洲企业	规范性压力和模仿性压力对环境绩效存在正向影响，强制性压力与环境管理不存在显著相关关系
Colwell和Joshi(2013)	探讨制度压力、高管环保意识与企业环保反映的关系	199家制造业企业	制度压力正向影响企业环保反映，高管环保意识发挥正向调节作用

续表

研究者(年份)	研究问题	研究样本	研究结论
Cui 和 Jiang (2012)	探究制度压力、股权份额与所有权结构的关系	132 家中国企业	东道国规制压力、东道国规范压力、东道国模仿压力正向影响股权结构,股权份额发挥调节作用
Chen 等(2018)	探讨制度压力、绿色创新与组织冗余的关系	100 家中国企业	规制压力和规范压力正向影响企业绿色创新,组织冗余在规制压力与绿色创新间发挥调节作用
Hoejmose 等 (2014)	探究制度压力对绿色供应链管理的影响	198 家英国企业	制度压力正向影响绿色供应链管理,消费者压力发挥调节作用
Ren 和 Wang (2023)	分析绿色创新、制度压力和 CEO 角色的关系	722 家上市公司	制度压力能够正向影响绿色创新,当 CEO 更关心组织合法性时,这种效应更强

3.2.3.4　制度压力文献评介

本书对制度压力的相关研究进行了系统回顾与梳理,发现虽然制度压力主题研究受到国内外学者的关注较早,但其研究进程仍然较为缓慢。首先,就制度压力的影响效果来说,研究者主要探讨其对企业创新战略、企业绩效以及社会责任行为的直接效应,而对其中介机制和边界条件的探讨相对较少。其次,多数研究集中在不同类型的制度压力作为调节变量的研究上,鲜有研究就不同类型制度压力的前因条件进行探讨。最后,国内关于制度压力的概念内涵、维度划分及测量工具的研究借鉴国外研究较多,而立足于中国情境的相关实证研究尚不足以满足实践发展需要。

3.3　研究假设

3.3.1　高管环保意识对中小企业生态创新的影响

高管环保意识是指企业高层管理者对企业环保行为的认知和主观态度,是对环境行为做出机会和威胁等不同评判的重要基础,深刻影响着企业未来的战略决策和创新战略，主要表现为机会型环保意识与责任型环保意识（陈泽文和陈丹，2019）。高管机会型环保意识是指企业高层管理者出于营利性动机，将企业生态环境保护行为视为组织增加收入和降低成本的重要方式和手段；高管责任型环保意识是指企业高层管理者基于环境保护和资源节约的道德动机，主动推进企业生态创新战略的实施和绿色行为的开展，努力树立企业主动承担减少污染排放社会责任的企业形象，进而降低企业行为产生的环境负面影响。高管环保意识会以一种积极的主观认知影响企业的战略管理，有利于主动型生态创新的开展。以往研究表明，高管对环保政策的认知对绿色创新行为的开展具有重要推进作用（Cheng & Shiu，2012）。

生态创新是指有效降低环境负面影响并能够给消费者带来价值，同时能使企业增值的新产品和新工艺（Fussler & Jame，1996）。生态创新并不是由企业生产流程的某一环节直接演变而来的，而是分布于不同的领域，在企业不同生产环节和部门之间复杂的协同互动过程中形成的（胡元林等，2021）。个体态度与行为作为影响生态创新的诸多因素之一，已被证实能通过不同方式对生态创新产生直接影响（杨栩等，2020）。高管环保意识作为一种体现行为倾向的个体态度，以积极主动的方式看待企业创新行为，增强企业实施绿色环保实践行为的积极性，从而提升企业的生态创新水平。

第一，就营利性动机而言，企业环保行为需要投入大量资金，会增加企业的财务负担，但具备高机会型环保意识的企业高管认为企业实施绿色创新行为在短期虽然会增加企业的资源消耗，从长远来看却有利于组织发展。在这种情况下，具备高机会型环保意识的企业高管会以积极乐观的态度看待企业环境创新行为，将企业的环境保护行为和绿色生态战略看作企业未来发展的机遇（王霞和徐晓东，2016），并且能够意识到积极推进环保行为所能够带来的潜在好处，以更为积极的态度促进绿色实践的开展。第二，就道德动机而言，具备高责任型环保意识的企业高管具有更强的社会责任感，对企业污染排放和生态破坏等问题更加重视，更可能为了大众福祉进行企业组织变革。因此，在企业发展过程中，具备高责任型环保意识的企业高管更多地会主动采取可持续创新行为，从而将企业污染降到最低（Bohdanowicz，2006）。第三，高管环保意识越强，越容易对中小企业的生态创新战略形成资源承诺和能力承诺。中小企业开展生态创新具有较强的不确定性，需要投入大量研发经费和人力资源，并且中小企业缺乏生态创新经验，在开展生态创新实践过程中不具有资源优先使用权并且回报周期较长，很难主动推进创新行为。在这种情况下，具有较强环保意识的企业高管更容易意识到开展环保实践所带来的潜在好处，因此更可能形成强烈的资源和能力承诺，促进创新行为的持续推进（彭雪蓉和魏江，2015）。综上所述，在企业日常经营和环保行为过程中，高管环保意识会促使高管实施积极型绿色行为，强化企业和员工的绿色行为，最终推动企业环保战略的顺利实施。基于此，本书提出以下假设。

H1：高管环保意识对中小企业生态创新具有显著正向影响。

3.3.2　组织冗余对中小企业生态创新的影响

组织冗余是指企业在外部动荡性环境冲击下，促进组织实施新战略、加快创新速度并且超过企业现实需求的可利用资源（Simsek et al.，2007；Bourgeois & Singh，1983），主要包括已吸收冗余和未吸收冗余。已吸收冗余是指已经被企业生产流程所固化和吸收，却未充分发挥其应有作用且使用效率低下的企业资源，如建成但尚未投入使用的厂房、机器设备等；未吸收冗余是指企业当前尚未投入使用的资源，这类资源能够较为清晰地被识别出来并投入组织使用，如企业的库存原材料、企业流动资金等（李剑力，2009）。组织冗余是企业有效应对外部社会环境变化和内部战略变革的物质保障，其核心在于当企业面临环境、技术与政策冲击时，能够强化企业的风险应对能力。以往研究表明，组织冗余对于企业的创新战略变革和组织绩效具有重要作用。因此，本书认为，组织冗余对中小企业生态创新具有重要影响。

首先，根据资源基础观，拥有更多组织冗余的中小企业能够为组织创新提供资源供给和物质保障。由于组织分配到各生产流程和不同生产部门的资源有限，组织并不能确保将资源优先进行绿色投入和环保研发，但当组织内部存在流动资金、原材料库存等组织冗余时，中小企业在抵抗环境冲击和应对政策压力方面就占据了更大优势，过多的组织冗余为中小企业环保行为的开展和企业战略的实行提供了试验场，有利于企业开发绿色市场、获取竞争优势（杨静等，2015）。长此以往，组织逐渐适应了企业的生态环保行为，习惯于开展绿色创新实践，生态创新日益成为组织的重要战略。其次，提高厂房、机器设备等已吸收冗余的使用效率也是促进中小企业开展生态创新的关键举措。在拥有较多闲置厂房、闲置机器设备等已吸收冗余的中小企业中，企业在完成既定生产目标以后，通常更乐意利用闲置厂房和机器等进行绿色产品的研发和绿色服务的提供（柏群和杨云，2020）。在这种情况下，拥有更多未吸收冗余的中小企业会积极促进企业生态项目的开展与创新战略的实施，这时投入更多资源的企业可能产生更多的生态创新成果。最后，组织冗余通常以闲置性资源等形式存在，具有强适应性和高灵活性的特点，能够满足中小企业发展的多种需求，是中小企业适时修正创新战略的外部保障。在知识快速变革的乌卡时代（VUCA），组织演进和战略变革对资源存在较强的路径依赖，拥有更多可支配组织冗余的中小企业能够践行更多的创新想法和绿色行为，准确识别并开发市场机会，进而保持竞争优势，增强中小企业的动态化竞争能力（孙永波等，2021）。综上所述，在中小企业的创新战略变革和组织演进中，组织冗余通常能够确保组织对于生态产品和绿色研发的资源投入，使企业拥有更多的物质资源和智力资本用于创新战略变革及组织演进，最终促进中小企业生态创新战略的顺利实施。基于此，本书提出以下假设。

H2：组织冗余对中小企业生态创新具有显著的正向影响。

3.3.3 制度压力对中小企业生态创新的影响

制度理论认为，不同企业的同质性行为源于企业的同构行为与合法性机制的获取，强调在感受到外部压力的情况下，企业更可能会实施易于得到外部利益相关者认同的行为，最终造成部分企业行为趋同（于飞等，2020）。目前，研究者们将中小企业感受到的这类压力称为制度压力，其由规制、规范以及模仿等三个部分组成（于飞等，2020）。其中，规制压力主要来自政府部门和其派出机构，如强制性法规和政策、排污标准等；规范压力主要来源于消费者、供应商、经销商等利益相关者，是行业规范的重要体现；模仿压力是企业为保持自身持续性竞争优势，而向行业内领先企业的学习行为（DiMaggio & Powell，1983；徐建中等，2017）。

企业生态创新不是仅由企业自身完成的，而是受到多方面因素综合作用的结果（徐建中等，2017）。企业感受到的外部压力直接影响着企业的战略变革和绿色环保实践行为（彭雪蓉和刘洋，2015）。制度压力作为一种重要的外部压力，能够以强制性态度倒逼企业加大绿色研发投入，增强企业绿色技术研发的积极性，从而促进企业开展生态创新行为，提升企业的绿色形象。

首先，通过制定各种正式和非正式制度明确各种评判指标，如设立污染防治目标，根据企业污染行为进行处罚，征收污染税等，对中小企业提出合规要求。在这种情况下，由于规避遭受经济处罚、行政处理以及风险，也为了进一步获取组织合法性认同和外部利益相关者的认可，中小企业不得不实施环境政策法规要求的和利益相关者所期待的前瞻性创新行为，通过加大生态技术研发投入、实施绿色生产管理及生态产品认证等措施加快企业生态创新的步伐，以从更深层次上整合稀缺性和异质性资源（徐建中等，2017）。其次，规范压力产生的道德合法性往往对企业的创新行为产生约束作用，当面对来自行业协会、行业竞争对手以及消费者的绿色消费压力时，中小企业通常会进行生态管理创新、生态技术改进和生态流程规范，同时提高中小企业生态产品质量层次和生态服务的水平，以满足消费者日渐提升的绿色消费意向和行业协会、利益相关者等的环保期望。因此，当同行业内的行业协会对中小企业产生较强的绿色环保规范压力时，中小企业为得到行业协会和竞争对手的认可，可能会开展绿色创新行为，进而提升生态创新水平，以增强本企业的道德合法性（于飞等，2020）。最后，企业的模仿压力是中小企业大大落后于行业龙头企业，为赶超竞争对手而形成的学习压力。中小企业的生产服务行为不是孤立存在的，而是深刻嵌入当地经济社会发展中，模仿压力源于企业所处社会网络中的龙头企业；当本行业出现领先企业时，落后企业为紧跟领先企业的创新步伐乃至赶超领先企业以保持优势地位，一般会通过组织学习等形式开展合法性竞赛，采取与行业领先企业相同的创新行为，并且具有环保导向的行业领先企业更容易获取异质性资源和进行资源整合（Aida et al.，2018），这在无形中也为其他中小企业树立了典范，从而促进了其他企业生态创新战略的实施和生态创新实践的开展。总的来说，感受到外部强烈制度压力的中小企业通常会以获取合法性为原则，以积极主动的态度看待企业的生态研发和绿色经费投入。基于此，本书提出以下假设。

H3：制度压力对中小企业生态创新具有显著的正向影响。

3.3.4　组织冗余的调节作用

依据上文提出的研究假设，高管环保意识正向影响生态创新。在这种情况下，当企业内部的资源存量不同时，两者的关系是否会发生变化呢？

当企业具有较多的资源存量时，高管环保意识与生态创新的正相关作用可能会增强。较多的企业资源存量可以被灵活使用在企业的不同管理用途上，为组织战略变革提供更多可能性，降低甚至避免外部动荡环境冲击对企业的伤害（Troilo et al.，2014）。在这种情况下，拥有较多未吸收冗余的企业，高层管理者更加注重企业持续性竞争优势的获取，愿意主动承担企业社会责任，降低企业生产对环境的影响，进而增强企业适应能力（柏群和杨云，2020）。另外，在已吸收冗余较多的企业中，组织内部往往具有相对宽松的管理氛围，这部分企业资源的流动性较差，是企业创新战略变革的试错成本（李剑力，2009）。鉴于此，中小企业高层管理者更倾向于主动承担社会责任，实施绿色环保行为，进而增强企业声誉（Frone & Frone，2018），即高管环保意识与中小企业生态创新的正相关关系会加强。基于此，本书提出以下假设。

H4：组织冗余正向调节高管环保意识与中小企业生态创新的关系。

3.3.5 制度压力的调节作用

依据上文提出的研究假设，高管环保意识正向影响生态创新，那么当企业遭受到的制度压力不同时，高管环保意识与生态创新的关系会如何变化呢？

当中小企业受到外部的规制压力、规范压力、模仿压力较大时，高管环保意识与生态创新的正相关关系可能会增强。外部规制压力越强，意味着政府监管部门的监管要求越严格，中小企业的日常生产经营必须严格按照法律要求，以获取政府部门的支持（Fong & Chang，2012）；当企业高管具有相同的环保意识时，由于感受到外界的监督承诺、奖惩措施等强制性规制，企业高管会主动进行风险规避，按政府监管部门要求承担社会责任，降低企业存活和发展的阻力（陈泽文和陈丹，2019）。在大的规范压力下的企业更看重道德规范和行业规范对企业的无形约束，企业为了更好地融入行业圈，必须要获得行业协会的认可与支持。因此，企业会通过自身绿色行为和实质性生态创新举措向公众展示自己，努力树立负责任企业形象，构建良好的营商环境，提升产品或服务质量，以期获得行业内利益相关者支持（王娟茹等，2021）。模仿压力来源于企业的竞争对手，中小企业通常会以行业内龙头企业为标杆进行模仿和学习，当标杆企业获得成功时，中小企业会从顶层设计方面对其创新战略进行学习（Lin & Ho，2011）。因此，具有较强高管环保意识的中小企业在目睹竞争对手因重视环保绿色行为而不断提升合法性进而提升组织绩效后，中小企业会进一步加大学习力度，主动实施环境创新举措（于飞等，2021）。基于此，本研究提出以下假设。

H5：制度压力正向调节高管环保意识与中小企业生态创新的关系。

3.3.6 制度压力和组织冗余的联合调节

企业创新战略的确立需要与外部环境进行持续互动，生态创新战略的确立和实施也与企业外部的制度环境息息相关。Zhang 等（2020）的研究发现企业资源存量正向影响企业的创新能力，但当企业受到的外部环境规制压力不大时，会降低生态创新意愿，而聚焦于创造更多的经济效益，甚至不惜以牺牲生态环境为代价来发展企业经济（曹洪军和孙继辉，2021）。此时由组织冗余产生的效益，如提升创新能力、应对环境冲击及增加经济营收等也可能会逐渐消失，中小企业在法律法规方面受到的保护和排污标准带来的高附加值则会受到影响。大的制度压力下政府部门不仅可以出台强制性法律措施规范中小企业的日常生产和废物排放，并且还可以通过道德规范和行业规范倒逼企业开展生态创新实践活动（Borsatto & Bazani，2020）。此外，大的模仿压力有助于督促中小企业向行业龙头企业进行生态创新战略学习（李虹和张希源，2016）。由此可知，当中小企业感受到的环境压力不大时，即使中小企业拥有丰富的资源存量，也很难主动确立生态创新战略，还会增加企业资源利用和创新战略变革过程中的障碍。相反，当中小企业感受到外部的环境压力较为强烈时，其更容易实施大众期望的组织行为，合理使用本企业的资源（徐建中等，2017），进而提升开展绿色环保实践和制定生态创新战略的意愿。基于此，本研究提出以下假设。

H6：制度压力和组织冗余对高管环保意识与中小企业生态创新的关系具有联合调节作用，即在大制度压力、高组织冗余情境下，高管环保意识与生态创新的正相关关系将会加强。

综合上述假设，子研究一的理论框架模型可以用图3-2表示。

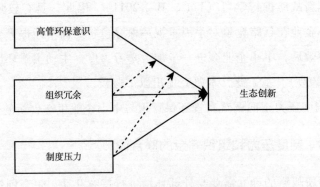

图3-2　子研究一理论框架模型

3.4　研究方法

3.4.1　样本选取和数据收集

在选取样本时，选取符合条件的中小企业进行问卷调查。研究中对中小企业的选定按照国家出台的《关于印发中小企业划型标准规定的通知》要求进行筛选：员工规模应小于 2000 人，年均销售额不高于 3 亿元人民币等（卢强等，2019）。在回收问卷时，按照如下原则进行问卷筛选，以剔除无效调查问卷：一是删除答题不完整的调查问卷；二是删除连续选择同一答案的调查问卷；三是删除答案存在明显规律的调查问卷（如作答选项为 123123123……）。

课题组在浙江、江苏等长三角地区发放问卷 281 份，收回有效问卷 182 份，有效回收率为 64.77%。在有效问卷中，企业年龄方面，小于 3 年的有 39 家，占比 21.429%，3~5 年的有 39 家，占比 21.429%，5~10 年的有 32 家，占比 17.582%，10~15 年的有 21 家，占比 11.538%，15 年及以上的有 51 家，占比 28.022%；在企业规模方面，员工人数少于 100 人的有 38 家，占比 20.879%，员工人数在 100~500 人的有 81 家，占比 44.505%，员工人数在 501~1000 人的有 30 家，占比 16.484%，员工人数在 1000~1500 人的有 24 家，占比 13.187%，员工人数 1500~2000 人的有 9 家，占比 4.945%；在企业类型方面，高污染企业 101 家，占比 55.495%，非高污染企业 81 家，占比 44.505%；在企业性质方面，被调研企业中国有企业有 76 家，占比 41.758%，民营企业有 54 家，占比 29.670%，外资企业有 25 家，占比 13.736%，混合所有制企业有 16 家，占比 8.791%，其他企业有 11 家，占比 6.044%，具体如表 3-9 所示。

表 3-9　子研究一样本企业的基本信息（N = 182）

单位：份，%

样本特征	特征分布	样本数量	所占比例
企业年龄	小于 3 年	39	21.429
	3~5 年	39	21.429
	5~10 年	32	17.582
	10~15 年	21	11.538
	15 年及以上	51	28.022
企业规模	少于 100 人	38	20.879
	100~500 人	81	44.505
	500~1000 人	30	16.484
	1000~1500 人	24	13.187
	1500~2000 人	9	4.945
企业类型	高污染企业	101	55.495
	非高污染企业	81	44.505
企业性质	国有企业	76	41.758
	民营企业	54	29.670
	外资企业	25	13.736
	混合所有制企业	16	8.791
	其他企业	11	6.044

3.4.2　偏差检验

为对非回应偏差问题进行检测，采用了 Armstrong 和 Overton（1977）推荐的方法，将 182 份中小企业问卷样本分为三组进行独立样本 T 检验，发现本研究问卷调查过程中不存在显著的非回应偏差问题。

因调查问卷中涉及的自变量（高管环保意识）、调节变量（组织冗余、制度压力）、因变量（生态创新）的测量题项均由同一人员填答，可能导致共同方法偏差，进而影响到研究结论的效度。因此，借鉴周浩和龙立荣（2004）的研究，从研究设计和统计分析手段两方面采取措施以减少共同方法偏差带来的负面影响。在设计问卷过程中，采用国内外的成熟量表，使用清晰和不容易产生歧义的语句，告知受访者所填写答案没有对错之分，数据结果仅用于学术研究。在统计手段上，采用 Harman 单因子检测法，运用最大方差旋转法对高管环保意识、生态创新、制度压力及组织冗余等所有变量开展探索性因子分析，发现第一个因子解释了 38.426% 的方差变异量，说明不存在一个共同因子能解释测量指标的大部分方差。此外，为得到更加精确的评估，还采用了验证性因子分析来检验共同方法偏差问题，通过构建单因子测量模型，把所有测量指标指向一个共同因子，发现该模型的拟合情况较差（$\chi^2/df = 3.629$，大于 3；$RMSEA = 0.121$，大于 0.1000；$IFI = 0.870$，小于 0.900；$NFI = 0.829$，小于 0.900；$CFI = 0.870$，小于 0.900）。结果表明不存在一个共同因子可以解释所有变量的方差变异量，因此本研究不存在显著的共同方法偏差问题。

3.4.3　变量测量

3.4.3.1　因变量：生态创新

生态创新的测量采用 Chen 等（2012）的量表，共 8 个题项，如表 3-10 所示等。其中包括主动式生态创新和被动式生态创新。生态创新由受访者主观评价，最终得分越高，说明中小企业越有可能实施生态创新战略。采用 Likert 7 点量表，从 1 到 7，1 表示"非常不同意"，7 表示"非常同意"。

表 3-10　生态创新量表

变量	维度	题项
生态创新	主动式生态创新	公司经常进行积极的与环境相关的创新,以便先于竞争对手采取新做法或研发新产品(ZDXSTCX1)
		公司积极致力于持续投入资源进行绿色创新,成功抓住机遇,引领市场(ZDXSTCX2)
		公司积极改进制造工艺以回收再利用,降低材料成本(ZDXSTCX3)
		公司自发提出与环境相关的创新理念,以获取竞争优势(ZDXSTCX4)

变量	维度	题项
生态创新	被动式生态创新	公司为遵守环境法规采取被动的环境创新（FYXSTCX1）
		公司被要求发明新的解决方案，以适应利益相关者的要求（FYXSTCX2）
		公司被迫对不断变化的环境作出反应（FYXSTCX3）
		公司被动进行环境创新，以应对竞争对手的挑战（FYXSTCX4）

3.4.3.2 自变量：高管环保意识

高管环保意识的测量采用陈泽文和陈丹（2019）改编自 Gadenne 等（2009）的量表，共 10 个题项，如表 3-11 所示，其中包括机会型环保意识和责任型环保意识。高管环保意识由受访者主观评价，最终得分越高，说明中小企业的高管环保意识越强。采用 Likert 7 点量表，从 1 到 7，1 表示"非常不同意"，7 表示"非常同意"。

表 3-11　高管环保意识量表

变量	维度	题项
高管环保意识	机会型环保意识	企业高管主张实施生态创新能够降低生产成本（JHXHBYS1）
		企业高管主张实施生态创新能够提高生产效率（JHXHBYS2）
		企业高管主张实施生态创新能够增加营销机会（JHXHBYS3）
		企业高管主张实施生态创新能够使企业在很多方面获益（JHXHBYS4）
		企业高管主张实施生态创新有利于提高企业的竞争力（JHXHBYS5）
	责任型环保意识	企业高管重视相关环保法规对公司的影响（ZRXHBYS1）
		企业高管重视企业生产经营活动对环境的不利影响（ZRXHBYS2）
		企业高管重视对环保措施的了解和掌握（ZRXHBYS3）
		企业高管在设计、生产、销售等各个环节将环保问题视为自身责任（ZRXHBYS4）
		企业高管认为承担环境责任对企业生存异常关键（ZRXHBYS5）

3.4.3.3 调节变量：制度压力

制度压力根据徐建中等（2017）改编自 Zhang 等（2015）和李怡娜等

(2011) 的量表，共 17 个题项，如表 3-12 所示，其中包括规制压力、规范压力和模仿压力。制度压力由受访者主观评价，得分越高，说明外界制度压力越高。采用 Likert 7 点量表，从 1 到 7，1 表示"非常不同意"，7 表示"非常同意"。

表 3-12　制度压力量表

变量	维度	题项
制度压力	规制压力	企业生产须符合国内相关环境法律法规规定(GZ1)
		企业生产须符合出口国家相关环保规定(GZ2)
		企业产品须符合国际环保公约标准(GZ3)
		政府提供了与企业相关的实施环保措施的补贴(GZ4)
		政府减免了与企业相关的实施环保措施的税收(GZ5)
		政府积极宣传环境保护(GZ6)
		政府提供了与企业相关的环保技术信息(GZ7)
		政府提供了与企业相关的产学研合作平台(GZ8)
		政府提供了与企业相关的专项扶持基金(GZ9)
	规范压力	企业的客户要求产品符合环保标准(GF1)
		企业的客户重视蕴含生态价值的产品(GF2)
		企业的供应商要求企业生产符合环保规定(GF3)
		公众重视环保问题(GF4)
		新兴碳交易市场重视对节能减排企业的需求(GF5)
	模仿压力	企业的竞争者已成功采用行业领先环保工艺(MF1)
		企业产品的替代产品已成功采用行业领先环保工艺(MF2)
		行业领袖已成功采用行业领先环保工艺(MF3)

3.4.3.4　调节变量：组织冗余

组织冗余的测量根据李剑力（2009）的量表，共 7 个题项，如表 3-13 所示，其中包括未吸收冗余和已吸收冗余。组织冗余由受访者主观评价，最终得分越高，说明企业的冗余资源越多。采用 Likert 7 点量表，从 1 到 7，1 表示"非常不同意"，7 表示"非常同意"。

表 3-13　组织冗余量表

变量	维度	题项
组织冗余	未吸收冗余	企业内部有足够的财力资源可以用于自由支配（WXSRY1）
		企业的留存收益足以支持市场扩张（WXSRY2）
		企业拥有较多的潜在资源可以利用（WXSRY3）
		企业能够在需要时获得银行贷款或其他金融机构资助（WXSRY4）
	已吸收冗余	工艺设备或技术较先进，但尚未被充分利用（YXSRY1）
		拥有的专门人才相对比较多，还有一定的发掘潜力（YXSRY2）
		企业目前的生产运营能力低于设计能力（YXSRY3）

3.4.3.5　控制变量

参考彭雪蓉和魏江（2015）的研究，将企业性质、企业年龄、企业规模、企业类型作为控制变量。

企业性质：企业的所有权性质会影响企业绿色环保行为的开展，私营企业为降低生产成本往往不愿意开展生态创新活动。

企业年龄：企业年龄越大，其在日常生产经营中越占据优势地位，却也存在更多的组织惰性（李文茜等，2018），往往不愿意推进企业环保实践活动的开展。

企业规模：企业规模会影响企业的绿色创新活动，规模大的企业有更多的资源来实施绿色活动和树立绿色形象（解学梅和朱琪玮，2021），从而有利于推进生态创新战略的实施。

企业类型：企业类型会影响企业的生态创新水平，高污染企业面临更加严苛的环境规制，具有更多的生态创新机会。因此，本研究将企业类型设为控制变量，将高污染企业赋值为1，非高污染企业赋值为0。

3.4.4　数据分析方法

本书运用问卷调查方式收集调研数据，对收集的问卷数据开展描述性统计分析、探索性因子分析、验证性因子分析、相关分析、层级回归分析等。具体而言，首先，运用 SPSS22.0 对高管环保意识、制度压力、组织冗余、生态创新 4 个变量开展探索性因子分析，初步检验变量的信度及效度；其次，运用 LISREL8.51 开展验证性因子分析，构建测量模型，来进一步验证高管环保意识、制度压力、组织冗余、生态创新各变量的信度与效度；最后，通过相关分析、层级回归分析来验证具体研究假设。

3.4.4.1　探索性因子分析

探索性因子分析用于探寻多元测量指标的本质结构。运用 SPSS22.0 软件，对高管环保意识、制度压力、组织冗余、生态创新 4 个变量进行探索性因子分析，在此过程中采用主成分分析的最大方差旋转法和因子提取法，按特征根大于 1 的要求来提取因子。

3.4.4.2　验证性因子分析

在探索性因子分析的基础上，本书运用 LISREL8.51 软件对高管环保意识、制度压力、组织冗余、生态创新 4 个变量开展验证性因子分析，以更好地检验各变量的收敛效度。对于 LISREL8.51 软件涉及的结构方程建模一般需要 100~200 份的样本量，本研究收集到 182 份有效样本，满足样本的数量要求。基于 182 份有效样本，在参考侯泰杰和温忠麟（2004）研究的基础上，构建了一个包括高管环保意识、制度压力、组织冗余、生态创新的四因素测量模型，选取 χ^2/df、$RMSEA$、CFI、$NNFI$、IFI、NFI 等 6 个指标来评价结构方程模型的拟合情况。

3.4.4.3　相关分析

相关分析可用于探寻两个变量之间的关联程度，通过对各变量开展相关分析，可以依据变量之间相关系数的大小来衡量变量相关性，相关系数的范围为 0~1，越接近 1 表明两个变量间的相关关系越强。相关分析有利于初步识别不同变量间的关系特征，为后续研究假设的成立奠定了初步基础。

3.4.4.4　层级回归分析

层级回归分析属于回归分析的其中一种，区别于一般回归分析不考虑变量放入方程时的顺序，强调不同变量加入回归方程时逻辑顺序的重要性。因此，在检验制度压力、组织冗余的调节作用以及两者的联合调节作用时，研究采用层级回归分析进行探讨。

3.5 研究结果

3.5.1 测量工具的检验

在开展假设检验之前，需要对研究假设中涉及的相关变量进行信度、效度分析，只有当信度和效度合格的变量才可以放入回归方程模型。信度指测量结果的稳定性与一致性，依据各变量的 Cronbach'α 值来判断，Cronbach'α 值的范围为 0~1，只有变量的 Cronbach'α 值大于或等于 0.7，才表明该变量具有良好的信度。效度检验是对各变量的内容效度、收敛效度及区分效度的检验。本书采用的高管环保意识、制度压力、组织冗余、生态创新等测量量表都是在国内外成熟量表的基础上结合实地调研及课题组成员多次讨论后形成的，可以保证高管环保意识、制度压力、组织冗余、生态创新这些变量的测量量表具有较高的内容效度。区分效度和收敛效度的检验需开展相关统计分析来完成。

为了检验高管环保意识、制度压力、组织冗余、生态创新等变量的信度、收敛效度以及区分效度，本研究采纳了 Anderson 和 Gerbing（1991）的建议，首先对各变量开展探索性因子分析，然后将高管环保意识、制度压力、组织冗余、生态创新等所有变量放在一起，构建一个测量模型，进行验证性因子分析。

3.5.1.1 探索性因子分析

首先对自变量"高管环保意识"开展探索性因子分析。高管环保意识的 KMO 样本测度和 Bartlett 球体检验结果符合 KMO 值大于 0.7、Bartlett 统计值显著异于 0 的要求，因此高管环保意识变量适合开展进一步的因子分析。运用 182 份中小企业的问卷调查数据对高管环保意识变量涉及的 10 个测量题项开展探索性因子分析，结果（见表 3-14）显示 10 个测量题项凝结为 1 个公因子，解释了 59.623% 的方差变异。

表 3-14　高管环保意识的探索性因子分析结果

测量题项	最小值	最大值	平均值	标准差	因子载荷
JHXHBYS1	1.000	7.000	5.520	1.096	0.628
JHXHBYS2	1.000	7.000	5.550	1.011	0.648
JHXHBYS3	3.000	7.000	5.470	1.091	0.735
JHXHBYS4	1.000	7.000	5.550	1.005	0.698
JHXHBYS5	4.000	7.000	5.570	0.965	0.700
ZRXHBYS1	4.000	7.000	5.770	0.970	0.622
ZRXHBYS2	2.000	7.000	5.570	1.058	0.737
ZRXHBYS3	2.000	7.000	5.610	1.039	0.709
ZRXHBYS4	4.000	7.000	5.720	0.977	0.684
ZRXHBYS5	3.000	7.000	5.570	1.026	0.682

注：KMO = 0.908，Bartlett = 675.531（$P<0.001$），方差解释贡献率 = 59.623%。

对自变量"高管环保意识"进行信度检验，结果（见表 3-15）显示，所有的题项-总体相关系数均大于 0.40，同时高管环保意识的 Cronbach's α 值高于门槛值 0.7，这表明高管环保意识的测量题项之间具有良好的内部一致性，高管环保意识测量量表具有良好的信度。

表 3-15　高管环保意识的信度检验结果

测量题项	题项-总体相关系数	复相关系数平方	删除此题项后 α 值	Cronbach's α 值
JHXHBYS1	0.537	0.405	0.867	
JHXHBYS2	0.562	0.423	0.864	
JHXHBYS3	0.652	0.462	0.857	0.874
JHXHBYS4	0.613	0.457	0.860	
JHXHBYS5	0.611	0.386	0.861	

续表

测量题项	题项-总体相关系数	复相关系数平方	删除此题项后 α 值	Cronbach'α 值
ZRXHBYS1	0.527	0.315	0.867	
ZRXHBYS2	0.647	0.464	0.858	
ZRXHBYS3	0.615	0.463	0.860	0.874
ZRXHBYS4	0.593	0.424	0.862	
ZRXHBYS5	0.588	0.418	0.862	

其次对调节变量"制度压力"开展探索性因子分析。制度压力的 KMO 样本测度和 Bartlett 球体检验结果符合 KMO 值大于 0.7、Bartlett 统计值显著异于 0 的要求，因此制度压力变量适合开展进一步的因子分析。运用 182 份中小企业生态创新的问卷调查数据对制度压力变量涉及的 17 个测量题项开展探索性因子分析，结果（见表 3-16）显示 17 个测量题项凝结为 1 个公因子，解释了 56.522% 的方差变异。

表 3-16 制度压力的探索性因子分析结果

测量题项	最小值	最大值	平均值	标准差	因子载荷
GZ1	1.000	7.000	5.680	1.131	0.612
GZ2	4.000	7.000	5.800	1.081	0.675
GZ3	4.000	7.000	5.870	1.014	0.637
GZ4	3.000	7.000	5.810	1.045	0.715
GZ5	3.000	7.000	5.760	0.979	0.745
GZ6	7.000	7.000	5.750	1.056	0.684
GZ7	3.000	7.000	5.790	1.053	0.729
GZ8	3.000	7.000	5.800	0.979	0.726
GZ9	1.000	7.000	5.650	1.111	0.724
GF1	4.000	7.000	5.750	1.046	0.721
GF2	3.000	7.000	5.770	1.008	0.748
GF3	4.000	7.000	5.670	1.009	0.720
GF4	4.000	7.000	5.74	1.000	0.721
GF5	3.000	7.000	5.60	1.076	0.721
MF1	4.000	7.000	5.60	1.023	0.589
MF2	3.000	7.000	5.520	1.039	0.613
MF3	3.000	7.000	5.580	1.020	0.707

注：KMO = 0.939，Bartlett = 1599.823（$P < 0.001$），方差解释贡献率 = 56.522%。

对调节变量"制度压力"进行信度检验,结果(见表 3-17)显示,所有的题项-总体相关系数均大于 0.40,同时制度压力变量的 Cronbach'α 值高于门槛值 0.7,这表明制度压力的测量题项之间具有良好的内部一致性,制度压力测量量表具有良好的信度。

表 3-17　制度压力的信度检验结果

测量题项	题项-总体相关系数	复相关系数平方	删除此题项后 α 值	Cronbach'α 值
GZ1	0.562	0.442	0.930	
GZ2	0.629	0.535	0.929	
GZ3	0.590	0.506	0.929	
GZ4	0.668	0.526	0.928	
GZ5	0.700	0.579	0.927	
GZ6	0.638	0.476	0.928	
GZ7	0.680	0.546	0.927	
GZ8	0.681	0.559	0.927	
GZ9	0.678	0.531	0.927	0.932
GF1	0.673	0.503	0.928	
GF2	0.703	0.570	0.927	
GF3	0.671	0.542	0.928	
GF4	0.672	0.566	0.928	
GF5	0.673	0.570	0.928	
MF1	0.536	0.405	0.931	
MF2	0.563	0.399	0.930	
MF3	0.657	0.532	0.928	

再次对调节变量"组织冗余"开展探索性因子分析。组织冗余的 KMO 样本测度和 Bartlett 球体检验结果符合 KMO 值大于 0.7、Bartlett 统计值显著异于 0 的要求,因此组织冗余变量适合开展进一步的因子分析。运用 182 份中小企业生态创新的问卷调查数据对组织冗余变量涉及的 7 个测量题项开展探索性因子分析,结果(见表 3-18)显示 7 个测量题项凝结为 1 个公因子,解释了 63.494% 的方差变异。

表 3-18　组织冗余的探索性因子分析结果

测量题项	最小值	最大值	平均值	标准差	因子载荷
WXSRY1	1.000	7.000	5.370	1.109	0.768
WXSRY2	1.000	7.000	5.510	1.066	0.749
WXSRY3	1.000	7.000	5.390	1.096	0.802
WXSRY4	1.000	7.000	5.520	1.096	0.693
YXSRY1	1.000	7.000	5.260	1.187	0.558
YXSRY2	2.000	7.000	5.380	1.027	0.652
YXSRY3	1.000	7.000	5.230	1.162	0.629

注：KMO＝0.842，Bartlett＝394.185（$P<0.001$），方差解释贡献率＝63.494%。

对调节变量"组织冗余"进行信度检验，结果（见表 3-19）显示，所有的题项-总体相关系数均大于 0.40，同时组织冗余变量的 Cronbach'α 值高于门槛值 0.7，这表明组织冗余的测量题项之间具有良好的内部一致性，组织冗余测量量表具有良好的信度。

表 3-19　组织冗余的信度检验结果

测量题项	题项-总体相关系数	复相关系数平方	删除此题项后 α 值	Cronbach'α 值
WXSRY1	0.635	0.441	0.782	
WXSRY2	0.602	0.465	0.788	
WXSRY3	0.678	0.494	0.775	
WXSRY4	0.551	0.352	0.797	0.819
YXSRY1	0.442	0.294	0.816	
YXSRY2	0.513	0.279	0.803	
YXSRY3	0.512	0.352	0.804	

最后对因变量"生态创新"开展探索性因子分析。生态创新的 KMO 样本测度和 Bartlett 球体检验结果符合 KMO 值大于 0.7、Bartlett 统计值显著异于 0 的要求，因此，生态创新变量适合开展进一步的因子分析。运用 182 份中小企业生态创新的问卷调查数据对组织冗余变量涉及的 8 个测量题项开展

探索性因子分析，结果（见表 3-20）显示 8 个测量题项凝结为 1 个公因子，解释了 64.582% 的方差变异。

对因变量"生态创新"进行信度检验，结果（见表 3-21）显示，所有的题项-总体相关系数均大于 0.40，同时生态创新变量的 Cronbach'α 值高于门槛值 0.7，这表明生态创新的测量题项之间具有良好的内部一致性；生态创新测量量表具有良好的信度。

表 3-20　生态创新的探索性因子分析结果

测量题项	最小值	最大值	平均值	标准差	因子载荷
ZDXSTCX1	3.000	7.000	5.540	0.967	0.537
ZDXSTCX2	2.000	7.000	5.470	0.984	0.542
ZDXSTCX3	3.000	7.000	5.570	1.073	0.586
ZDXSTCX4	3.000	7.000	5.510	1.007	0.595
FYXSTCX1	1.000	7.000	5.410	1.152	0.716
FYXSTCX2	1.000	7.000	5.400	1.146	0.746
FYXSTCX3	1.000	7.000	5.410	1.185	0.639
FYXSTCX4	1.000	7.000	5.440	1.129	0.739

注：KMO=0.810，Bartlett=501.377（$P<0.001$），方差解释贡献率=64.582%。

表 3-21　生态创新的信度检验结果

测量题项	题项-总体相关系数	复相关系数平方	删除此题项后 α 值	Cronbach'α 值
ZDXSTCX1	0.416	0.356	0.785	
ZDXSTCX2	0.419	0.335	0.785	
ZDXSTCX3	0.461	0.391	0.779	
ZDXSTCX4	0.472	0.364	0.777	0.795
FYXSTCX1	0.571	0.498	0.761	
FYXSTCX2	0.603	0.504	0.756	
FYXSTCX3	0.480	0.459	0.777	
FYXSTCX4	0.597	0.508	0.757	

3.5.1.2　验证性因子分析

上述探索性因子分析较好地对高管环保意识、制度压力、组织冗余、生态创新等变量的信度进行了检验，然后同时将高管环保意识、制度压力、组织冗余、生态创新等变量纳入结构方程模型开展验证性因子分析，结果如图3-3和表3-22所示。由此可知，所有题项都对应在其变量的标准化因子载荷都高于门槛值（0.6），而且均在$P<0.01$水平上显著，基于各测量指标在其对于变量的标准化因子载荷计算得出高管环保意识、制度压力、组织冗余、生态创新的 AVE 值都大于 0.5（高管环保意识、制度压力、组织冗余、生态创新的 AVE 值分别为 0.508、0.504、0.538、0.525），这表明所有变量的测量量表均具有良好的收敛效度。

验证性因子分析的拟合结果如表3-23所示，从该表中可以看出，构建的测量模型具有良好的拟合效度（$\chi^2 = 1701.67$，$P<0.001$；$\chi^2/df = 2.093$；$RMSEA = 0.078$；$CFI = 0.946$；$NNFI = 0.943$；$IFI = 0.946$；$NFI = 0.902$）。

为了检验高管环保意识、制度压力、组织冗余、生态创新等变量之间的区分效度，可以就各变量的 AVE 值与各变量间相关系数的平方值进行比较。通过相关分析发现，高管环保意识、制度压力、组织冗余、生态创新这4个变量双双之间相关系数的最大值是 0.697，意味着相关系数平方值的最大值是 0.486，而高管环保意识、制度压力、组织冗余、生态创新这4个变量的 AVE 值的最小值是 0.504，这表明各变量的 AVE 值均大于变量间相关系数的平方值，表明高管环保意识、制度压力、组织冗余、生态创新4个变量之间具有较好的区分效度。

3.5.2　描述性统计和相关性分析

在进行假设检验之前，本书先对企业年龄、企业规模、企业类型、企业性质、高管环保意识、制度压力、组织冗余、生态创新等变量进行了描述性统计及相关性分析，结果如表3-24、表3-25所示，表中报告了企业年龄、企业规模、企业类型、企业性质、高管环保意识、制度压力、组织冗余、生态创新等变量的均值、标准差以及变量间的 Pearson 两两相关系数。

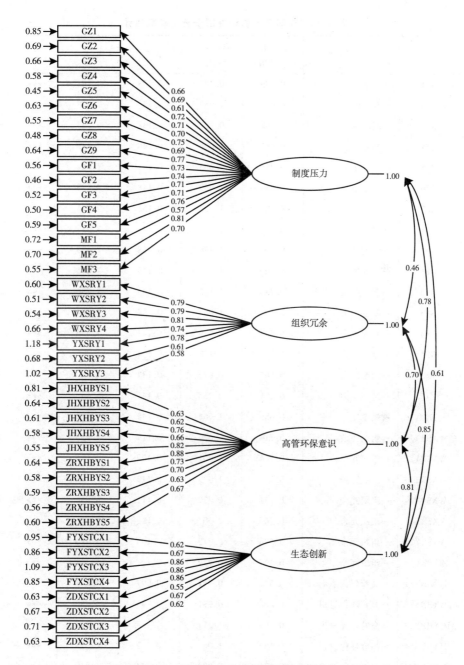

图 3-3　子研究一验证性因子分析结果

表 3-22　子研究一验证性因子分析参数估计

题项	变量间关系	标准化估计值	非标准化估计值	S. E.	C. R.	P
GZ1	←制度压力	0.579	0.427	0.103	4.161	***
GZ2	←制度压力	0.641	1.057	0.15	7.038	***
GZ3	←制度压力	0.602	0.932	0.138	6.733	***
GZ4	←制度压力	0.687	1.096	0.148	7.389	***
GZ5	←制度压力	0.725	1.083	0.141	7.66	***
GZ6	←制度压力	0.659	1.062	0.148	7.178	***
GZ7	←制度压力	0.708	1.138	0.151	7.541	***
GZ8	←制度压力	0.708	1.057	0.14	7.537	***
GZ9	←制度压力	0.693	1.176	0.158	7.435	***
GF1	←制度压力	0.700	1.117	0.149	7.481	***
GF2	←制度压力	0.736	1.133	0.146	7.736	***
GF3	←制度压力	0.702	1.08	0.144	7.494	***
GF4	←制度压力	0.707	1.079	0.143	7.534	***
GF5	←制度压力	0.702	1.153	0.154	7.496	***
MF1	←制度压力	0.561	0.876	0.137	6.38	***
MF2	←制度压力	0.791	0.938	0.141	6.64	***
MF3	←制度压力	0.685	1.066	0.145	7.373	***
WXSRY1	←组织冗余	0.714	0.624	0.119	5.255	***
WXSRY2	←组织冗余	0.744	1.001	0.109	9.196	***
WXSRY3	←组织冗余	0.743	1.029	0.112	9.192	***
WXSRY4	←组织冗余	0.771	0.929	0.111	8.344	***
YXSRY1	←组织冗余	0.705	0.607	0.119	5.076	***
YXSRY2	←组织冗余	0.596	0.772	0.104	7.426	***
YXSRY3	←组织冗余	0.597	0.729	0.117	6.221	***
JHXHBYS1	←高管环保意识	0.572	0.391	0.097	4.037	***
JHXHBYS2	←高管环保意识	0.608	0.981	0.149	6.585	***
JHXHBYS3	←高管环保意识	0.696	1.211	0.168	7.215	***
JHXHBYS4	←高管环保意识	0.655	1.05	0.152	6.928	***
JHXHBYS5	←高管环保意识	0.839	0.984	0.144	6.818	***
ZRXHBYS1	←高管环保意识	0.864	0.873	0.14	6.235	***

续表

题项	变量间关系	标准化估计值	非标准化估计值	S. E.	C. R.	P
ZRXHBYS2	←高管环保意识	0.693	1.17	0.163	7.199	***
ZRXHBYS3	←高管环保意识	0.675	1.118	0.158	7.072	***
ZRXHBYS4	←高管环保意识	0.646	1.006	0.147	6.863	***
ZRXHBYS5	←高管环保意识	0.653	1.069	0.155	6.918	***
FYXSTCX1	←生态创新	0.536	0.379	0.104	3.653	***
FYXSTCX2	←生态创新	0.585	1.086	0.183	5.926	***
FYXSTCX3	←生态创新	0.873	0.908	0.178	5.113	***
FYXSTCX4	←生态创新	0.876	1.054	0.18	5.867	***
ZDXSTCX1	←生态创新	0.869	0.891	0.153	5.819	***
ZDXSTCX2	←生态创新	0.556	0.886	0.155	5.729	***
ZDXSTCX3	←生态创新	0.623	1.083	0.176	6.164	***
ZDXSTCX4	←生态创新	0.616	1.004	0.164	6.122	***

注： *** 代表 $P<0.001$。

表 3-23 子研究一验证性因子分析拟合情况

测量模型	χ^2	df	χ^2/df	RMSEA	CFI	NNFI	IFI	NFI
独立模型	2971.95	819						
验证模型	1701.67	813	2.093	0.078	0.946	0.943	0.946	0.902
评估标准			<2.5	<0.08	>0.9	>0.9	>0.9	>0.9

表 3-24 子研究一主要变量的描述性统计分析汇总

序号	变量	最小值	最大值	平均值	标准差
1	企业年龄	1	5	3.030	1.523
2	企业规模	1	5	2.370	1.103
3	企业类型	0	1	0.445	0.498
4	企业性质	1	5	2.080	1.205
5	高管环保意识	1	7	5.591	0.701
6	制度压力	1	7	5.682	0.721
7	组织冗余	1	7	5.369	0.763
8	生态创新	1	7	5.469	0.695

表 3-25　子研究一主要变量间的相关系数矩阵

变量	1	2	3	4	5	6	7	8
1	1							
2	0.039	1						
3	-0.282***	0.163*	1					
4	-0.173*	-0.071	0.007	1				
5	0.188*	-0.089	-0.230**	-0.191*	1			
6	0.310***	-0.140	-0.304***	-0.189*	0.697***	1		
7	-0.020	-0.059	0.011	-0.209**	0.541***	0.388***	1	
8	0.029	-0.172*	-0.050	-0.193**	0.652***	0.517***	0.665***	1

注：$*P<0.01$，$**P<0.05$，$***P<0.001$。

从控制变量与因变量的相关关系来看，企业规模与中小企业生态创新表现出负相关关系（$r=-0.172$，$P<0.05$），这表明中小企业的规模与其生态创新战略实施水平密切相关。随着企业规模的不断扩大，中小企业倾向于主动实施绿色环保实践活动的意愿逐渐降低。企业性质与中小企业生态创新也表现出负相关关系（$r=-0.193$，$P<0.01$），这表明企业性质与其环保水平息息相关。然而，企业年龄、企业类型与中小企业生态创新战略之间并不存在显著的相关性关系。这表明与中小企业的规模和性质不同，企业年龄、企业类型对中小企业生态创新战略并不存在显著的影响。中小企业生态创新与企业规模、企业性质存在显著负向关系，但与企业年龄、企业类型不存在显著相关关系的原因可能在于：随着企业规模的不断扩大，中小企业可能会面临越来越严重的组织惰性，其开展生态创新的意愿可能会降低。私营企业为了节约企业生产成本，可能更不倾向于开展生态环保实践活动，国有企业为了响应高质量发展号召通常会主动推进生态环保实践。

从控制变量与自变量的相关关系来看，企业年龄与高管环保意识呈现显著的正相关关系（$r=0.188$，$P<0.05$），这表明在中国转型经济情境下，伴随企业年龄的增长，中小企业高层管理者的环保意识有所提升。企业类型与高管环保意识呈现显著的负相关关系（$r=-0.230$，$P<0.01$），企业性质与

高管环保意识呈现显著的负相关关系（$r=-0.191$，$P<0.05$），这表明在高污染企业和国有企业中，中小企业高管具有较强的环保意识。企业性质与组织冗余呈现显著的负相关关系（$r=-0.209$，$P<0.01$），表明国有企业拥有更多的组织资源。企业年龄与制度压力呈现显著的正相关关系（$r=0.310$，$P<0.001$），说明企业成立时间越久，遭受到的外部环境压力越大；企业类型与制度压力呈现显著的负相关关系（$r=-0.304$，$P<0.001$），企业性质与制度压力呈现显著的负相关关系（$r=-0.189$，$P<0.05$），表明在高污染企业和国有企业中，中小企业能够感受到更多的制度压力。

从调节变量内部的相关关系来看，制度压力和组织冗余之间具有较强的相关性（$r=0.388$，$P<0.001$），这说明在中小企业的成长过程中，制度压力和组织冗余是中小企业实施生态创新战略过程中的两个焦点。有研究发现外部制度压力有利于促进中小企业节能减排和降低对高价生产要素的低效使用（田玲和刘春林，2021），企业的资源储备有利于企业营造绿色创新氛围和加快创新速度（柏群和杨云，2020），两者之间可能对中小企业生态创新水平的提升存在积极的交互效应。这也就不难解释经济转型情境下中小企业在实施生态创新战略时"一边关注外部制度压力，一边聚焦于企业内部资源存量"的特点。

从自变量与因变量的相关关系来看，高管环保意识与中小企业生态创新存在显著的正相关关系（$r=0.652$，$P<0.001$），这为假设 H1 的验证提供了初步的支持；组织冗余与中小企业生态创新存在显著的正相关关系（$r=0.665$，$P<0.001$），这为假设 H2 的验证提供了初步的支持；制度压力与中小企业生态创新存在显著的正相关关系（$r=0.517$，$P<0.001$），这为假设 H3 的验证提供了初步支持，研究假设的进一步验证还需要下文进行的回归分析来完成。

3.5.3　假设检验

3.5.3.1　高管环保意识对中小企业生态创新的影响

为了验证本研究提出的假设 H1，在控制企业年龄、企业规模、企业类型、企业性质等变量的影响后，主要开展自变量（高管环保意识）对因变量（生态创新）的回归分析，分析结果如表3-26所示。模型1-1是控制变量对因变量（生态创新）的回归方程模型，模型1-2是控制变量、自变量（高管环保意识）对因变量（生态创新）的回归方程模型。

表 3-26　高管环保意识对中小企业生态创新的影响

研究变量	因变量:生态创新	
	模型 1-1	模型 1-2
企业年龄	-0.005	-0.077
企业规模	-0.183*	-0.133*
企业类型	-0.020	0.103
企业性质	-0.207**	-0.091
高管环保意识(TEA)		0.661***
R^2	0.072	0.464
ΔR^2		0.392***

注：$N=182$；***$P<0.001$，**$P<0.01$，*$P<0.05$；表中的数据为标准化回归系数。

模型1-1显示企业规模、企业性质对中小企业生态创新具有显著的负向影响（$\beta=-0.183$，$P<0.05$；$\beta=-0.207$，$P<0.01$），这表明伴随着中小企业规模的扩大和企业性质的私有化，其实施生态创新的动力可能会降低。模型1-2显示，在控制变量的基础上增加自变量（高管环保意识）后，模型的解释力有了显著提高（$\Delta R^2=0.392$，$P<0.001$），高管环保意识对生态创新具有显著的正向影响（$\beta=0.661$，$P<0.001$）。这表明高管环保意识越强，中小企业越有可能确立生态创新战略，因此假设H1得到支持。

3.5.3.2　组织冗余对中小企业生态创新的影响

为了验证假设H2，在控制企业年龄、企业规模、企业类型、企业性质等变量的影响后，主要开展自变量（组织冗余）对因变量（生态创新）的回归分析，分析结果如表 3-27 所示。模型 2-1 是控制变量对因变量（生态创新）的回归方程模型，模型 2-2 是控制变量、自变量（组织冗余）对因变量（生态创新）的回归方程模型。

表 3-27 组织冗余对中小企业生态创新的影响

研究变量	因变量:生态创新	
	模型 2-1	模型 2-2
企业年龄	-0.005	0.029
企业规模	-0.183*	-0.135*
企业类型	-0.020	-0.026
企业性质	-0.207**	-0.063
组织冗余(OS)		0.645***
R^2	0.072	0.466
ΔR^2		0.394***

注：$N=182$；*** $P<0.001$，** $P<0.01$，* $P<0.05$；表中的数据为标准化回归系数。

模型 2-2 显示，在控制变量的基础上增加自变量（组织冗余）后，回归模型的解释力有了显著提高（$\Delta R^2 = 0.394$，$P<0.001$），组织冗余对生态创新具有显著的正向影响（$\beta = 0.645$，$P<0.001$）。这表明组织冗余越多，中小企业越有可能确立生态创新战略，因此假设 H2 得到支持。

3.5.3.3 制度压力对中小企业生态创新的影响

为了验证假设 H3，在控制企业年龄、企业规模、企业类型、企业性质等变量的影响后，主要开展自变量（制度压力）对因变量（生态创新）的回归分析，分析结果如表 3-28 所示。模型 3-1 是控制变量对因变量（生态创新）的回归方程模型，模型 3-2 是控制变量、自变量（制度压力）对因变量（生态创新）的回归方程模型。

表 3-28　制度压力对中小企业生态创新的影响

研究变量	因变量:生态创新	
	模型 3-1	模型 3-2
企业年龄	-0.005	-0.129
企业规模	-0.183*	-0.115
企业类型	-0.020	0.100
企业性质	-0.207**	-0.121
制度压力(IP)		0.549***
R^2	0.072	0.318
ΔR^2		0.246***

注：$N=182$；*** $P<0.001$，** $P<0.01$，* $P<0.05$；表中的数据为标准化回归系数。

模型 3-2 显示，在控制变量的基础上增加自变量（制度压力）后，回归模型的解释力有了显著提高（$\Delta R^2=0.246$，$P<0.001$），制度压力对生态创新具有显著的正向影响（$\beta=0.549$，$P<0.001$）。这表明外部制度压力越大，中小企业越有可能实施生态创新战略，因此假设 H3 得到支持。

3.5.3.4　组织冗余的调节作用

为了验证假设 H4，在控制企业年龄、企业规模、企业类型、企业性质等变量的影响后，主要开展组织冗余对"高管环保意识-生态创新"调节效应的分析，分析结果如表 3-29 所示。模型 4-1 为控制变量对中小企业生态创新的回归方程模型，模型 4-2 为控制变量、高管环保意识对中小企业生态创新的回归方程模型，模型 4-3 为控制变量、自变量、调节变量（组织冗余）对中小企业生态创新的回归方程模型；模型 4-4 为在模型 4-3 的基础上增加了高管环保意识和组织冗余交互效应的回归方程模型。

表 3-29　组织冗余对"高管环保意识-生态创新"关系的调节作用

研究变量	因变量:生态创新			
	模型 4-1	模型 4-2	模型 4-3	模型 4-4
企业年龄	-0.005	-0.077	-0.029	-0.051
企业规模	-0.183*	-0.133*	-0.120*	-0.103*

续表

研究变量	因变量：生态创新			
	模型 4-1	模型 4-2	模型 4-3	模型 4-4
企业类型	-0.020	0.103	-0.055	0.076
企业性质	-0.207**	-0.091	-0.038	-0.030
高管环保意识（TEA）		0.661***	0.426***	0.447***
组织冗余（OS）			0.418***	0.365***
TEA×OS				0.145**
R^2	0.072	0.464	0.580	0.598
ΔR^2		0.392***	0.508***	0.018**

注：$N=182$；$*** P<0.001$，$** P<0.01$，$* P<0.05$；表中的数据为标准化回归系数。

模型 4-3 的结果表明，在加入调节变量组织冗余后，模型的解释力有了显著提高（$\Delta R^2=0.508$，$P<0.001$），组织冗余对中小企业生态创新具有显著的正向影响（$\beta=0.418$，$P<0.001$），这说明中小企业内部资源储备对企业创新战略演变具有重要影响，企业内部的资源储量越多，中小企业生态创新战略越可能快速推进。模型 4-4 的结果表明，在主效应模型 4-3 的基础上增加高管环保意识和组织冗余的交互项以后，模型的解释力也有了显著提高（$\Delta R^2=0.018$，$P<0.01$），组织冗余在高管环保意识与生态创新的正相关关系中发挥正向调节作用（$\beta=0.145$，$P<0.01$），也就是说，当中小企业内部有更多的资源储备时，高管环保意识对生态创新的正向效应越大，即在资源越丰富的中小企业，高管环保意识对中小企业生态创新的正向影响作用越强，因此假设 H4 获得支持。

为了更直观地揭示组织冗余的调节效应，本研究在图 3-4 中画出了组织冗余对高管环保意识与中小企业生态创新关系的调节效应。

如图 3-4 所示，组织冗余在高管环保意识与生态创新间的正相关关系中发挥显著的正向调节作用。具体而言，在高组织冗余情境下，高管环保意识对中小企业生态创新的正向促进作用较强。

3.5.3.5 制度压力的调节作用

为了验证本书中假设 H5，在控制企业年龄、企业规模、企业类型、企

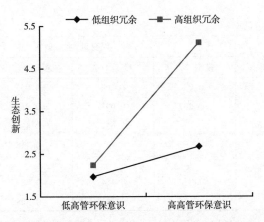

图 3-4 组织冗余对高管环保意识与生态创新关系间的调节效应

业性质等变量的影响后，主要开展制度压力对"高管环保意识-生态创新"调节效应的分析，分析结果见表 3-30。模型 5-1 为控制变量对中小企业生态创新的回归方程模型，模型 5-2 为控制变量、高管环保意识对中小企业生态创新的回归方程模型，模型 5-3 为控制变量、自变量、调节变量（制度压力）对中小企业生态创新的回归方程模型；模型 5-4 为在模型 5-3 的基础上增加了高管环保意识和制度压力交互效应的回归方程模型。

表 3-30 制度压力对"高管环保意识-生态创新"关系的调节作用

研究变量	因变量:生态创新			
	模型 5-1	模型 5-2	模型 5-3	模型 5-4
企业年龄	-0.005	-0.077	-0.103	-0.100
企业规模	-0.183*	-0.133*	-0.120*	-0.112*
企业类型	-0.020	0.103	-0.120*	0.146*
企业性质	-0.207**	-0.091	-0.083	-0.080
高管环保意识（TEA）		0.661***	0.558***	0.476***
制度压力（IP）			0.164*	0.181*
TEA×IP				0.176**
R^2	0.072	0.464	0.477	0.501
ΔR^2		0.392***	0.405***	0.024**

注：$N=182$；*** $P<0.001$，** $P<0.01$，* $P<0.05$；表中的数据为标准化回归系数。

　　模型 5-3 的结果表明，在加入调节变量制度压力后，模型的解释力有了显著提高（$\Delta R^2 = 0.405$，$P < 0.001$），制度压力对中小企业生态创新具有显著的正向影响（$\beta = 0.164$，$P < 0.05$），这说明中小企业所感知的外部制度压力对企业创新战略具有重要影响，外部制度压力越大，中小企业越可能实施生态创新战略。模型 5-4 的结果表明，在主效应模型 5-3 的基础上增加高管环保意识和制度压力的交互项以后，模型的解释力也有了显著提高（$\Delta R^2 = 0.024$，$P < 0.01$），制度压力在高管环保意识与生态创新的正相关关系中发挥正向调节作用（$\beta = 0.176$，$P < 0.01$），也就是说，中小企业感知到的外部制度压力越强烈，高管环保意识对生态创新的正向效应越大，这意味着在制度环境越完善的地区，高管环保意识对中小企业生态创新的正向影响作用越强，假设 H5 获得支持。

　　为了更直观地揭示制度压力的调节效应，图 3-5 反映了制度压力对高管环保意识与中小企业生态创新关系的调节效应。

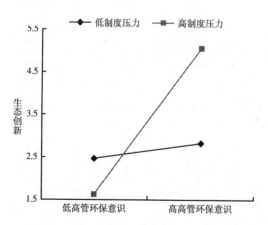

图 3-5　制度压力对高管环保意识与生态创新关系间的调节效应

　　如图 3-5 所示，制度压力在高管环保意识与生态创新间的正相关关系中发挥正向调节作用。具体而言，在高制度压力情境下，高管环保意识对中小企业生态创新的正向促进作用较强。

3.5.3.6 制度压力和组织冗余的联合调节

为了验证本研究的假设 H6，在控制企业年龄、企业规模、企业类型、企业性质等变量的影响后，主要开展制度压力和组织冗余对"高管环保意识—生态创新"联合调节效应的分析，分析结果见表 3-31。模型 6-1 为控制变量对中小企业生态创新的回归方程模型，模型 6-2 为控制变量、高管环保意识、制度压力、组织冗余对中小企业生态创新的回归方程模型，模型 6-3 为控制变量、高管环保意识、制度压力、组织冗余、高管环保意识和制度压力交互项、高管环保意识和组织冗余交互项、制度压力和组织冗余交互项对中小企业生态创新的回归方程模型；模型 6-4 为在模型 6-3 的基础上增加了高管环保意识、制度压力及组织冗余交互效应的回归方程模型。

表 3-31　制度压力和组织冗余的联合调节作用

研究变量	因变量：生态创新			
	模型 6-1	模型 6-2	模型 6-3	模型 6-4
企业年龄	-0.005	-0.051	-0.065	-0.074
企业规模	-0.183 *	-0.110 *	-0.093	-0.094
企业类型	-0.020	0.070	0.095	0.084
企业性质	-0.207 **	-0.033	-0.026	-0.010
高管环保意识（TEA）		0.349 ***	0.337 ***	0.239 *
制度压力（IP）		0.130	0.159	0.132
组织冗余（OS）		0.411 ***	0.320 ***	0.304 ***
TEA×IP			0.006	0.123
TEA×OS			0.079	-0.062
IP×OS			0.112	0.098
TEA×IP×OS				0.208 *
R^2	0.072	0.588	0.606	0.617
ΔR^2		0.516 ***	0.018	0.010 *

注：$N=182$；*** $P<0.001$，** $P<0.01$，* $P<0.05$；表中的数据为标准化回归系数。

模型 6-4 的结果表明，在模型 6-3 的基础上加入高管环保意识、制度压力及组织冗余的交互项以后，模型的解释力有了显著提高（$\Delta R^2=0.010$，

$P<0.05$），制度压力和组织冗余在高管环保意识与生态创新的正相关关系中发挥正向联合调节作用（$\beta=0.208$，$P<0.05$），也就是说，当中小企业感知到的外部制度压力尤为强烈，并且此时中小企业拥有较多的资源存量时，高管环保意识对中小企业生态创新的正向影响作用越强，因此，本研究提出的假设 H6 获得支持。

综合上述分析，本研究提出的假设都通过了实证检验。理论假设及其检验结果如表 3-32 所示。

表 3-32　子研究一理论假设及其检验结果汇总

理论假设	检验结果
H1：高管环保意识对中小企业生态创新具有显著的正向影响	支持
H2：组织冗余对中小企业生态创新具有显著的正向影响	支持
H3：制度压力对中小企业生态创新具有显著的正向影响	支持
H4：组织冗余正向调节高管环保意识与中小企业生态创新的关系	支持
H5：制度压力正向调节高管环保意识与中小企业生态创新的关系	支持
H6：制度压力和组织冗余对高管环保意识与中小企业生态创新的关系具有联合调节作用，即在高制度压力、高组织冗余情境下，高管环保意识与生态创新的正相关关系将会加强	支持

3.6　结果讨论

近年来，越来越多的企业通过实施生态创新战略来获取竞争优势和实现可持续发展。国内外学者也就企业生态创新的影响因素进行了较多分析探讨，但是现有研究主要从制度、组织、个体等单一层面，就环境规制、利益相关者压力、战略动机、组织学习、高管认知等与企业生态创新的关系进行分析（吴建祖和范会玲，2021；Zhang & Zhu，2019），而通过整合不同理论视角来探讨多个驱动因素对生态创新交互效应的研究尚不多见。同时，现有研究多以大型制造企业为研究样本考察企业生态创新的过程，鲜有研究对中小企业的生态创新过程进行系统分析。然而中小企业作为活跃市场经济的重要主体，对我国经济的高质量发展至关重要。基于此，子研究一综合运用高阶理论、资源基础理论、制度理论，探讨中小企业生态创新的多层次驱动因素，基于 182 家中小企业的生态创新问卷数据进行了实证探讨，得到了一些研究发现。

3.6.1　高管环保意识与中小企业生态创新的关系

对于内部资源较为缺乏的中小企业而言，当高层管理者具备较高的环保意识时，其更会关注实施绿色创新能够给企业带来的益处，进而提升中小企业生态创新战略的确立速度（Jang et al.，2017）。因此，子研究一探究了高管环保意识和中小企业生态创新的关系。

结果表明，高管环保意识对中小企业生态创新具有显著的正向影响（$\beta=0.661$，$P<0.001$），该结果证明了在中国转型经济情境下，中小企业内部高层管理者的环保意识发挥着重要作用。有研究基于 2014～2019 年中国沪深 A 股上市公司数据，结果表明，具有环保意识的海归高管能够促进企业绿色创新活动的开展（陆超和祝天琪，2023）。子研究一基于中国转型经济情境下的中小企业生态创新实践再次证明了高管环保意识的重要性。中小企业资源存量相对较少，存活能力相对较弱，在获得公众认可方面具有较大难度，此时高层管理者具有较强的环保意识对提升环保实践水平具有重要作用。

3.6.2　组织冗余与中小企业生态创新的关系

对于中小企业来说，其拥有更多的组织资源能够为企业提供更多的试错成本，减少外部环境变化对企业带来的冲击，有利于促进中小企业实施生态创新战略。因此，子研究一探究了组织冗余和中小企业生态创新的关系。

结果表明，组织冗余对中小企业生态创新具有显著的正向影响（$\beta=0.645$，$P<0.001$），该结果证明企业内部资源对企业新战略的实施影响深远。有研究基于 91 篇实证文献，发现组织资源和能力对企业生态创新具有重要的促进作用（吴建祖和陈致羽，2023）。子研究一基于中小企业生态创新实践再次证明了组织冗余的重要性。对于中小企业而言，经营时间不长，

面临外部合法性不足的压力，此时拥有更多的资源对企业生态创新战略的实施十分必要。

3.6.3 制度压力与中小企业生态创新的关系

当中小企业感觉遭受较强的政府部门环境规制压力、利益相关者环保压力时，可能会为了获取合法性认同被动实施生态创新战略。因此，子研究一探究了制度压力和中小企业生态创新的关系。

结果表明，制度压力对中小企业生态创新具有显著的正向影响（$\beta=0.549$，$P<0.001$）。董秉坤等（2022）通过对汽车制造业的研究发现，政府部门的政策压力对企业的生态创新合作与企业绩效提升有重要影响。子研究一基于182份企业生态创新调查问卷发现，制度压力能够倒逼中小企业开展生态创新实践。对于中小企业而言，生态创新需要的投资大、见效慢，往往不愿主动开展生态创新活动，但当面临较强的外部制度压力时，中小企业不得不制定生态创新战略，以获得利益相关者认同。

3.6.4 组织冗余在"高管环保意识–中小企业生态创新"关系中的作用

企业的资源储量是影响企业确立新战略和实施新变革的关键因素。资源基础理论强调独特性资源对企业的重要性，独特性资源也是企业获取核心竞争力的重要基础（Barney，2001）。基于企业内部层面，组织绿色创新战略有可能会受到资源多少的限制（Liao & Long，2018）。作为衡量企业资源存量的重要指标，组织冗余为企业变革和树立良好形象提供了物质基础，为企业在日趋激烈的市场竞争中立于不败之地提供了先动优势（Liao & Long，2018）。中小企业生态创新的开展效果势必也要受到组织冗余的影响。基于此，子研究一探讨了组织冗余对"高管环保意识–中小企业生态创新"关系的调节作用。

结果表明组织冗余在高管环保意识与生态创新的正相关关系中发挥正向调节作用（$\beta=0.145$，$P<0.01$）。也就是说，当中小企业具有更多的资源储

备量时，高管环保意识对中小企业生态创新的正向影响作用会有所加强。这说明，中小企业高层管理者的环保意识会随着企业内部组织冗余的增加有所加强，该结果在一定程度上证明了在企业内部资源充足的情况下，高管环保意识的作用可能会增强。

3.6.5　制度压力在"高管环保意识-中小企业生态创新"关系中的作用

不同区域的制度环境不同，企业感受到的外部制度压力也存在差异。根据制度理论，制度能够诱发、引导和倒逼组织的行为，且行为的发生程度与制度感知的强弱存在密切关系（Brammer et al.，2012）。中小企业生态创新的开展效果势必也会受到当地制度压力的影响。基于此，子研究一探讨了制度压力对"高管环保意识-中小企业生态创新"关系的调节作用。

结果表明，制度压力在高管环保意识对生态创新的正相关关系中发挥正向调节作用（$\beta=0.176$，$P<0.01$）。也就是说，中小企业经营所在地制度压力越大，高管环保意识对中小企业生态创新的正向影响作用会有所加强。这说明中小企业高层管理者的环保意识会随着制度压力的增大有所加强，该结果在一定程度上说明了在日趋完善的制度压力情境下，高管环保意识的作用可能会增加。

3.6.6　制度压力和组织冗余在"高管环保意识-中小企业生态创新"关系中的作用

高管环保认知、组织特征和企业外部环境相互作用时，组织可能会创造更多的经济效益和环境绩效产出（吴建祖和范会玲，2021）。以往研究认为，企业高管特征和内外部因素对企业绩效和产出具有重要影响，企业内外部因素的作用差异较大（Fredrich et al.，2019）。因此，子研究一同时引入外部环境因素制度压力和企业内部因素组织冗余，探讨两者是否会在高管环保意识对生态创新的正向影响中发挥联合调节效应。

结果表明，外部环境因素制度压力和企业内部因素组织冗余在高管环保意识对中小企业生态创新的正向关系中发挥正向联合调节作用（$\beta = 0.208$，$P<0.05$）。也就是说，当中小企业所在地具有更为严苛的制度压力，同时中小企业内部具有丰富的组织资源时，高管环保意识对中小企业生态创新的正向影响作用会大大增强。

3.7　本章小结

综合运用高阶理论、资源基础理论、制度理论，子研究一探讨了中小企业生态创新的多层次驱动因素，并考察了制度压力和组织冗余的调节作用以及两者的联合调节作用。基于 182 份中小企业的调研数据开展的实证检验结果表明，高管环保意识与中小企业生态创新存在显著正相关关系，组织冗余与中小企业生态创新存在显著正相关关系，制度压力与中小企业生态创新存在显著正相关关系；组织冗余正向调节高管环保意识与中小企业生态创新的关系，在高组织冗余情境下，高管环保意识与中小企业生态创新的正相关关系会加强；制度压力正向调节高管环保意识与中小企业生态创新的关系，在较强制度压力情境下，高管环保意识与中小企业生态创新的正相关关系会加强；组织冗余与制度压力对高管环保意识和中小企业生态创新的关系具有联合调节作用，即在高组织冗余、高制度压力情景下，高管环保意识对中小企业生态创新的正向影响最大。

3.7.1　理论贡献

本章从制度、组织、个体等多层面扩充了中小企业生态创新的影响因素研究，拓展了生态创新前因变量的研究。现有生态创新研究大多围绕生态创新的概念界定、维度划分，从末端治理、清洁生产、环境管理以及产业生态化等提出生态创新能够应对科技、社会和制度创新带来的挑战，也明确提出了其具有不同于一般性创新的双重外部性、市场规制推拉效应、重视社会制度的特性（Rennings，2000），但对其多层面影响因素的探讨则相对欠缺，直接从制度、组织、个体等多层面探究生态创新影响因素的研究更为缺乏。

本书针对以上研究不足，在详细回顾和系统梳理生态创新等相关变量的基础上，把制度、组织及个体等跨层次的影响因素纳入研究范围。这不仅回应了徐建中等（2017）学者呼吁的未来应关注生态创新跨层次影响机制的倡议，同时也能将不同层面的变量与生态创新等不同的研究领域联系起来。这一研究结论还从跨层次角度扩展了生态创新影响因素研究，而且深化了对生态创新与制度压力、组织冗余、高管环保意识关系的理解。

本章链接了制度理论、资源基础理论、高阶理论，是对生态创新理论的补充和完善。基于环境层面的制度理论认为政府部门通过颁布兼顾环境保护和经济发展协同推进的法律法规以强制性力量促进企业开展生态创新，企业为获取政府部门和其他利益相关者的合法性认同，不得不实施生态创新行为（Berrone et al.，2013）；基于组织层面的资源基础理论认为稀缺性、异质性、不可替代性的组织资源在企业保持持续性竞争优势中发挥着关键作用，在维持组织正常运转以外，拥有更多冗余资源的企业能更好地应对企业内外部环境变化的冲击（Liao，2018）；基于个体层面的高阶理论强调企业高管自身的价值观、主观认知以及对创新的态度等影响其对周围环境的感知和认识，企业高管对环保政策的解读决定其对企业生态创新的看法，但这一过程受到企业高管有限理性的制约（Hoffman，2001）。以往研究主要基于单一理论视角剖析企业实施生态创新的过程，少部分学者从两个理论视角切入对生态创新过程进行分析，但生态创新是多方面因素综合作用的结果（徐建中等，2017）。鉴于此，本书从跨层次视角出发，运用制度理论、资源基础理论、高阶理论以更加综合全面的角度明晰了企业开展生态创新行为的动因。

本书揭示了中小企业生态创新的驱动机制，对生态创新的行为机制进行了补充。现有研究往往从制度、行业、组织或个体中的某一层面入手，分析生态创新的影响因素，但并没有全面地回答企业缘何实施生态创新战略和如何开展生态创新行为。鉴于此，本书通过整合不同理论视角，抓住企业生态创新的重要外部因素制度压力、企业内部关键因素组织冗余以及个体层面重要因素高管环保意识，对中小企业生态创新的多层次驱动因素进行了探讨，发现不同层面的因素均对生态创新具有积极显著影响。除此以外，本书还探讨了制度压力、组织冗余、高管环保意识等多个驱动因素对中小企业生态创新的交互效应，从环境、组织以及个体三个方面揭示了中小企业生态创新的驱动机制。该研究结果不仅回应了胡元林等（2020）学者关于加强生态创新多层次驱动机制的研究，而且证实了不同层面因素的交互作用所产生的独特影响，对于从均衡、全面的视角理解中小企业的生态创新行为具有重要作用。

3.7.2 实践启示

本章研究结论对中小企业确立生态创新战略和开展绿色环保行为具有一定的借鉴意义。首先，企业高层管理者应扩充绿色知识储备，提升企业环保认知。具有环保意识的企业高管会为创新战略的开展创造便利条件，提升企业实施环保实践的主动性，进而有利于企业新战略的有效变革。企业可通过制定相应的措施培养高层管理者的环保意识：一方面，营造创新环保氛围，构筑企业环保规章制度，进一步深化市场高效配置资源的作用，增强高管的冒险精神，增强机会型环保意识（陈泽文和陈丹，2019）；另一方面，通过开设讲座、公益培训等渠道引导企业高层管理者了解公益创业等，增强责任型环保意识，进而将企业环境问题与道德合法性、实用合法性联系起来（Yang & Yun，2020）。

其次，政府部门应出台合理的法律法规，鼓励中小企业实施生态创新战略。一方面，政府部门要充分调研当地社情民情，适时颁布专门适用于中小企业生态创新的法规政策，使中小企业在开展生态创新的过程中有法可依，通过提供免息或低息贷款减轻中小企业的资金压力（于飞等，2021），通过官方认证平台对企业的生态创新产品给予鼓励和支持；另一方面，政府部门可以邀请高校老师为中小企业家做讲座，讲解和普及生态创新政策（侯艳辉等，2021），向中小企业家讲解高质量发展的必要性，进而提升中小企业家或企业高层管理者的环保意识。

最后，中小企业要增强资源整合能力，扩充企业稀缺资源存量。一方面，中小企业要通过提供生态创新产品或服务以获取政府部门、供应商等利益相关者的组织合法性认同，进而获取稀缺性资源，增加未吸收冗余的储备；同时也应发挥未吸收冗余作为企业闲散资源在防范内外风险和应对危机缓冲时的作用，为中小企业环保战略的实施提供重要的物质基础（吴建祖和范会玲，2021）。另一方面，虽然已吸收冗余能够为企业内部提供保护，但在很大程度上会降低组织效率，因此，中小企业应合理利用已吸收冗余，努力使已吸收冗余的协调使用达到"1+1>2"的效果，以发挥资源的最大化效益（Wang et al.，2017）。

第 **4** 章

生态创新影响中小企业绩效的
内在机制

4.1 问题提出

本章报告子研究二的内容，集中探讨生态创新影响中小企业绩效的内在机理。在高质量发展理念深入人心的当下，法规政策、社会结构等外部环境都处在动态变化之中，这种环境变化使中小企业在成长过程中面临诸多机遇和挑战（Ismail & Kuivalainen，2015）。为了应对这些挑战，部分中小企业通过创新战略来捕捉新的市场机会、拓宽资源获取渠道进而实现新的绩效目标（Sáez-Martínez et al.，2016）。实施生态创新战略有助于提升企业的产品质量，将绿色生产贯穿企业生产流程（Soewarno et al.，2019）。越来越多的中小企业通过实施生态创新环保实践活动来响应国家的高质量发展号召，以期获得快速成长与发展（王舒扬等，2023）。

近年来，学者们就生态创新与企业绩效间的关系进行了诸多探索，其中有部分学者聚焦于生态创新对企业绩效的直接影响效应，也有学者选择从权变视角切入，就生态创新与企业绩效之间的关系受到何种因素的调节进行了探讨。

目前，学界主流认为生态创新能有效提升企业绩效。Le（2022）研究发现生态创新战略有助于企业实现可持续发展绩效，提升企业生存发展能力；席龙胜和赵辉（2022）基于 2013～2020 年沪深 A 股上市公司研究发现生态技术创新和生态管理创新对企业绩效提升有促进作用。与此同时，也有小部分学者对此持不同观点，认为生态创新不一定能促进企业绩效提升。袁文融和杨震宁（2020）研究发现企业的主动型环保战略和被动型环保战略与生态技术创新绩效之间存在 U 形关系。

权变视角下的研究主要从外部环境特征、企业内部特征两方面来考察生态创新战略对企业绩效的影响。赵树宽等（2022）研究发现政府对企业的补贴在生态创新与企业绩效间起正向调节作用，环境规制、产融结合却负向调节生态创新与企业绩效间的关系；林赛燕和徐恋（2021）的研究结果表明，供应商整合正向调节绿色创新与企业财务绩效的关系，客户整合负向调节绿色创新与企业财务绩效的关系，供应链整合正向调节绿色创新与企业财务绩效的关系。Rizwan 等（2023）的研究发现人力资源管理实践和管理承诺在生态创新与企业绩效间发挥调节作用。

总体来看，学者们以生态创新与企业绩效的关系为主线展开了大量研究，取到了较好的研究成果，在一定程度上解释了生态创新可能对企业绩效产生的影响。然而，关于生态创新通过何种路径对企业绩效产生影响尚缺乏深入研究，缺乏对其中间过程机制的关注。因此，深入分析生态创新对企业绩效产生影响的具体传导路径对于揭示生态创新影响中小企业绩效的内在作用机理十分重要。

竞争优势理论是战略管理学科中应用较为广泛的理论之一。竞争优势理论认为企业竞争优势的获得是企业核心能力和企业资源综合作用的结果（张在旭和谢旭光，2012），核心能力是企业难以被竞争对手模仿的关键所在，企业资源可以帮助企业积累知识和拓展智力资本。能力提升和资源整合涉及企业战略制定，实施生态创新战略来开展绿色环保活动有助于中小企业树立绿色形象，对于增强企业核心能力和获取稀缺资源有着促进作用（Afshar & Gharleghi，2020），然而从生态创新角度来研究中小企业如何提升能力和获取资源进而构建企业竞争优势的案例尚不多见。因此，通过考察生态创新如何影响企业竞争优势进而对中小企业绩效产生影响不失为探究生态创新影响中小企业绩效作用机制的一个关键突破口。

周琪等（2020）认为综合考虑中小企业的战略抉择和竞争优势等因素来分析企业创新行为和绩效表现是未来研究的重要方向。因此，子研究二运用竞争优势理论，以中小企业为研究对象，构建并验证"生态创新—企业竞争优势—中小企业绩效"作用关系的概念模型，期望能够深入探究生态创新作用于中小企业绩效的内在机理，由此打开生态创新与中小企业绩效之间关系的"黑箱"。

4.2 文献回顾

4.2.1 企业竞争优势

4.2.1.1 企业竞争优势的内涵

企业竞争优势一直是战略管理领域的热点研究话题，与企业的生存和成长相伴而生。该名词最早由 Chamberlin（1939）在其代表作《垄断竞争理论》中提出（张伯仑和周文，2013）。Hofer 和 Schendel（1978）于 20 世纪 70 年代末将这一概念引入战略管理领域，此后逐渐引起学者们的广泛关注。

部分学者基于竞争优势带来的结果来定义其概念，Poter（1985）认为竞争优势能够降低企业的生产成本、获得更高的客户价值，持续的竞争优势能够使企业的生产力处在高于社会平均生产力的水平。Poter 还进一步将竞争优势分为三种，即成本领先优势、差异化优势和集中化优势。类似的，Grant（1996）认为具有持续高利润的企业就具有竞争优势。Mathur 等（2007）也认为竞争优势就是创造价值，超过正常的财务绩效水平就是获得竞争优势。

还有学者通过追溯竞争优势的来源来下定义。如从资源角度切入，认为企业只有实现对资源的合理分配及优化，才能获取独占鳌头的市场位势

（Hofer & Schendel，1978）。Baron 等（2020）从顾客角度切入，认为竞争优势是在市场竞争中表现出的卓越的能力，这种能力有助于获取高额收益，而且提高客户满意度。从战略角度看，Hoffman（2000）认为，竞争优势体现在凭借个性化的发展战略实现企业长期的发展目标，并且这种个性化的发展战略很难被复制或模仿。

董保宝等（2011）将上述两种观点结合，综合考虑竞争优势的目标和来源，对竞争优势的内涵进行了阐述，认为竞争优势是利用自身能力与资源获得高额绩效并能长期维持的一种属性。

4.2.1.2 企业竞争优势的形成

身处复杂经济环境的企业怎样发生竞争行为、如何获取竞争优势是战略管理领域众多学者关注的话题。随着研究的不断深入，学者们的研究范围已不仅限于企业外部，而是转向企业内部，逐渐衍生出"外生论"和"内生论"。

（1）外生论

外生论以新古典经济学 S-C-P 范式和产业分析理论为代表。S-C-P 范式由 Bain 在吸收 Masson 理论的基础上于 1958 年提出，指出市场结构 S 决定市场行为 C，市场行为 C 影响组织绩效 P。也就是说，不同企业间的绩效差异 P 是由市场结构 S、市场行为 C 决定的，但由于这两者都属于外部因素，因此得出企业竞争优势是外生的观点。

Porter（1995）在上述范式的基础上进一步提出竞争战略是获取竞争优势的观点，随后他整合经济学和管理学研究，提出了波特五力模型，强调了外部商业环境的竞争关系、市场机遇的重要性，强调在制定企业战略时需要综合考虑这两种因素，避免企业陷入没有吸引力的行业和没有机遇的市场。针对五种力量，Porter 又提出了成本领先、差异化和集中化三类战略。依据 Porter 的观点，行业吸引力催生企业竞争优势，市场地位影响企业战略，企业要根据行业吸引力、市场环境制定与选择战略类型，避免陷入吸引力小的行业和缺乏机遇的市场。我国学者在五力模型的基础上，具体分析了这五个因素对竞争优势的作用机理，并提出了新的五力模型（王建刚和吴洁，2016）。

外生论认为企业参与市场竞争具有广泛的现实意义，但也存在一定局限性。完全竞争理论设想的完全同质的商品和服务在实际市场中并不存在（余光胜，2002），竞争优势外生论过度关注外部环境而忽视了自身所具有的特点。现实中，当面临相同的外部环境时，不同的企业绩效存在差异，企业间的竞争优势也存在差距，外生论无法对此做出解释，于是相关研究开始转向企业内部，内生论逐渐产生。

（2）内生论

随着外部环境日渐复杂和经济全球化加快，消费者需求呈现绿色化，即便是企业处于外生论所强调的相同的产业结构和市场环境下，彼此间的竞争优势也不相同。基于此背景，以 Barney（1991）为代表的学者对企业内部的资源和能力进行深度挖掘，认为异质性的资源和能力赋予了企业竞争优势。内生论的代表观点包含资源基础观、能力基础观和知识基础观。

资源基础理论是内生论的起源。"资源基础观"于 1984 年由 Wernerfelt 率先提出，他认为企业是资源组合而成的，资源才是企业获取竞争优势的基础和源泉（Wernerfelt，1984）。Barney（1991）认为拥有高质量资源的企业可以获得竞争优势，高质量体现在稀缺性、难以替代、不可模仿性和价值性。邵兴东和孟宪忠（2015）认为关键的人力资源、声誉、品牌、企业家精神等资源具备了 Barney 所提出的四个标准，因此是企业持续竞争优势的来源。但在实际操作中，资源基础观的理念很难落实，因为企业对资源的界定不够明确，并且更多关注内部资源，较少关注外部环境变化，易落后于市场发展。

有学者认为利用资源的能力才是获取竞争优势的重点，能力基础观历经两个发展阶段。Grant（1996）指出要发掘企业的核心资源，并对核心资源进行有效的开发和利用，核心能力才能够维持可持续竞争优势，并且资源与能力要相互协调配合。在此基础上，Teece 和 Pisano（1994）指出动态能力是培育竞争优势的关键因素，认为企业需要不断更新提升动态能力以应对环境变动。动态能力的提出开创了竞争优势的一个新的研究视角。

Dickson（1996）认为学习能力能够帮助企业获取发展所需的资源，强大的学习能力可以维持可持续的竞争优势。林海（2014）通过研究发现竞争优势的可持续性受到企业的整合机制的影响。Hernández-Linares 等（2021）将中小企业的动态能力分为感知、整合、学习、协调四个维度，研究这种能力对中小企业绩效的影响。

面对新的知识时代，知识基础观在资源基础观、能力基础观的基础上应运而生。面对广阔的知识，企业要具备区分核心知识、先进知识的能力，把握知识间的差异性，根据知识和技术的不同梯度进行运用、开发和平衡，形成可持续的知识，这种知识能够实现竞争优势的良性循环（宝贡敏，2001）。持续的竞争优势来源于长期的知识积累（姚小涛和席酉民，2001）。孙红霞等（2016）认为知识是决定企业成败的关键因素，是竞争优势形成的不竭动力。

4.2.1.3　企业竞争优势的维度

企业主要从两个方面获取竞争优势，一方面是通过标新立异获取不可模仿的竞争优势，塑造企业独有的价值，建立行业壁垒；另一方面是通过规模经济、提升技术水平、增强学习能力、优化运营模式等手段控制成本。企业主要通过差异化和低成本创造价值。诸多学者都认可用这两个维度来度量企业的竞争优势（迈克尔·波特，1997）。高伟和霍国庆（2005）指出不必拘泥于在两种竞争优势间选择某一种，在对内外环境分析的前提下，不妨在价值链的某一环节重点突出低成本竞争优势，在整体上构建差异化竞争优势，实现双重优势。

（1）差异化竞争优势

具备差异化竞争优势的企业能够向客户、消费者提供更加新颖的、优质的产品或服务，进而建立差异化竞争优势。具体来说，差异化可以体现在速度、创新、优质三个方面。速度主要是指新的产品或服务能够第一时间满足市场需求，发展速度经济。创新是相对于其他竞争对手来说，产品或服务更具创新性。优质是企业提供的产品和服务质量更好，用户体验更优。差异化并不代表完全不计成本，而是将客户置于更高的位置，满足消费群体的需求，获得更高的溢价，同时创造更高的利润，使竞争对手难以模仿，构建行业壁垒。有学者将差异化竞争优势细分为产品、市场、形象、服务，探究其对团队和企业的影响（张红红，2012）。

（2）低成本竞争优势

具备低成本竞争优势的企业相比其他竞争对手具有更大的利润空间，体现在降低成本和避免不必要浪费两方面。降低成本包括降低产品制造、服务交付、营销等环节所需的成本，避免不必要浪费是避免库存积压、服务效率低下、质量参差不齐等方面耗费的时间和资金成本。低成本并不意味着企业降低成本来获取短期竞争优势，而是要一以贯之地奉行低成本战略，占据市场地位，获取竞争优势，并且会在企业财务绩效上有所体现。

4.2.2　企业绩效

4.2.2.1　企业绩效的内涵

企业绩效是一段时期内的经营业绩，也指企业通过一段时间或某一阶段的努力后在某个活动中取得的显著成绩或成果（张蕊，2002）。企业绩效狭义上指的是企业财务指标，主要涉及企业的经营利润、投资回报率、营业现金流以及市场占有率等；广义上，企业绩效即企业的非财务性指标，主要包括企业的市场竞争力、企业学习以及企业声誉等内容（Holley & Feild，1975）。Campbell（2012）指出企业绩效是可以发现的和企业目标相关的行为；苏武康（2003）认为企业绩效是管理者管理水平、企业经营效率的实际反映。

部分学者将中小企业经济绩效作为主题，对其进行了相应的研究，发现企业创新、企业竞争战略、企业的无形资源等均会对其产生影响（Mendibil et al.，2007）。经济绩效是指企业对资源的合理分配以及资源利用率和生产效率的评价，主要涉及企业的投资成本、投资回报率以及利润水平等（Brulhart et al.，2017；熊会兵等，2010）。Ishtiaq 等（2017）深入探讨了企业社会责任是否对企业绩效产生影响，在评价企业绩效时综合使用了投资回报率、销售回报率、净资产收益率等三项指标，最终发现，企业承担的社会责任越多，其经济绩效的提升越明显。综上所述，在战略管理理论研究领域，企业绩效的内涵经历了从单一的财务指标到综合评价指标体系的发展过程。

4.2.2.2 企业绩效的前因研究

当前，国内外学者就企业绩效的前因开展了大量研究，主要可以分成宏观层面和微观层面。相关研究主要探讨了政府政策、外部环境、企业管理行为、管理者认知等因素对企业绩效的影响。

宏观视角的研究大多基于波特假说，认为环境政策可以促进技术创新，进而增加企业绩效。Rothwell（1992）研究发现，环境政策或环境规制会增加企业成本、降低竞争力。韦院英和胡川（2021）分别研究了行政化政策和市场化政策与重污染行业企业绩效间的关系，发现两种环境政策均负向影响企业的短期绩效，而对长期绩效有正向影响，企业社会责任在二者间起到中介作用。有学者进一步对比不同环境制度对企业绩效影响的差异，构建不同环境规制工具的统一理论框架，发现命令型环境规制不利于企业绩效提升，市场型环境政策对企业绩效有正向影响（姚林如等，2017）。除了强制性的环境规制，还有针对中小企业的财税扶持政策，用以缓解中小企业融资难、资金不足等问题。姚正海和王凯（2021）以 2014~2019 年江苏省中小企业为研究对象，实证研究发现财政补贴与税收优惠都对提升江苏省中小企业绩效有正向作用。徐萌萌（2021）以我国 301 家科技型中小企业为研究样本，实证研究发现，无论是政府直接资助还是政府间接资助，均对中小企业的创新绩效有显著的正向影响。张腾飞和杨俊（2019）认为需要将环境规制手段和财政政策相结合才能发挥最大效用，促使中小企业在生产过程中主动将环保节能纳入成本考虑，从根本上转变中小企业的生产方式。

微观视角的研究包括内部的企业管理行为、高管认知、企业文化、知识、能力等因素。江旭和沈奥（2018）基于资源基础观探究未吸收冗余对企业绩效的影响以及企业绿色管理的中介作用，结果表明未吸收冗余通过绿色管理实践的中介作用正向影响企业绩效，未吸收冗余为企业的绿色管理实践提供了资源保障，绿色管理行为可以减少成本并实现差异化，进而提高企业绩效。和苏超等（2016）通过对 207 家重污染企业的调查研究，发现管理者环境认知是促进企业采取前瞻性环境战略的重要影响因素，当管理者认为自然环境问题是企业发展机会时，更容易实施前瞻型环境战略，进而提升企业财务绩效。温素彬等（2018）基于认知心理学及利益相关者理论，从多元资本共生的视角分析了企业文化对财务绩效的影响机理。杨勇和郭文娜（2018）对2006~2016年国际创业的中小企业进行研究，发现中小企业知识转移、动态能力与中小企业创业绩效呈显著正相关。李卫宁和吴坤津（2013）以珠三角235家制造业中小企业为样本进行了实证研究，发现客户、管理层、股东是实施绿色管理行为的主要推动力，对企业环保和管理绩效具有正向影响。本书对企业绩效的重要实证文献进行了整理，如表4-1所示。

表4-1　企业绩效的研究文献整理

研究者（年份）	研究问题	研究样本	研究结论
韦院英和胡川（2021）	探讨企业社会责任、环境政策和企业绩效的关系	A股上市公司395家重污染企业	行政化政策和市场化政策对重污染企业短期绩效具有负向影响，对企业长期绩效具有正向影响，企业社会责任在其间发挥中介作用
Li等（2013）	分析数字化供应链与企业绩效的关系	232家制造业企业	数字供应链能力与企业可持续竞争绩效存在正相关关系，供应链二元性发挥中介作用
Zhang等（2023）	分析环境规制是否会对制造业企业绩效产生影响	467649份制造业企业数据	环境规制与企业绩效存在倒U形关系
姚林如等（2017）	分析命令型环境规制、市场型环境政策等不同的环境规制对企业绩效的影响	我国2003~2010年规模以上大中型工业企业	命令型环境规制负向影响企业绩效，市场型环境政策正向影响企业绩效
徐萌萌（2021）	探究政府资助、创新动力与中小企业绩效的关系	我国301家科技型中小企业	政府直接资助和政府间接资助均能正向影响企业创新绩效，创新动力在其中具有中介作用
Iskandar和Kaltum（2022）	分析人力资源管理和组织因素是否会对社会创业企业绩效产生影响	35篇文献	人力资源和组织因素与社会创业企业绩效存在正相关关系

续表

研究者(年份)	研究问题	研究样本	研究结论
Chinyamurindi 等 (2023)	分析战略规划、网络能力与企业绩效的关系	147 份调查问卷	战略规划正向影响社会企业绩效，网络能力在其中发挥中介作用
陈爱珍和王闯 (2023)	探讨企业环境责任和绿色创新是否会对企业绩效产生影响	沪深 A 股上市公司 2010~2020 年数据	企业环境责任与企业财务绩效存在正相关关系，且对长期财务绩效的正相关关系更强烈，绿色技术创新在企业环境责任和企业绩效间发挥中介作用
张腾飞和杨俊 (2019)	考察环保财政支出与绿色发展绩效间的关系	2007~2015 年我国 30 个省区市	环保财政支出和绿色发展绩效间存在倒 U 形关系
江旭和沈奥 (2018)	探讨未吸收冗余、绿色管理实践和企业绩效间的关系	246 家企业	未吸收冗余和企业绩效间存在正相关关系，绿色管理实践在未吸收冗余和企业绩效间发挥完全中介作用，企业政治行为对该中介具有正向调节作用
和苏超等(2016)	探讨管理者环境认知、前瞻型环境战略、商业环境不确定性和企业绩效间的关系	207 家重污染企业	管理者环境认知正向影响环境绩效和财务绩效，前瞻型环境战略在管理者环境认知与财务绩效、环境绩效的正向关系中发挥中介作用，商业环境不确定性在管理者环境认知和前瞻型环境战略间的正相关关系中发挥负向调节作用
Chen 和 Wang (2023)	分析企业自愿型环境管理与企业绩效间的关系	创业板上市公司	自愿型环境管理正向影响企业经济绩效和社会责任绩效，绿色创新在自愿环境管理与经济绩效间发挥中介作用
温素彬等(2018)	考察企业文化、利益相关者认知和企业财务绩效间的关系	沪深上市的 193 家公司	企业文化正向影响企业财务绩效，利益相关者认知发挥调节作用
杨勇和郭文娜 (2018)	分析知识转移、动态能力与企业创业绩效间的关系	2006~2016 年国际创业的中小企业	知识转移正向影响企业创业绩效，动态能力正向影响企业创业绩效

续表

研究者(年份)	研究问题	研究样本	研究结论
李卫宁和吴坤津(2013)	探究利益相关者、绿色管理和企业绩效间的关系	珠三角 235 家制造业中小企业	绿色管理与企业绩效存在正相关关系,利益相关者正向影响企业绿色管理行为
Yang 等(2023)	探讨跨境电子商务的数字化平台、企业数字化转型与企业绩效间的关系	190 份企业问卷数据	数字平台服务能力正向影响企业绩效,数字化转型能力在两者之间发挥中介作用

4.3　研究假设

4.3.1　生态创新对中小企业绩效的影响

生态创新是提升环境绩效、财务绩效和市场绩效的重要手段,既可以满足利益相关者的环保诉求,又能够促进企业的可持续发展,提高企业资源生产力(袁祎开等,2023),具体分为主动式生态创新和被动式生态创新两个方面(Chen et al.,2012)。主动式生态创新是指企业为降低生产成本、占领市场份额和获取可持续竞争优势而主动开展的产品和实践创新;被动式生态创新是指企业为迎合利益相关者环保诉求、遵守法律法规而被迫开展的环保实践活动(Chen et al.,2012)。企业的生态创新战略促使企业全面审视自身的生产流程,强调生产过程的绿色化,注重可持续发展绩效和经济绩效的提升。以往研究表明,企业的绿色实践战略对企业实现经济目标和树立绿色形象具有关键作用(王海花等,2023)。

中小企业绩效是指中小企业在一定生产经营期的总效益,包括财务绩效、环境绩效以及市场绩效等(李文等,2022)。财务绩效表现为企业的经济目标,包含企业的营利能力、风险规避能力及债务偿还能力等;环境绩效是企业承担社会责任的重要表现之一,有利于中小企业建立持续性竞争优势进而获得长远发展（Meehan et al.，2006）；市场绩效是指中小企业在现有市场结构下生产运营的表现和效果。在企业绩效研究领域中，企业战略抉择作为影响企业绩效的因素，能够对企业绩效产生深远影响（李杰义等，2019）。生态创新战略作为"环保风暴"背景下的环保实践战略，聚焦企业的绿色生产和无污染排放，能够降低企业的自然资源消耗，减轻环境冲击，有利于企业绩效的提升。

主动式生态创新作为一种前瞻性的环境战略，可以激发中小企业创新和学习的能力，增强企业的模仿能力和吸收能力，有助于中小企业在激烈的市场竞争中获取先入者优势，进而把这种竞争优势转化为企业绩效的增加和市场地位的提升（田虹和王宇菲，2019）。实施主动式生态创新战略的中小企业做决策时往往更加果断，能够积累更多的智力资本，提升吸收能力，进而提高企业绿色创新绩效（潘楚林和田虹，2016）。Porter 和 Vander Linde（1995）认为主动并优先考虑资源生产率、流程改变和产品创新的企业，能够通过低成本或提供差异化产品赢得竞争优势，进而能够为企业提供额外收益。胡美琴和李元旭（2007）认为采用主动型环境战略可以确保企业获取可持续的竞争优势，这样才可能给企业带来相应的经济效益。Amores-Salvadó 等（2015）研究发现环保产品创新和绿色企业形象能帮助企业在多项经济指标上获得优异的成绩，并获得更高的市场占有率和销售增长，绿色创新可以显著积极地影响企业的财务绩效。另外，实施主动式生态创新战略还有助于中小企业树立绿色形象，通过在污染防治、产品生产、资源节约过程中的投入和监管，可以增强本企业生态产品溢价效应，能够提升企业市场绩效和环境绩效，进而增强可持续发展能力（Dangelico & Pontrandolfo，2013）。因此，本书提出如下假设。

H1a：主动式生态创新对中小企业绩效具有显著的正向影响。

作为应对快速变化的外部环境和增强企业合法性认同的重要企业战略，被动式生态创新对中小企业绩效也会产生重要的影响。一方面，被动式生态创新是在法律规制的倒逼和利益相关者的关注下被动实施的创新战略，中小企业具有规模较小、资源有限以及抗风险能力弱等特点，被动式生态创新战略可能会打乱企业原有生产经营计划，占用部分企业资源，效果可能不佳。

因此该战略不能使中小企业具备先动优势，很难获得合法性认同，只能通过被动遵守相关的环境法律法规，减少规制遵守和制裁的成本（Hart & Milstein，2003），在此过程中可能对企业绩效产生负向影响。另一方面，被动式生态创新主要集中在末端治理环节，末端治理环节的技术创新主要通过治理污染物来实现环境目标（Berrone & Gomez-Mejia，2009），通过与清洁生产环节技术创新的互相补充，降低污染排放，减少中小企业废弃物排放对环境的负面影响，从而建立企业的社会信誉度。然而，被动式生态创新在末端治理环节通常会增加治污成本，原因在于末端治理仅仅是一种"治标"行为，难以提升企业的长期绩效。田虹和王宇菲（2019）通过研究发现相较于前瞻型环境战略，诸如被动式生态创新的反应型环境战略会产生更低的环境绩效和社会绩效。综上所述，被动式生态创新是中小企业感受到利益相关者压力下的被动创新行为，虽然在一定程度上改善了环境污染程度，却损耗了大量资源，更多的是流于形式，或是为了应付外部检查，阻碍了企业绩效的提升。据此，本书提出如下假设。

H1b：被动式生态创新对中小企业绩效具有显著的负向影响。

4.3.2　生态创新对企业竞争优势的影响

企业竞争优势是指企业在生产经营活动过程中所有优势的总和，是企业难以被竞争者和同行所模仿的独特能力（Peteraf & Barney，2003；肖鹏等，2019），分为差异化竞争优势和低成本竞争优势两种类型，前者是指企业在产品技术、产品品牌、售后服务以及营销手段等方面存在的其他企业较难模仿的独特竞争优势（伦蕊，2020）；后者是指企业通过规模经济实现产品成本降低所带来的竞争优势。

主动式生态创新作为一种企业战略，随着组织行为结构、生态基础设施、管理者支持的发展而不断发展，逐渐演化成企业适应外部环境变化的关键行为，有利于竞争优势的构建（马玎等，2016）。主动式生态创新水平高的中小企业会积极承担社会责任，打造良好的企业绿色形象，有利于在激烈的市场竞争中协调、优化、整合多方面资源，进而构建企业的核心竞争优势

（刘新春等，2021）。主动式生态创新水平高的中小企业还具有建立良好社会网络关系的动力，能够获取有别于非主动生态创新企业的信息、资源和知识，进而提高差异化竞争优势（Huang & Li，2017），并且积极主动的创新动机还有助于和利益相关者达成高度信任关系（Wei et al.，2017），进而促进可持续发展，提升竞争优势。Jiang 等（2018）指出，重视绿色创新的企业能够积极把握绿色机遇并敢于承担创新风险，而这些是企业无形的资源与能力，对企业赢得差异化竞争优势并获取企业绩效有帮助。

从制度逻辑来看，企业会通过做出与社会期望相一致的行为来增加企业的制度合法性，在这种情况下，公众对企业的满意度会提高。当面对外部严苛的环境规制和利益相关者的环保诉求时，企业为应付外部监察而不得不实施生态创新战略，可能会对差异化竞争优势产生消极影响。实施被动式生态创新战略的企业是出于获取合法性认同的动机，实施政府部门和利益相关者期望或是要求的绿色创新行为，进而降低政府部门与利益相关者对自身的监管力度（Chen et al.，2012）。在这一过程中，企业并不是为了实质性地提升自身生态创新竞争力，仅仅是为了迎合法规政策的监管而进行的低水平的、没有明显生态贡献价值的环保创新实践活动（张泽南等，2023），并且消费了企业资源，因而可能会对企业差异化竞争优势产生不利影响。据此，本书提出如下假设。

H2a：主动式生态创新对差异化竞争优势具有显著的正向影响。

H2b：被动式生态创新对差异化竞争优势具有显著的负向影响。

生态创新增强了组织韧性，对中小企业的低成本竞争优势也会产生重要影响。一方面，中小企业通过实施主动式生态创新战略可以提升企业绿色形象，建立绿色品牌，刺激绿色消费，这些因生态创新产生的效益回报通常高于企业的绿色技术创新投入成本和治污费用（朱朝晖等，2023），因此主动式生态创新有利于企业提升生产效率、减少能源费用、节约材料成本，进而建立低成本竞争优势。另一方面，被动式生态创新战略虽然在一定程度上也有助于企业获得合法性认同，加快资源整合，但是逢迎外部生态创新期待的低质量创新产出不仅会拉低企业的经济效益，而且还会产生冗余资源，占用企业场地，制约企业的转型升级（Symeou et al.，2019；陈琪和尚宇，2023），导致企业生产成本上升。据此，本书提出如下假设。

H3a：主动式生态创新对低成本竞争优势具有显著的正向影响。

H3b：被动式生态创新对低成本竞争优势具有显著的负向影响。

4.3.3　企业竞争优势对中小企业绩效的影响

企业竞争优势是企业能力优势、财务绩效优势以及价值优势的综合体（肖鹏等，2019），是企业获得快速成长的重要表现。差异化竞争优势和低成本竞争优势均可以帮助企业占领市场份额，进而在激烈的市场竞争中占据优势位置（袁东阳等，2014）。中小企业绩效的提升既需要通过差异化竞争优势来凸显产品或服务的独特价值，获得长期效益；也需要利用低成本竞争优势来削减产品成本，增加销售量，获得短期效益。

依据战略选择理论，企业差异化的产品能有利于获得绩效，异于其他竞争对手的绿色化产品能够满足消费者的绿色消费倾向。随着消费者的消费偏好增加，"环境溢价"效应也会逐渐增强，即用户自愿为绿色产品支付的价格越来越高（Ramsay & Wagner，2009）。在这种情况下，具备差异化竞争优势的产品往往更能够提升企业绩效，且难以被竞争者所模仿。张贺梅（2011）探讨企业资源、能力与竞争优势的关系，结果表明异质性资源能够催生企业竞争优势，并且正向显著影响企业的绩效。胡元林等（2019）通过对重污染企业的调查研究，发现企业的绿色行为有利于低成本和差异化竞争优势形成，低成本和差异化竞争优势对企业绩效都具有正向影响，不同的是差异化对企业绩效的影响更显著。

与差异化竞争优势不同，低成本竞争优势代表企业具备更强的议价能力，这种能力体现在能够获取更多的企业绩效。当面临原材料、产品的价格剧烈变动时，具有低成本竞争优势的企业抵抗风险的能力也更强。胡玉洲（2014）通过研究制造企业物流能力对企业绩效的影响，发现低成本竞争优势作为中介机制，在提升运营效率、规模经济以及增加技术应用三个方面开辟了企业获取利润和降价的空间。马喆亮和胡元林（2019）以污染企业为样本，通过实证研究发现企业仅通过实施绿色行为不会直接影响经济利益，长期的竞争优势才能够促进经济绩效，即通过低成本竞争优势帮助企业获取超额利润。在企业创新过程中，充分利用规模经济，可以促进企业竞争优势的形成，从而助力企业绩效提升。据此，本书提出如下假设。

H4a：差异化竞争优势对中小企业绩效具有显著的正向影响。

H4b：低成本竞争优势对中小企业绩效具有显著的正向影响。

4.3.4　企业竞争优势的中介作用

竞争优势理论认为创新与竞争优势是相辅相成的，持续创新能够为保持竞争优势提供支持，反之竞争优势也能够促进更高质量的创新绩效（项保华和李庆华，1999），正如本书的假设 H2a、H2b、H3a、H3b 所提出的，中小企业实施主动式生态创新和被动式生态创新对企业的差异化竞争优势和低成本竞争优势均有显著影响。生态创新作为一类特殊的创新，更具系统性和长期性，被视为实现可持续发展的重要举措。生态创新能够为企业降低生产成本、环境整治和环境管理成本，形成低成本竞争优势。生态创新作为整个生产流程的创新，能够推动绿色产品的研发、技术改进升级和管理的高效优化，能够实现整个流程的转型升级，形成企业独特的差异化优势（邵兴东和孟宪忠，2015）。企业通过生态创新还能够源源不断地为组织注入新的生态创新知识，形成企业专利，凭借异于同行业内其他竞争对手的优势为企业实现经济增长提供不竭动力。主动进行生态创新的企业还能获取先发制人的优势，演化出组织需要的能力以满足市场和利益相关者需求，获得良好声誉和制度合法性。另外，当中小企业具有较强的差异化竞争优势和低成本竞争优势以后，才能确保在市场竞争中占据有利地位，并与内外部环境进行协同交互，最终提升中小企业绩效（Makeel et al.，2022）。李先江（2014）认为企业生态创新过程中会催生动态能力，这种能力可以进一步发展形成独特的竞争优势，有利于企业财务绩效的提升。Ryszko（2016）指出生态创新能够为用户提供差异化的产品或服务，进而使企业在竞争市场中获取差异化的竞争优势，实现企业的盈利目标。也就是说，强大的企业竞争优势对中小企业绩效具有显著的正向影响。综上所述，本书提出如下假设。

H5a：在主动式生态创新对中小企业绩效的影响中，差异化竞争优势和低成本竞争优势均发挥显著的中介效应。

H5b：在被动式生态创新对中小企业绩效的影响中，差异化竞争优势和低成本竞争优势均发挥显著的中介效应。

综合上述假设，子研究二的理论框架模型可以用图 4-1 表示。

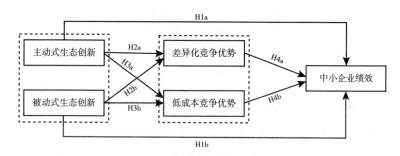

图 4-1　子研究二理论框架模型

4.4　研究方法

4.4.1　样本选取与数据收集

在样本选取方面，本书将中小企业作为调研对象，涉及国有企业、民营企业、外资企业、混合所有制企业等不同类型的企业。对中小企业的选定按照国家出台的《关于印发中小企业划型标准规定的通知》要求进行筛选：员工规模应小于 2000 人，年均销售额不高于 3 亿元人民币等（卢强等，2019）。本书依据以上标准在我国东部、南部沿海地区和中西部地区进行调研，以江苏、浙江、广东、青海等地的中小企业为问卷发放对象，并于2021 年 7~12 月通过直接走访和委托调查的方式共发放问卷 600 份，回收450 份，其中有效问卷 370 份，有效回收率为 61.7%。

样本企业的基本信息如表 4-2 所示。从企业年龄来看，小于 3 年的有 1

家，占比 0.3%，3～5 年的有 11 家，占比 3.0%，5～10 年的有 92 家，占比 24.9%，10～15 年的有 117 家，占比 31.6%，15 年及以上的有 149 家，占比 40.3%；从企业规模来看，少于 100 人的有 24 家，占比 6.5%，100～500 人的有 123 家，占比 33.2%，500～1000 人的有 76 家，占比 20.5%，1000～1500 人的有 58 家，占比 15.7%，1501～2000 人的有 89 家，占比 24.0%；从行业类型来看，传统制造业有 87 家，占比 23.5%，高科技制造业有 204 家，占比 55.1%，其他行业有 79 家，占比 21.4%；从企业性质来看，国有/集体企业有 110 家，占比 29.7%，民营企业有 246 家，占比 66.5%，外资企业有 11 家，占比 3.0%，其他企业有 3 家，占比 0.8%；从资产规模来看，500 万元以内的有 17 家，占比 4.6%，500 万～1000 万元的有 55 家，占比 14.9%，1000 万～4000 万元的有 91 家，占比 24.6%，4000 万元及以上的有 207 家，占比 55.9%。从工作职位来看，企业法人代表作答的有 1 家，占比 0.3%，高层管理者作答的有 65 家，占比 17.6%，中层管理者作答的有 159 家，占比 43.0%，基层管理者作答的有 79 家，占比 21.4%，一般员工作答的有 66 家，占比 17.8%。

表 4-2　子研究二样本企业的基本信息（$N=370$）

单位：份，%

样本特征	特征分布	样本数量	所占比例
企业年龄	小于 3 年	1	0.3
	3～5 年	11	3.0
	5～10 年	92	24.9
	10～15 年	117	31.6
	15 年及以上	149	40.3
企业规模	少于 100 人	24	6.5
	100～500 人	123	33.2
	500～1000 人	76	20.5
	1000～1500 人	58	15.7
	1500～2000 人	89	24.0
行业类型	传统制造业	87	23.5
	高科技制造业	204	55.1
	其他行业	79	21.4

样本特征	特征分布	样本数量	所占比例
企业性质	国有/集体企业	110	29.7
	民营企业	246	66.5
	外资企业	11	3.0
	混合所有制企业	0	0
	其他企业	3	0.8
资产规模	500 万元以内	17	4.6
	500 万~1000 万元	55	14.9
	1000 万~4000 万元	91	24.6
	4000 万元及以上	207	55.9

4.4.2　偏差检验

本研究采用了不同的方式来进行问卷发放和回收，为验证回收的有效问卷是否来自同一母体，对通过不同渠道回收的问卷进行 t 检验来检测主要测量题项的差别。结果表明不同组的问卷样本在"企业规模""企业年龄""企业性质"等测量题项上不存在显著差异，这说明有效样本来自同一母体，可以使用。

为检验问卷调查过程中是否存在非回应偏差问题，本研究采用 Armstrong 和 Overton（1977）的建议，将问卷样本分为两组，对这两组问卷进行独立样本 t 检验，结果表明两组问卷样本在资产规模、企业年龄、企业性质等方面没有显著差异，说明本研究中不存在显著的非回应偏差问题。

本研究中每份调查问卷均有中小企业的一名受访者来填答，因此可能存在共同方法偏差问题，影响研究结论效度。鉴于此，本研究采用 Harman 单因子检测法，对主动式生态创新、被动式生态创新、差异化竞争优势、低成本竞争优势、中小企业绩效等变量进行最大方差旋转，开展探索性因子分析，发现第一个因子解释了 23.825% 的方差变异量，说明本研究不存在一个共同因子能解释测量指标的大部分方差。此外，为进一步检验是否存在共同方法偏差问题，进行了验证性因子分析，构建了单因子测量模型，发现模型拟合情况很差（$X^2/df = 10.708 > 5$；$RMSEA = 0.162$，大于 0.100；$IFI = 0.551$，小于 0.900；$NFI = 0.523$，小于 0.900；$CFI = 0.548$，小于 0.900），进一步表明本研究不存在显著的共同方法偏差问题。

4.4.3　变量测量

4.4.3.1　因变量：中小企业绩效

中小企业绩效：借鉴 Wamba 等（2017）和 Akter 等（2016）的研究，从财务绩效和市场绩效两个方面进行测量，共 5 个题项，如表 4-3 所示。所有测量题项均采用 Likert 7 点量表，从 1 到 7，1 表示"非常不同意"，7 表示"非常同意"。

表 4-3　中小企业绩效量表

变量	题项
中小企业绩效	贵公司的销售收入增长情况在同行业中处于领先水平（EP1）
	贵公司的利润增长情况在同行业中处于领先水平（EP2）
	贵公司的投资回报情况在同行业中处于领先水平（EP3）
	贵公司的市场份额增长情况在同行业中处于领先水平（EP4）
	贵公司向市场推出新产品或服务的速度在同行业中处于领先水平（EP5）

4.4.3.2　自变量：生态创新

主动式生态创新：采用 Chen 等（2012）的量表，共 4 个题项。所有测量题项均采用 Likert 7 点量表，从 1 到 7，1 表示"非常不同意"，7 表示"非常同意"。

被动式生态创新：采用 Chen 等（2012）的量表，共 4 个题项。所有测量题项均采用 Likert 7 点量表，从 1 到 7，1 表示"非常不同意"，7 表示"非常同意"。

4.4.3.3　中介变量：企业竞争优势

差异化竞争优势：采用张雪兰（2005）的量表，共 4 个题项，如表 4-4

所示。所有测量题项均采用 Likert 7 点量表，从 1 到 7，1 表示"非常不同意"，7 表示"非常同意"。

表 4-4　差异化竞争优势量表

变量	题项
差异化竞争优势	贵公司的竞争优势在于产品优质（DCA1）
	贵公司将产品与服务相结合，为顾客创造优异的价值（DCA2）
	贵公司逐步建立高品质的产品和品牌形象（DCA3）
	贵公司开发顾客专用的解决方案和产品（DCA4）

低成本竞争优势：采用张雪兰（2005）的量表，共 4 个题项，如表 4-5 所示。所有测量题项均采用 Likert 7 点量表，从 1 到 7，1 表示"非常不同意"，7 表示"非常同意"。

表 4-5　低成本竞争优势量表

变量	题项
低成本竞争优势	贵公司的竞争优势在于运营效率（LCCA1）
	贵公司以比竞争对手低的价格为顾客创造更多的价值（LCCA2）
	贵公司依靠新技术的应用而做到运营成本低于竞争对手（LCCA3）
	贵公司通过规模经济实现低运营成本（LCCA4）

4.4.3.4　控制变量

参考以往对企业生态创新与企业绩效关系的研究，将企业性质、企业规模、企业年龄等作为控制变量（王海花等，2023）。

企业性质：国有/集体企业、民营企业、外资企业、混合所有制企业等不同的企业性质会影响企业创新活动（王海花等，2023），国有企业等公有制企业往往会实施主动式生态创新战略，私营企业往往在环境规制倒逼下实施被动式生态创新战略。因此，将企业性质作为控制变量之一。

企业规模：企业规模会影响企业的创新行为，规模越大的企业拥有越多的可支配资源，越可能开展主动式生态创新活动（Muangmee et al.，2021）。

因此，将企业规模作为控制变量之二。

企业年龄：成立时间越长的企业，拥有越多的创新经验，通常更有意愿推进主动式生态创新活动。因此，将企业年龄作为控制变量之三。

4.4.4 数据分析方法

同子研究一，本节通过调查问卷的方式收集数据，然后对收集的有效数据进行探索性因子分析、验证性因子分析、相关分析和层级回归分析等。具体来说，首先用 SPSS22.0 对主动式生态创新、被动式生态创新、差异化竞争优势、低成本竞争优势、中小企业绩效等 5 个变量开展探索性因子分析和信度检验；其次用 LISREL8.51 开展验证性因子分析，简化数据结构；最后运用相关分析和层级回归分析，来检验相关假设。

4.4.4.1 探索性因子分析

探索性因子分析用于探寻多元测量指标的本质结构。运用 SPSS22.0 软件，对子研究二中涉及的主动式生态创新、被动式生态创新、差异化竞争优势、低成本竞争优势、中小企业绩效等 5 个变量进行探索性因子分析。具体来说，运用主成分分析的因子提取和最大方差旋转，按特征根大于 1 的要求来提取因子。

4.4.4.2 验证性因子分析

在完成探索性因子分析之后，运用 LISREL8.51 软件对主动式生态创新、被动式生态创新、差异化竞争优势、低成本竞争优势、中小企业绩效等 5 个变量开展验证性因子分析，以检验上述变量的收敛效度。基于子研究二的 370 份有效样本，参考侯杰泰等（2004）的研究，构建了一个包括主动式生态创新、被动式生态创新、差异化竞争优势、低成本竞争优势、中小企业绩效的五因素测量模型，选取学者们广泛使用的 χ^2/df、$RMSEA$、CFI、$NNFI$、IFI、NFI 等指标来评价结构方程模型的拟合情况。

4.4.4.3 相关分析

相关分析用于考察两个变量之间的关联程度，不同变量之间的相关性可以用相关系数来衡量，相关系数的数值介于 0～1，相关系数越接近 1，表明两个变量之间的相关性越强。相关分析可以帮助初步识别不同变量间的关系特征，为后续回归分析奠定基础。

4.4.4.4　层级回归分析

层级回归分析是回归分析模型的一个种类，能够在控制某些变量的基础上探究一个变量对另一个变量的影响。一般的回归分析无法在兼顾变量放入方程逻辑顺序的同时分析自变量对因变量的影响，层级回归分析能够较好地探究不同变量放入回归方程的顺序。所以，在验证差异化竞争优势和低成本竞争优势的中介作用时，运用了层级回归分析。

4.5　研究结果

4.5.1　测量工具的检验

为了保证假设检验结果的准确性和可靠性，需要在此前先对研究所涉变量量表开展信效度检验。只有信度和效度合格的变量才可以放入回归方程模型。信度指测量结果的稳定性与一致性，依据各变量的 Cronbach'α 值来判断，Cronbach'α 值的范围为 0～1，0.7 是其门槛值，当 Cronbach'α 值大于或等于 0.7 时，表明该测量量表具有良好的信度，能用来进行后续的检验。效度检验包括各测量量表内容效度、收敛效度以及区分效度的检验。本研究中主动式生态创新、被动式生态创新、差异化竞争优势、低成本竞争优势、中小企业绩效等变量的测量量表均是在参考了国内外的成熟量表的基础上，经过课题组成员的多次讨论及反复修正后形成的，具有良好的内容效度。区分效度和收敛效度的检验需开展相关统计分析来完成。

为了检验主动式生态创新、被动式生态创新、差异化竞争优势、低成本竞争优势、中小企业绩效等变量的信度、收敛效度以及区分效度，本研究采纳了 Anderson 和 Gerbing（1991）的建议，首先对各变量开展探索性因子分析，然后将主动式生态创新、被动式生态创新、差异化竞争优势、低成本竞争优势、中小企业绩效等所有变量放在一起，建构一个测量模型，进行验证性因子分析。

4.5.1.1 探索性因子分析

首先对自变量"主动式生态创新"开展探索性因子分析。主动式生态创新的 KMO 样本测度和 Bartlett 球体检验结果显示，其 KMO 值为 0.707，大于 0.7 的门槛值；Bartlett 球形检验的卡方值为 289.751，达到显著性水平（$P<0.001$），这表明该量表数据适合进行探索性因子分析。基于此，本研究以 370 份中小企业的问卷调查数据为样本，对主动式生态创新的 4 个测量题项开展探索性因子分析，结果（见表 4-6）显示，4 个测量题项都归属于同一个公因子，并且其解释率达到 54.269%。

表 4-6　主动式生态创新的探索性因子分析结果

测量题项	最小值	最大值	平均值	标准差	因子载荷
贵公司经常进行积极的与环境相关的创新(PEI1)	3.000	7.000	5.814	0.803	0.768
贵公司致力于持续投入资源进行绿色创新(PEI2)	2.000	7.000	5.938	0.928	0.694
贵公司积极改进制造工艺以回收再利用(PEI3)	1.000	7.000	5.930	0.934	0.681
贵公司自发提出与环境相关的创新理念(PEI4)	1.000	7.000	5.935	0.896	0.797

注：KMO = 0.707，Bartlett = 289.751（$P<0.001$），方差累计贡献率 = 54.269%。

对本研究的自变量"主动式生态创新"进行信度检验，结果（见表 4-7）显示，主动式生态创新的 Cronbach'α 值为 0.713，高于门槛值 0.7，且所有题项的删除此题项后 α 值均小于原值，这说明了主动式生态创新各测量题项之间具有良好的内部一致性，主动式生态创新测量量表具有良好的信度。

表 4-7　主动式生态创新的信度检验结果

测量题项	题项-总体相关系数	复相关系数平方	删除此题项后 α 值	Cronbach'α 值
PEI1	0.541	0.318	0.631	
PEI2	0.456	0.251	0.679	0.713
PEI3	0.441	0.224	0.689	
PEI4	0.576	0.359	0.603	

其次对本研究的自变量"被动式生态创新"开展探索性因子分析。被动式生态创新的 KMO 样本测度和 Bartlett 球体检验结果显示，其 KMO 值为 0.866，大于 0.7 的门槛值；Bartlett 球形检验的卡方值为 1366.694，达到显著性水平（$P<0.001$），这表明该量表数据适合进行探索性因子分析。基于此，本研究以 370 份中小企业的问卷调查数据为样本，对被动式生态创新的 4 个测量题项开展探索性因子分析，结果（见表 4-8）显示，4 个测量题项都归属于同一个公因子，并且其解释率达到 85.325%。

表 4-8　被动式生态创新的探索性因子分析结果

测量题项	最小值	最大值	平均值	标准差	因子载荷
贵公司为遵守环境法规采取被动的环境创新（REI1）	1.000	7.000	3.446	1.837	0.929
贵公司被要求发明新的解决方案（REI2）	1.000	7.000	3.586	1.944	0.903
贵公司被迫对不断变化的环境作出反应（REI3）	1.000	7.000	3.297	1.889	0.923
贵公司为应对竞争对手的挑战进行被动的环境创新（REI4）	1.000	7.000	3.254	1.954	0.939

注：KMO=0.866，Bartlett=1366.694（$P<0.001$），方差累计贡献率=85.325%。

对自变量"被动式生态创新"进行信度检验，结果（见表 4-9）显示，被动式生态创新的 Cronbach'α 值为 0.942，高于门槛值 0.7，且所有题项删除此题项后 α 值均小于原值，这说明了被动式生态创新各测量题项之间具有良好的内部一致性，被动式生态创新测量量表具有良好的信度。

表 4-9　被动式生态创新的信度检验结果

测量题项	题项-总体相关系数	复相关系数平方	删除此题项后 α 值	Cronbach'α 值
REI1	0.871	0.759	0.922	
REI2	0.830	0.693	0.935	0.942
REI3	0.861	0.752	0.925	
REI4	0.888	0.791	0.916	

再次对中介变量"差异化竞争优势"开展探索性因子分析。差异化竞争优势的 KMO 样本测度和 Bartlett 球体检验结果显示，其 KMO 值为 0.716，大于 0.7 的门槛值；Bartlett 球形检验的卡方值为 104.848，达到显著性水平（$P < 0.001$），这表明该量表数据适合进行探索性因子分析。基于此，本研究以 370 份中小企业的问卷调查数据为样本，对差异化竞争优势的 4 个测量题项开展探索性因子分析，结果（见表 4-10）显示，4 个测量题项都归属于同一个公因子，并且其解释率达到 41.627%。

表 4-10 差异化竞争优势的探索性因子分析结果

测量题项	最小值	最大值	平均值	标准差	因子载荷
DCA1	2.000	7.000	5.908	0.767	0.688
DCA2	4.000	7.000	6.046	0.824	0.605
DCA3	3.000	7.000	5.992	0.815	0.660
DCA4	3.000	7.000	5.986	0.825	0.708

注：KMO = 0.716，Bartlett = 104.848（$P < 0.001$），方差累计贡献率 = 41.627%。

对中介变量"差异化竞争优势"进行信度检验，结果（见表 4-11）显示，差异化竞争优势的 Cronbach'α 值为 0.725，高于门槛值 0.7，且所有题项删除此题项后 α 值均小于原值，这说明了差异化竞争优势各测量题项之间具有良好的内部一致性，差异化竞争优势测量量表具有良好的信度。

表 4-11 差异化竞争优势的信度检验结果

测量题项	题项-总体相关系数	复相关系数平方	删除此题项后 α 值	Cronbach'α 值
DCA1	0.537	0.351	0.635	
DCA2	0.429	0.273	0.627	0.725
DCA3	0.521	0.321	0.647	
DCA4	0.575	0.348	0.698	

然后对中介变量"低成本竞争优势"开展探索性因子分析。低成本竞争优势的 KMO 样本测度和 Bartlett 球体检验结果显示，其 KMO 值为 0.791，

大于 0.7 的门槛值；Bartlett 球形检验的卡方值为 215.002，达到显著性水平（*P*<0.001），这表明该量表数据适合进行探索性因子分析。基于此，本研究以 370 份中小企业的问卷调查数据为样本，对低成本竞争优势的 4 个测量题项开展探索性因子分析，结果（见表 4-12）显示，4 个测量题项都归属于同一个公因子，并且其解释率达到 50.070%。

表 4-12 低成本竞争优势的探索性因子分析结果

测量题项	最小值	最大值	平均值	标准差	因子载荷
LCCA1	2.000	7.000	5.741	0.854	0.719
LCCA2	1.000	7.000	5.570	1.167	0.610
LCCA3	1.000	7.000	5.784	0.891	0.732
LCCA4	2.000	7.000	5.741	0.975	0.768

注：KMO=0.791，Bartlett=215.002（*P*<0.001），方差累计贡献率=50.070%。

对中介变量"低成本竞争优势"进行信度检验，结果（见表 4-13）表明，低成本竞争优势的 Cronbach'α 值为 0.751，高于门槛值 0.7，且所有题项删除此题项后 α 值均小于原值，这说明了低成本竞争优势各测量题项之间具有良好的内部一致性，低成本竞争优势测量量表具有良好的信度。

表 4-13 低成本竞争优势的信度检验结果

测量题项	题项-总体相关系数	复相关系数平方	删除此题项后 α 值	Cronbach'α 值
DCA1	0.433	0.242	0.686	
DCA2	0.454	0.252	0.657	0.751
DCA3	0.453	0.239	0.672	
DCA4	0.520	0.271	0.620	

最后对结果变量"中小企业绩效"开展探索性因子分析。中小企业绩效的 KMO 样本测度和 Bartlett 球体检验结果显示，其 KMO 值为 0.783，大于 0.7 的门槛值；Bartlett 球形检验的卡方值为 508.179，达到显著性水平

（$P<0.001$），这表明该量表数据适合进行探索性因子分析。基于此，本研究以 370 份中小企业的问卷调查数据为样本，对中小企业绩效的 5 个测量题项开展探索性因子分析，结果（见表 4-14）显示，5 个测量题项都归属于同一个公因子，并且其解释率达到 54.599%。

表 4-14　中小企业绩效的探索性因子分析结果

测量题项	最小值	最大值	平均值	标准差	因子载荷
EP1	2.000	7.000	5.668	0.840	0.774
EP2	2.000	7.000	5.730	0.978	0.699
EP3	2.000	7.000	5.722	0.929	0.727
EP4	2.000	7.000	5.765	0.972	0.733
EP5	3.000	7.000	5.859	0.881	0.758

注：KMO = 0.783，Bartlett = 508.179（$P<0.001$），方差累计贡献率 = 54.599%。

对结果变量"中小企业绩效"进行信度检验，结果（见表 4-15）表明，中小企业绩效的 Cronbach'α 值为 0.789，高于门槛值 0.7，且所有题项删除此题项后 α 值均小于原值，这说明了中小企业绩效各测量题项之间具有良好的内部一致性，中小企业绩效测量量表具有良好的信度。

表 4-15　中小企业绩效的信度检验结果

测量题项	题项-总体相关系数	复相关系数平方	删除此题项后 α 值	Cronbach'α 值
EP1	0.612	0.416	0.737	
EP2	0.528	0.311	0.763	
EP3	0.550	0.335	0.755	0.789
EP4	0.561	0.368	0.752	
EP5	0.595	0.383	0.741	

4.5.1.2　验证性因子分析

上述探索性因子分析较好地检验了主动式生态创新、被动式生态创新、差异化竞争优势、低成本竞争优势、中小企业绩效等变量的信度，接着同时将这些变量纳入结构方程模型开展验证性因子分析。验证性因子分析（见图 4-2 和表 4-16）表明所有题项在其变量的标准化因子载荷都高于 0.6，并且都在 $P<0.001$ 水平上显著，主动式生态创新、被动式生态创新、差异化竞争优势、低成本竞争优势、中小企业绩效的 AVE 值分别为 0.576、0.806、0.573、0.616、0.610，都大于 0.5，这表明本研究所有变量的测量量表均具有较好的收敛效度。

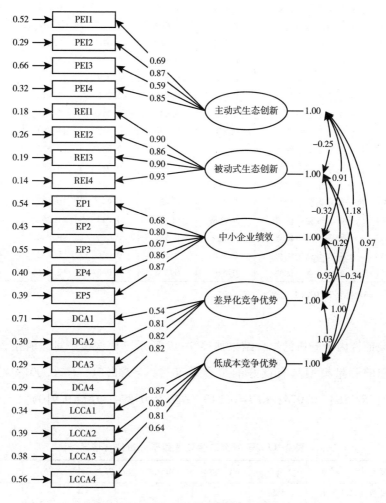

图 4-2　子研究二验证性因子分析结果

表 4-16　子研究二验证性因子分析参数估计

题项	变量间关系	标准化估计值	非标准化估计值	S. E.	C. R.	P
PEI1	←主动式生态创新	0.694	0.557	0.038	14.544	***
PEI2	←主动式生态创新	0.870	0.528	0.046	11.447	***
PEI3	←主动式生态创新	0.586	0.548	0.046	11.846	***
PEI4	←主动式生态创新	0.854	0.587	0.043	13.525	***
REI1	←被动式生态创新	0.903	1.659	0.075	22.203	***
REI2	←被动式生态创新	0.859	1.669	0.082	20.441	***
REI3	←被动式生态创新	0.898	1.698	0.077	22.018	***
REI4	←被动式生态创新	0.927	1.812	0.078	23.248	***
EP1	←中小企业绩效	0.678	0.569	0.041	13.992	***
EP2	←中小企业绩效	0.805	0.591	0.049	12.111	***
EP3	←中小企业绩效	0.671	0.623	0.045	13.813	***
EP4	←中小企业绩效	0.865	0.646	0.047	13.645	***
EP5	←中小企业绩效	0.870	0.590	0.043	13.784	***
DCA1	←差异化竞争优势	0.537	0.412	0.039	10.525	***
DCA2	←差异化竞争优势	0.810	0.338	0.042	8.087	***
DCA3	←差异化竞争优势	0.818	0.341	0.041	8.237	***
DCA4	←差异化竞争优势	0.815	0.425	0.042	10.107	***
LCCA1	←低成本竞争优势	0.868	0.485	0.043	11.262	***
LCCA2	←低成本竞争优势	0.804	0.589	0.060	9.846	***
LCCA3	←低成本竞争优势	0.810	0.543	0.044	12.242	***
LCCA4	←低成本竞争优势	0.640	0.624	0.048	12.956	***

注：*** 代表 $P<0.001$。

　　验证性因子分析的拟合结果如表 4-17 所示。从该表中可以看出，本研究构建的测量模型具有良好的拟合效度（$\chi^2 = 545.51$，$P<0.001$；$\chi^2/df = 3.047$；$RMSEA = 0.074$；$CFI = 0.910$；$NNFI = 0.894$；$IFI = 0.910$）。

表 4-17　子研究二验证性因子分析拟合情况

测量模型	χ^2	df	χ^2/df	RMSEA	CFI	NNFI	IFI
独立模型	2023.77	189					
验证模型	545.51	179	3.047	0.074	0.910	0.894	0.910
评估标准			<5	<0.08	>0.9	>0.85	>0.9

为了检验研究中主动式生态创新、被动式生态创新、差异化竞争优势、低成本竞争优势、中小企业绩效等变量之间的区分效度，可以就各变量的 AVE 值与各变量间相关系数的平方值进行比较。通过相关分析发现，主动式生态创新、被动式生态创新、差异化竞争优势、低成本竞争优势、中小企业绩效这 5 个变量双双之间相关系数的最大值是 0.741，意味着相关系数平方值的最大值是 0.549，而主动式生态创新、被动式生态创新、差异化竞争优势、低成本竞争优势、中小企业绩效这 5 个变量的 AVE 值的最小值是 0.573，这表明各变量的 AVE 值均大于变量间相关系数的平方值，表明主动式生态创新、被动式生态创新、差异化竞争优势、低成本竞争优势、中小企业绩效 5 个变量之间具有较好的区分效度。

4.5.2　描述性统计分析和相关性分析

在进行假设检验之前，先对研究中各变量进行了描述性统计分析和相关性分析，结果如表 4-18、表 4-19 所示，表中报告了自变量、中介变量、因变量以及控制变量的均值、标准差以及变量间的 Pearson 两两相关系数。

表 4-18　子研究二主要变量的描述性统计分析汇总

序号	变量	最小值	最大值	平均值	标准差
1	企业性质	1	5	1.760	2.374
2	企业规模	1	6	3.290	1.488
3	企业年龄	1	5	4.090	0.888
4	主动式生态创新	2	7	5.904	0.654
5	被动式生态创新	1	7	3.396	1.760
6	差异化竞争优势	2	7	5.983	0.519
7	低成本竞争优势	1	7	5.709	0.685
8	中小企业绩效	2	7	5.749	0.679

表 4-19　子研究二主要变量间的相关系数矩阵

变量	1	2	3	4	5	6	7	8
1	1							
2	-0.298 ***	1						
3	-0.179 **	0.391 ***	1					
4	0.008	0.097	0.155 **	1				
5	0.025	-0.228 ***	-0.156 **	-0.201 ***	1			
6	0.107 *	0.068	0.109 *	0.741 ***	-0.193 ***	1		
7	-0.045	0.197 ***	0.162 **	0.688 ***	-0.267 ***	0.617 ***	1	
8	-0.103 *	0.283 ***	0.261 ***	0.690 ***	-0.280 ***	0.612 ***	0.725 ***	1

注：*** $P<0.001$，** $P<0.01$，* $P<0.05$。

从控制变量与因变量的相关关系来看，企业规模、企业年龄与中小企业绩效存在较强的正相关关系（$r=0.283$，$P<0.001$；$r=0.261$，$P<0.001$），表明随着中小企业规模的扩大和年龄的增长，中小企业更注重效益的增加。

从控制变量与自变量的相关关系来看，企业年龄与主动式生态创新表现出较强的正相关关系（$r=0.155$，$P<0.01$），与被动式生态创新表现出较强的负相关关系（$r=-0.156$，$P<0.01$），这表明随着中小企业年龄的增长，企业可能会意识到主动实施环保实践是实现企业可持续发展、提升组织绩效的关键途径（武咸云和张颐嘉，2023）。企业规模与被动式生态创新表现出较强的负相关关系（$r=-0.228$，$P<0.001$），说明企业规模越大，组织惰性可能越强，越难以实施生态创新战略（陈承等，2023）。

从自变量内部的相关关系来看，主动式生态创新和被动式生态创新存在负相关关系（$r=-0.201$，$P<0.001$），这说明主动式生态创新和被动式生态创新通常不可能同时在企业实施。主动式生态创新是企业为降低成本、抓住市场机遇、占领市场份额和获取竞争优势而实施的；被动式生态创新是在环境规制倒逼下实施的，是为了迎合利益相关者的要求（Chen et al.，2012）。这也反映出两种生态创新战略实施的出发点存在差异。

从自变量与中介变量的相关关系来看，主动式生态创新与差异化竞争优势存在显著的正相关关系（$r=0.741$，$P<0.001$），主动式生态创新与低成本竞争优势存在显著的正相关关系（$r=0.688$，$P<0.001$），被动式生态创

新与差异化竞争优势存在显著的负相关关系（$r = -0.193$，$P < 0.001$），被动式生态创新与低成本竞争优势存在显著的负相关关系（$r = -0.267$，$P < 0.001$），该结果为后续验证假设 H2a、H2b、H3a、H3b 奠定了基础。从自变量与因变量的相关关系来看，主动式生态创新与中小企业绩效存在显著的正相关关系（$r = 0.690$，$P < 0.001$），被动式生态创新与中小企业绩效存在显著的负相关关系（$r = -0.280$，$P < 0.001$），该结果为后续验证假设 H1a、H1b 奠定了基础。这些为假设 H1a、H1b 的验证提供了初步支持。从中介变量与因变量的相关关系来看，差异化竞争优势与中小企业绩效存在显著的正相关关系（$r = 0.612$，$P < 0.001$），低成本竞争优势与中小企业绩效存在显著的正相关关系（$r = 0.725$，$P < 0.001$），该结果为后续验证假设 H4a、H4b 奠定了基础。关于以上研究假设的进一步验证及假设 H5a、H5b 的检验还需要下文的层级回归分析来完成。

4.5.3 假设检验

4.5.3.1 主效应的检验

为验证本节研究中的假设 H1a 和 H1b，在控制企业性质、企业规模、企业年龄等变量的影响后，开展自变量（主动式生态创新、被动式生态创新）对因变量的回归分析，分析结果见表 4-20。模型 1-1 是控制变量对因变量（中小企业绩效）的回归方程模型，模型 1-2 是控制变量、自变量（主动式生态创新）对因变量的回归方程模型，模型 1-3 是控制变量、自变量（被动式生态创新）对因变量的回归方程模型，模型 1-4 是控制变量、自变量（主动式生态创新、被动式生态创新）对因变量回归的全模型。

模型 1-1 显示，企业规模和企业年龄对中小企业绩效具有显著的正向影响（$\beta = 0.212$，$P < 0.01$；$\beta = 0.177$，$P < 0.01$），表明随着企业人数的增加和成立年限的增长，中小企业效益更佳。模型 1-2 显示，在控制变量的基础上增加自变量（主动式生态创新）后，回归模型的解释力有了显著提高（$\Delta R^2 = 0.425$，$P < 0.001$），主动式生态创新对中小企业绩效具有显著的正向影响（$\beta = 0.661$，$P < 0.001$），假设 H1a 得到支持。模型 1-3 显示，在控制

变量的基础上增加自变量（被动式生态创新）后，回归模型的解释力有了显著提高（$\Delta R^2 = 0.044$，$P<0.001$），被动式生态创新对中小企业绩效具有显著的负向影响（$\beta = -0.217$，$P<0.001$），假设 H1b 得到支持。模型 1-4 显示，在控制变量的基础上同时增加主动式生态创新和被动式生态创新后，模型的解释力有了显著提高（$\Delta R^2 = 0.434$，$P<0.001$），主动式生态创新和被动式生态创新对中小企业绩效均具有显著的正向影响（$\beta = 0.643$，$P<0.001$；$\beta = -0.103$，$P<0.01$），这进一步表明 H1a 和 H1b 得到支持。

表 4-20   生态创新对中小企业绩效的回归分析结果

研究变量	因变量:中小企业绩效			
	模型 1-1	模型 1-2	模型 1-3	模型 1-4
企业性质	-0.008	-0.041	-0.019	-0.045
企业规模	0.212**	0.175***	0.166**	0.154***
企业年龄	0.177**	0.083*	0.159**	0.077
主动式生态创新		0.661***		0.643***
被动式生态创新			-0.217***	-0.103**
R^2	0.107	0.532	0.151	0.541
调整后的 R^2	0.100	0.526	0.142	0.535
ΔR^2		0.425***	0.044***	0.434***
F	14.609***	103.544***	16.278***	85.885***

注：*** $P<0.001$，** $P<0.01$，* $P<0.05$。

4.5.3.2   中介效应的检验

为了验证假设 H2a、H2b、H3a、H3b，在控制企业性质、企业规模、企业年龄等变量的基础上，开展自变量（主动式生态创新、被动式生态创新）对中介变量（差异化竞争优势、低成本竞争优势）的回归分析，分析结果见表 4-21。模型 2-1 是控制变量对中介变量（差异化竞争优势）的回归方程模型，模型 2-2 是控制变量、自变量（主动式生态创新）对中介变量（差异化竞争优势）的回归方程模型，模型 2-3 是控制变量、自变量（被动式生态创新）对中介变量（差异化竞争优势）的回归方程模型；模型

3-1 是控制变量对中介变量（低成本竞争优势）的回归方程模型，模型 3-2 是控制变量、自变量（主动式生态创新）对中介变量（低成本竞争优势）的回归方程模型，模型 3-3 是控制变量、自变量（被动式生态创新）对中介变量（低成本竞争优势）的回归方程模型。

表 4-21 生态创新对企业竞争优势的回归分析结果

研究变量	因变量:差异化竞争优势			因变量:低成本竞争优势		
	模型 2-1	模型 2-2	模型 2-3	模型 3-1	模型 3-2	模型 3-3
企业性质	0.147**	0.110**	0.138*	0.021	-0.012	0.010
企业规模	0.069	0.028	0.033	0.163**	0.125**	0.115*
企业年龄	0.108	0.003	0.094	0.102	0.006	0.083
主动式生态创新		0.737***			0.675***	
被动式生态创新			-0.175**			-0.228***
R^2	0.032	0.561	0.061	0.048	0.490	0.130
调整后的 R^2	0.024	0.556	0.051	0.040	0.484	0.097
ΔR^2		0.528***	0.029**	0.048***	0.442***	0.087***
F	4.064**	116.473***	5.918***	6.105***	87.674***	9.772***

注：***$P<0.001$，**$P<0.01$，*$P<0.05$。

模型 2-2 显示，在控制变量的基础上增加自变量（主动式生态创新）后，回归模型的解释力有了显著提高（$\Delta R^2 = 0.528$，$P<0.001$），主动式生态创新对差异化竞争优势具有显著的正向影响（$\beta = 0.737$，$P<0.001$），这表明主动式生态创新实施水平越高，越有利于提升企业的差异化竞争优势，假设 H2a 得到支持。模型 2-3 显示，在控制变量的基础上增加自变量（被动式生态创新）后，回归模型的解释力有了显著提高（$\Delta R^2 = 0.029$，$P<0.01$），被动式生态创新对差异化竞争优势具有显著的负向影响（$\beta = -0.175$，$P<0.01$），这表明企业的被动式生态创新战略抑制企业的差异化竞争优势，假设 H2b 得到支持。模型 3-2 显示，在控制变量的基础上增加自变量（主动式生态创新）后，回归模型的解释力有了显著提高（$\Delta R^2 = 0.442$，$P<0.001$），主动式生态创新对低成本竞争优势具有显著的正向影响

（$\beta = 0.675$，$P < 0.001$），这表明主动式生态创新可能提升中小企业的低成本竞争优势，假设 H3a 得到支持。模型 3-3 显示，在控制变量的基础上增加自变量（被动式生态创新）后，回归模型的解释力有了显著提高（$\Delta R^2 = 0.087$，$P < 0.001$），被动式生态创新对低成本竞争优势具有显著的负向影响（$\beta = -0.228$，$P < 0.001$），这表明被动式生态创新战略的实施会降低企业的低成本竞争优势，假设 H3b 得到支持。

为了验证本研究提出的假设 H4a 和 H4b，在控制企业性质、企业年龄等变量的影响后，开展中介变量（差异化竞争优势、低成本竞争优势）对因变量（中小企业绩效）的回归分析，分析结果见表 4-22。模型 4-1 是控制变量对因变量（中小企业绩效）的回归方程模型，模型 4-2 是控制变量、中介变量（差异化竞争优势）对因变量的回归方程模型，模型 4-3 是控制变量、中介变量（低成本竞争优势）对因变量的回归方程模型，模型 4-4 是控制变量、中介变量（差异化竞争优势、低成本竞争优势）对因变量回归的全模型。

模型 4-1 显示，企业规模、企业年龄对中小企业绩效可能存在影响，企业性质对中小企业绩效并没有显著的影响。模型 4-2 显示，在控制变量的基础上增加差异化竞争优势变量后，回归模型的解释力有了显著提高（$\Delta R^2 = 0.347$，$P < 0.001$），差异化竞争优势对中小企业绩效具有显著的正向影响（$\beta = 0.599$，$P < 0.001$），这说明中小企业具备更好的差异化竞争优势后，中小企业越可能获得良好的绩效，因此假设 H4a 得到支持。模型 4-3 显示，在控制变量的基础上增加低成本竞争优势变量以后，回归模型的解释力有了显著提高（$\Delta R^2 = 0.450$，$P < 0.001$），低成本竞争优势对中小企业绩效具有显著的正向影响（$\beta = 0.687$，$P < 0.001$），这表明中小企业越具备低成本竞争优势，中小企业越可能获得良好的绩效，因此假设 H4b 得到支持。模型 4-4 显示，在控制变量的基础上同时增加差异化竞争优势、低成本竞争优势两个变量后，模型的解释力较模型 4-2 有了显著提高（$\Delta R^2 = 0.152$，$P < 0.001$），此时差异化竞争优势对中小企业绩效仍然具有显著正向影响（$\beta = 0.288$，$P < 0.001$），低成本竞争优势对中小企业绩效也具有显著正向影响（$\beta = 0.509$，$P < 0.001$），这进一步验证了假设 H4a 和 H4b。

表 4-22　企业竞争优势对中小企业绩效的回归分析结果

研究变量	因变量:中小企业绩效			
	模型 4-1	模型 4-2	模型 4-3	模型 4-4
企业性质	-0.008	-0.096*	-0.023	-0.061
企业规模	0.212***	0.170***	0.100*	0.109**
企业年龄	0.177**	0.112**	0.107**	0.094*
差异化竞争优势		0.599***		0.288***
低成本竞争优势			0.687***	0.509***
R^2	0.107	0.454	0.557	0.606
调整后的 R^2	0.100	0.448	0.552	0.601
ΔR^2		0.347***	0.450***	0.152***
F	14.609***	75.790***	114.623***	112.130***

注: ***$P<0.001$, **$P<0.01$, *$P<0.05$。

为了验证企业竞争优势在生态创新与中小企业绩效之间关系中发挥的中介作用,在控制企业性质、企业年龄等变量的影响后,开展回归分析,分析结果见表 4-23。模型 5-1 是控制变量对因变量(中小企业绩效)的回归方程模型,模型 5-2 是控制变量、自变量(主动式生态创新)对因变量的回归方程模型,模型 5-3 是控制变量、自变量(主动式生态创新)、中介变量(差异化竞争优势、低成本竞争优势)对因变量的回归方程模型,模型 5-5 是控制变量、自变量(被动式生态创新)、中介变量(差异化竞争优势、低成本竞争优势)对因变量的回归方程模型。

模型 5-3 显示,在模型 5-2 的基础上将中介变量(差异化竞争优势、低成本竞争优势)同时放入回归方程,回归模型的解释力有了显著提高($\Delta R^2 = 0.104$, $P<0.001$),即主动式生态创新对中小企业绩效的直接效应减弱,但是仍然显著($\beta = 0.285$, $P<0.001$),说明差异化竞争优势、低成本竞争优势在主动式生态创新与中小企业绩效的关系中发挥部分中介作用,假设 H5a 得到验证。模型 5-5 显示,在模型 5-4 的基础上将中介变量(差异化竞争优势、低成本竞争优势)同时放入回归方程,回归模型的解释力有了显著提高($\Delta R^2 = 0.458$, $P<0.001$),即被动式生态创新对中小企业绩效的影响系数由 -0.217($P<0.001$)降为 -0.054,且变得不显著,说明差异

化竞争优势、低成本竞争优势在被动式生态创新与中小企业绩效的关系中发挥完全中介作用，假设 H5b 得到验证。

表 4-23 企业竞争优势对"生态创新–中小企业绩效"关系的中介作用

研究变量	因变量：中小企业绩效				
	模型 5-1	模型 5-2	模型 5-3	模型 5-4	模型 5-5
企业性质	-0.008	-0.041	-0.051	-0.019	-0.063
企业规模	0.212***	0.175***	0.120**	0.166**	0.099**
企业年龄	0.177**	0.083*	0.080*	0.159**	0.091*
主动式生态创新		0.661***	0.285***		
被动式生态创新				-0.217***	-0.054
差异化竞争优势			0.141**		0.285***
低成本竞争优势			0.404***		0.498***
R^2	0.107	0.532	0.636	0.151	0.609
调整后的 R^2	0.100	0.526	0.630	0.142	0.602
ΔR^2		0.425***	0.104***	0.044***	0.458***
F	14.609***	103.544***	105.555***	16.278***	94.201***

注：*** $P<0.001$，** $P<0.01$，* $P<0.05$。

综合上述分析，本节提出的研究假设均通过了实证检验。理论假设及其检验结果如表 4-24 所示。

表 4-24 子研究二理论假设及其检验结果汇总

理论假设	检验结果
H1a：主动式生态创新对中小企业绩效具有显著的正向影响	支持
H1b：被动式生态创新对中小企业绩效具有显著的负向影响	支持
H2a：主动式生态创新对差异化竞争优势具有显著的正向影响	支持
H2b：被动式生态创新对差异化竞争优势具有显著的负向影响	支持
H3a：主动式生态创新对低成本竞争优势具有显著的正向影响	支持
H3b：被动式生态创新对低成本竞争优势具有显著的负向影响	支持
H4a：差异化竞争优势对中小企业绩效具有显著的正向影响	支持
H4b：低成本竞争优势对中小企业绩效具有显著的正向影响	支持
H5a：在主动式生态创新对中小企业绩效的影响中，差异化竞争优势和低成本竞争优势均发挥显著的中介效应	支持
H5b：在被动式生态创新对中小企业绩效的影响中，差异化竞争优势和低成本竞争优势均发挥显著的中介效应	支持

4.6　结果讨论

中小企业面临资源相对匮乏和市场竞争激烈的内外部环境，因此，实施生态创新战略获取合法性认同，进而拓宽资源获取渠道成为越来越多中小企业的战略选择。国内外现有文献就生态创新与企业绩效的关系也开展了较多的理论和实证探讨，却较少涉及其中的作用机理。为了深入探讨生态创新影响中小企业绩效的作用机制，子研究二运用竞争优势理论，构建了"生态创新—企业竞争优势—中小企业绩效"的理论逻辑，并基于 370 家中小企业的问卷调查数据开展了相应的实证探讨，得到了有意义的研究发现。

4.6.1　生态创新与中小企业绩效的关系

生态创新包括主动式生态创新和被动式生态创新两个层面，主动式生态创新是企业基于自身能动性主动实施绿色环保实践的行为，被动式生态创新则强调企业开展绿色环保实践的过程是外界作用的结果（Chen et al.，2012）。子研究二区分了以上两个维度，分别探讨了主动式生态创新、被动式生态创新对中小企业绩效的作用程度及其差异。

结果表明，主动式生态创新对中小企业绩效具有显著的正向影响（β = 0.644，$P<0.001$），被动式生态创新对中小企业绩效具有显著的负向影响（$\beta=-0.193$，$P<0.001$），该结果证明了转型经济情境下中小企业生态创新的有效性。在强调高质量发展的当下，理论界和实业界都充分肯定了生态创新的重要性，认为生态创新具有一般创新所具有的知识外部性和独有的环境外部性，考虑到环境外部性的支出需要企业承担，部分企业不愿意主动实施生态创新，越来越多的学者从生态创新的内容和形式出发，论证了产品、工艺、管理等生态创新对企业绩效的积极作用。但是从不同战略态势进行探讨的较少，且缺乏主动式生态创新和被动式生态创新的对比研究。值得注意的是，主动式生态创新与被动式生态创新对中小企业绩效影响具有截然相反的

效果。主动式生态创新主要通过开发出差异化的产品，构建良好的声誉，形成企业的可持续竞争优势，有利于中小企业绩效的提升。

4.6.2 生态创新与企业竞争优势的关系

基于竞争优势理论，子研究二还探讨了生态创新对中小企业竞争优势的影响。结果表明：主动式生态创新对差异化竞争优势具有显著的正向影响（$\beta=0.723$，$P<0.001$），主动式生态创新对低成本竞争优势具有显著的正向影响（$\beta=0.660$，$P<0.001$），被动式生态创新对差异化竞争优势具有显著的负向影响（$\beta=-0.149$，$P<0.001$），被动式生态创新对低成本竞争优势具有显著的负向影响（$\beta=-0.205$，$P<0.001$）。该研究结果深化了人们对中小企业竞争优势构建机制的认识。以往有研究从资源基础观、组织学习理论等视角来探讨企业竞争优势的构建路径，发现企业可以通过战略变革、积累学习经验等来不断增强和提升自身竞争优势（白景坤，2017）。对于中小企业来说，资源较为缺乏，纯粹依靠资源的路径可能并不太适用，为此，子研究二引入生态创新这一变量，着重分析了主动式生态创新、被动式生态创新等不同的生态创新战略对中小企业差异化竞争优势、低成本竞争优势的作用机理。随着社会对企业承担社会责任的高度关注，被动式、适应式的态度意味着中小企业会在生态责任承担上丧失先机和话语权。越来越多的学者指出，主动式生态创新才是环境管理的内在动力，是企业可持续竞争优势的最主要来源（Johl & Toha，2021；杨静等，2021）。特别是对于中小企业而言，一味地被动应付生态创新将会和差异化竞争优势背道而驰，陷入低成本的桎梏，难以与大型企业抢占市场。因此，对于中小企业而言，提升自身对市场变化的敏感度，尽早实施主动式生态创新战略对其竞争优势的构建具有重要意义。

4.6.3 企业竞争优势与中小企业绩效的关系

企业竞争优势包括差异化竞争优势和低成本竞争优势两个视角，差异化竞争优势通过产品或服务的独特性彰显价值，能够延长企业产品或服务的价值链；低成本竞争优势通过降低产品或服务的生产销售成本来获取企业绩效。子研究二区分了以上两种视角，分别探讨了差异化竞争优势和低成本竞争优势对中小企业绩效的影响。

结果表明，差异化竞争优势对中小企业绩效具有显著正向影响（β = 0.579，$P<0.001$）。具备差异化竞争优势的中小企业不光能更容易地获取稀缺性资源，持续性地为生态创新提供资源支持，还能够凭借差异化的产品进一步开拓市场，赢得客户和利益相关者的青睐（Alomari et al.，2018），这在当下同质化竞争激烈的市场上十分有益。具备差异化的企业能够制定市场规则，建立行业壁垒，对于潜在进入者和市场现有的竞争者而言都具有强大的威慑力，并且由于难以被复制也可以避免替代品的威胁，加强与供应商之间的黏性，满足消费者的绿色偏好，有利于提升行业地位和话语权，最终提升企业创新绩效。此外，差异化竞争优势还能带来一些无形优势，例如，绿色声誉、知识专利等（黎茜茹等，2023）。这不仅能够建立起隔离屏障，还能提升企业的市场地位，获取更多的绿色溢价。

结果还发现，低成本竞争优势对中小企业绩效也具有显著正向影响（β = 0.671，$P<0.001$）。现有国内外研究就低成本竞争优势的绩效影响展开了较多研究，发现具有低成本竞争优势的企业，其绩效表现往往更好（Hidayat & Akhmad，2016；丛榕和胡元林，2019）。子研究二基于中小企业的经营现状，再次证实了低成本竞争优势对提升中小企业绩效的重要作用。这表明低成本竞争优势有助于企业获得更多的比较优势，赢得顾客二次回购，进而实现绩效提升。

4.6.4　企业竞争优势的中介效应

虽然生态创新战略对中小企业绩效具有重要的影响，但就其中的作用机制并没有引起足够关注，而探究生态创新战略对中小企业绩效的作用机理对于打开两者关系的"黑箱"和指导中小企业生态创新实践意义深远。有研究者基于组织合法性视角探讨了生态创新对企业绩效的作用机理（杨栩等，2020），也有研究者从资源基础理论视角切入，考察了绿色形象和核心能力在生态创新战略与企业绩效间的中介作用（陈泽文和曹洪军，2019）。然而，竞争优势的获得才是企业保持高绩效的关键所在（Zameer et al.，2021）。为此，子研究二运用竞争优势理论，探讨了生态创新战略对中小企业绩效的作用机理。

子研究二的结果表明主动式生态创新对差异化竞争优势和低成本竞争优势具有显著正向影响，被动式生态创新对差异化竞争优势和低成本竞争优势具有显著负向影响。对于竞争力较弱的中小企业来说，竞争优势的获得能提高中小企业的市场地位，从而促进中小企业成长与发展。因此，子研究二还发现主动式生态创新战略和被动式生态创新战略通过影响企业的竞争优势从而对企业绩效产生影响。这表明企业竞争优势在生态创新与中小企业绩效关系间发挥中介作用，也就是说，从企业竞争优势这一视角出发，一定程度上能打开生态创新向中小企业绩效转化的"黑箱"。这一结果突出表明了中小企业绩效来源于因实施生态创新战略而获得的差异化竞争优势与低成本竞争优势的有效整合。

4.7　本章小结

运用竞争优势理论，本章构建了"生态创新—企业竞争优势—中小企业绩效"的理论逻辑，并基于 370 份中小企业问卷调查数据开展了实证分析。结果表明：生态创新对中小企业绩效具有显著影响。具体体现在：主动式生态创新对中小企业绩效具有显著的正向影响，被动式生态创新对中小企业绩效具有显著的负向影响；主动式生态创新对差异化竞争优势和低成本竞争优势具有显著的积极影响，被动式生态创新对差异化竞争优势和低成本竞争优势具有显著的消极影响；差异化竞争优势和低成本竞争优势在主动式生态创新和中小企业绩效之间发挥部分中介作用，差异化竞争优势和低成本竞争优势在被动式生态创新和中小企业绩效之间发挥完全中介作用。

4.7.1　理论贡献

本章关注竞争优势的形成机制，拓展了其前因变量的研究方向。目前针对竞争优势影响因素的研究有限，大多聚焦于竞争优势的内涵、维度划分及演进过程，即从概念本身来进行探讨，而对于其他因素的关注不足，直接探讨创新战略对竞争优势的研究更为稀少。本书突破这一不足，跳出竞争优势概念本身来寻找竞争优势形成的因素，把企业关键驱动因素（创新战略）纳入研究范围，为竞争优势前因变量的研究提供了入口。这不仅回应了刘新春等（2021）所呼吁的关注竞争优势的形成机制研究的倡议，同时也能将生态创新和竞争优势这两个相互独立的研究领域关联起来，有助于补充和完善相关实证研究，推动相关理论的发展。此外，在一定程度上也深化了生态创新在组织绩效层面的相关研究。回顾相关文献发现，创新战略是提升组织绩效的驱动因素（Le, 2019；葛元骙和李树文，2022），但以往研究较少关注绿色环保战略与组织绩效的关系。作为绿色环保战略的一种表现形式，生态创新对组织绩效提升意义重大。本书深入考察发现，生态创新对中小企业绩效具有积极影响，有助于补充和完善生态创新理论的实证研究，推动探索和拓展生态创新相关理论的研究领域。

本章从竞争优势视角揭示了生态创新影响中小企业绩效的中介传导机制，丰富了创新战略对组织绩效影响的研究视角。以往关于组织绩效的研究多从领导方式、组织文化认同、企业战略等视角展开（邢明强和曹鹏，2022；崔凤军等，2022），尚缺乏企业环保行为对组织绩效影响机制的研究。针对这一不足，本研究尝试从竞争优势视角进行分析，发现生态创新对中小企业绩效的作用还可以通过竞争优势这一桥梁间接实施，从而揭示了生态创新向中小企业绩效转化的内在作用机制，打开了两者之间的"黑箱"，并为深入了解生态创新如何影响中小企业绩效提供了新的解释路径。

4.7.2　实践启示

本章研究结论对经济转型情境下中小企业的管理实践及相关政府部门的决策具有一定的启示。

对中小企业而言，由于其市场占比有限、处于资源劣势，为了最大限度地利用资源，要对自身有合理、准确、清晰的认知和定位，明确企业着重发展的价值创造环节，并且持续地扎根，在细分市场形成品牌优势和产品优势，不把资源浪费在错误的战略定位上。其次，中小企业要适时从低成本向差异化转型。低成本带来的优势难以长期维持，中小企业要及时把握机遇完成转型，以差异化产品为切入点，打造有特色的、不易被模仿的产品并持续发挥产品特色，提升品牌吸引力和企业形象，继而提升市场竞争力（Njuguna et al.，2015）。最后，中小企业要积极向外寻求机会。除了对内进行革新，中小企业还要提高对于政府政策、市场、利益相关者等外部环境的敏感性，不管是加强产学研合作，还是引进和培育高端人才，都是为了增强企业生态创新产品的孵化能力和技术创新能力，让生态创新的产品更好地适应市场和消费者的需求（尹建华和双琦，2023）。

对于企业的高层管理者而言，高管支持、高管环保意识都会对企业的环境战略产生深远影响。因此，首先，高管要增强环保意识（Jiang et al.，2023）。增强前瞻性管理意识，用发展的眼光看待生态创新的资金投入，从环境管理中发现新机遇，同时关注政府的优惠政策，把环境规制的压力转化为经营发展的动力。其次，高管要制定与企业成长阶段相匹配的战略，例如，在初创期和成熟期的企业所采取的竞争战略是否存在差异，差异化竞争优势对于初创期的中小企业而言是否操之过急。在市场进入者较少的情况下，低成本竞争优势是否能在短期内实现盈利增长。这些都需要高管结合内外环境进行决策。最后，高管要推动主动式生态创新的实施，提前布局绿色产品和服务，分析消费者需求，开拓新型市场，发展新兴产业，以实现企业的绿色化转型升级（杨静等，2021）。

对政府而言，环境规制中的财政政策被视为一种市场型的工具，更具有灵活性，更有可能激发生态创新。因此，合理利用财政政策可能要比加大惩罚和制裁力度更能产生激励作用。首先，提供相应的财政补贴。生产补贴能够直接激励中小企业生态创新初级阶段的创新研发投入，减少创新者面临的融资约束，弥补企业为了减排支出的额外成本，激发生态创新投资动机（肖珩，2023）。其次，给予一定的税收优惠（Song et al.，2020）。税收优惠比财政补贴更具有针对性，除了激发研发和生产阶段的创新想法外，还对循环阶段的产品创新有促进作用，三免三减半、专用设备税额抵免等政策就是将减征或免征的税额直接补贴给企业实施生态创新。最后，利用环境税费倒逼绿色转型。一定的环境税虽然增加了企业的排污成本，但能够促使企业主动寻找技术突破，升级或淘汰非环保型产品，研发新的生态创新产品，对非绿色化生产工艺进行改进，来应对环境税带来的过程成本变化。

第 **5** 章

权变视角下生态创新
与中小企业绩效的关系

5.1　问题提出

本章报告子研究三的内容，探讨权变视角下生态创新与中小企业绩效的关系。近年来，生态文明建设受到高度重视，党的二十大报告指出，"中国式现代化是人与自然和谐共生的现代化"，明确了新时代我国生态文明建设的战略任务，总基调是推动绿色发展，促进人与自然和谐共生。当前我国经济的演化路径已向形态更高级、分工更复杂、结构更合理的阶段转变，这意味着原有的以环境为代价的高能、高污染发展时代已经成为过去，取而代之的是兼顾经济效益、环境效益、社会效益的可持续发展模式。企业除了以盈利为主要目的外，还同时面临环保的压力，如何在提升企业绩效的同时兼顾环保责任已成为企业可持续发展中必须解决的首要问题。

传统发展模式正面临来自企业内部和外部的转型升级的压力（刘宁宁等，2021）。在此背景下，兼顾环保与创新的"生态创新"获得了实践界和理论界的双重青睐（廖中举等，2023）。生态创新被认为是实现可持续发展的有效载体和基本路径，是助力产业转型升级的重要通道，同时也是企业在面临资源约束时获取竞争优势的必然选择（Dangelico & Pujari，2010）。然而，目前我国大部分中小企业，生态创新的实践进程较为缓慢，多数企业仍只将生态创新视作迎合政府指令的工具而并未将其整合到公司整体战略中（Chen et al.，2014）。究其根本是中小企业缺乏对生态创新的经济效益引擎机制的理解，导致其经济动机不足以推动生态创新（马玎等，2018）。因此，本书要明确生态创新对中小企业绩效是否存在影响，以及存在怎样的影响。

在已有研究中，学界对生态创新能否有效提升企业绩效存在不同见解。有部分学者认为生态创新能帮助企业开发出绿色环保的新产品、改进制造工艺以降低成本、树立良好的企业形象、提升企业绩效（Hojnik & Ruzzier，2016；Huang & Li，2017；冯泰文等，2020）；另有部分学者持相反意见，认为实施生态创新需要企业投入额外的成本，这些额外成本易使企业陷入"绿色陷阱"中，影响到企业的生存发展（Amores-Salvadó et al.，2015；Dixon-Fowler et al.，2013）；此外，还有一些学者认为生态创新与企业绩效的关系具有不确定性（Rezende et al.，2019；曾江洪等，2020；Xie et al.，2022）。综观以上研究，学界对生态创新与企业绩效的关系研究多集中在直接效应上，却忽视了两者间可能存在的各类边界条件，这就可能导致现有研究结论的不一致（王健和黄群慧，2022）。

企业由于所处地域不同，其外部的制度环境也存在差异。根据制度理论，企业所处的外部制度环境限制了企业的经营范围并影响其战略反应，为企业带来优质资源的同时，也影响资源的利用和转化（Ang et al.，2015）。其中制度环境完善性是用来测量制度环境的重要变量，代表企业经营所在地相关制度的健全程度和法规制度的落实性（Jiang & Jin，2008）。制度环境完善性不同的地区，其政策制定、落地和施行的程度存在差别，进而会影响到中小企业生态创新向企业绩效的转化。因此，制度环境完善性可能在生态创新与中小企业绩效间发挥调节作用。此外，对企业而言，除了外部宏观的制度环境，企业的"关系"是建立市场合法性、应对市场不确定性的重要途径（Luo et al.，2012）。这种"关系"在组织层次上被称为"管理者关系"（Geletkanycz & Hambrick，1997）。有研究发现管理者关系在企业行为和绩效的关系中存在较强的影响作用（Li et al.，2013）。因此，本书将管理者关系纳入生态创新与中小企业关系的研究模型，探究其发挥的边界效应。

综上所述，本书将探讨生态创新对中小企业绩效的影响，并进一步分析制度环境完善性和管理者关系在生态创新与中小企业绩效关系中发挥的调节效应，从而明晰生态创新影响中小企业绩效的边界条件。

5.2　文献回顾

5.2.1　制度环境

5.2.1.1　制度环境的概念

一个社会有"制度"的存在，才会产生"制度环境"。若要了解制度环境的概念，必须首先明确制度的定义。目前，制度经济领域和组织社会领域的学者们都从自身的研究角度出发对"制度"的概念进行了界定。其中，制度经济领域的学者认为所谓制度其实是一系列规范人类行为的规则，通过这些规则可以约束人们在一个社会共同认定的框架内自由地竞争或合作。这些制度中有些是具有较强约束力的正式制度，如各种成文的法律、法规、规章、政策等；而有些则是约定俗成的不成文的非正式制度，如道德伦理、风俗习惯、文化传统、价值信念等。由此，制度经济学派将"制度环境"定义为人类社会生产活动中以交换和分配等经济行为为基础而形成的涵盖政治、经济和法律法规的总和。组织社会学派的学者认为制度除了以上概念内涵外，还包括指导人类行为活动的认知模式、象征系统和道德模板。据此，Scott 和 Meyer（1994）认为制度环境是指对组织要想从环境中获得帮助与合法性而必须遵守的规则和要求的详细阐述。虽然两个学派对制度环境的阐述存在一定的差异，但总体而言两者间存在互相呼应的地方，可以互为补充

（邹国庆和倪昌红，2012）。因此，结合上述两种观点以及本书的研究目的，本书认为制度环境主要是指企业外部规范其经济行为的法规体系规范水平与落实程度。

5.2.1.2　制度环境的维度与测量

关于制度环境的维度与测量，目前国内外学者都进行了一定的探索。Brown（1997）认为制度环境应由制度的完备性、公正性以及具体落实程度三个维度组成，并在此基础上开发出相应测量量表，而且此量表的信度与效度已经通过国内学者的验证，适用于中国转型经济情境；Stenholm 等（2013）参考组织社会学领域对制度环境的定义，认为制度环境由规制、规范及认知三个维度构成，其中规制维度又可细分为"创业支持程度""企业创业难度""产权保护程度""经济活动自由程度"等四部分，规范维度可细分为"行业企业威望""社会关注程度"等两部分，认知维度可细分为"管理与创新水平""行业机会敏感度""缔结合作伙伴积极性"等三部分，由此共同组成了制度环境的构念；卢现祥和徐俊武（2004）从企业所在地的信用法律体系、政府职能转变、市场化进度、对外开放程度以及区域文化等五个维度测量制度环境，最终形成了一个包含五个维度、三级指标的测量量表，并在实际研究中验证了此量表的信度、效度；樊纲等（2011）则利用市场化指数对制度环境进行测量，共包含 23 个分指标，揭示了制度环境对不同区域内体制改革的影响。

总体而言，国内外学者对制度环境维度的划分大多是由 Scott 和 Meyer（1994）提出的制度三系统模型拓展而来的，在具体的测量方法上，既有主观测量法又有客观测量法。而在战略管理研究中，主观测量法是较为主流的方法，因为不同企业所处的区域制度环境不同，由企业高管根据其真实感知对所在区域制度环境进行主观评价能够更好地反映出当地制度环境的特点。基于此，本书借鉴前人研究，引入"制度环境完善性"这一变量，从规制、规范和认知等角度以企业高管的主观感受来测量制度环境。本书将以往主要的制度环境维度划分整理成表 5-1。

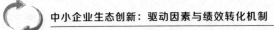

表 5-1　制度环境的维度与测量

学者(年份)	维度
Brown 等(1997)	完备性、公正性、落实程度
Stenholm(2013)	规制、规范、认知
卢现祥和徐俊武(2004)	信用法律体系、政府职能转变、市场化进度、对外开放程度、区域文化
陈怀超和范建红(2013)	管制距离、规范距离、认知距离

5.2.1.3　制度环境的研究现状

目前，国内外关于制度环境的相关研究已取得一定的进展，其研究主题主要围绕制度环境与企业绩效、企业成长、企业生产率的关系展开。Francisco 等（2020）在收集了 26 个经济转型国家的样本数据后证实了制度环境与企业绩效间的关系；董静和余婕（2020）将制度环境视作调节变量，通过构建计量模型，证实了制度环境在企业网络资源获取能力与创新绩效间起正向调节作用；余姗等（2022）研究证实了良好的制度环境能够为双循环发展新格局下企业高质量发展提供有效的保障；于换军（2020）验证了制度环境与企业发展的 U 形关系，且不同的企业性质受到制度环境的影响不同；邹国庆和董振林（2015）则验证了制度环境能够调节社会资本与企业创新绩效间的关系，并且在社会资本的两个维度——商业社会资本和政治社会资本间具有异质性。通过以上研究总结发现，制度环境是影响企业成长和绩效的重要情境因素，企业所处地区不同，会面对不同的制度环境，进而影响到企业的发展。本书将以往主要的制度环境实证研究整理成表 5-2。

表 5-2　制度环境的相关实证研究

学者(年份)	结论
Francisco(2020)	制度环境正向影响企业绩效
董静和余婕(2020)	制度环境正向调节企业网络资源获取能力与创新绩效
余姗等(2022)	制度环境正向影响双循环发展新格局下的企业的高质量发展

续表

学者(年份)	结论
于换军(2020)	制度环境与企业发展呈 U 形关系
邹国庆和董振林(2015)	制度环境能够调节社会资本与企业创新绩效间的关系,且在商业社会资本和政治社会资本间具有异质性

5.2.2　管理者关系

5.2.2.1　管理者关系的概念

国内外现有研究对管理者关系的具体内涵存在不同的见解,这主要是由于不同国家所处的文化背景不同。有学者将管理者关系与社会资本理论结合,认为管理者关系是企业获得社会资本的重要来源,企业管理者能够通过与外部利益相关者的联结获得更多的稀缺性资源(Cao et al.,2015;马丽和赵蓓,2018)。国内学者基于中国文化背景认为管理者关系更多的是人与人之间关系的重要组成部分,在此基础上为企业间的交往和关系缔结提供可能。尤其在中国某些市场机制尚不健全的地区,企业与当地政府间的关系往往对企业的运营发展至关重要。

总体来看,管理者关系是指企业管理者与其外部的利益相关者建立起的一种跨界的人际关系和社会联结,这种联结属于组织层面而非个人层面(Wang et al.,2014;王永健和谢卫红,2015)。通常而言,当地政府、企业供应商、经销商、竞争者及客户都属于利益相关者的范围(Peng & Zhou,2005)。许多学者将管理者关系中涉及的社会关系与中国社会中的"关系"一词进行比较,认为两者间具有共通之处,对企业的发展具有重要影响(Gao et al.,2008)。

5.2.2.2　管理者关系的维度与测量

关于管理者关系的维度划分,学界也有多种不同分类,其中主流的划分方法是将其分为管理者与其他企业的管理者所建立的商业关系(Business Ties),以及管理者与当地政府及官员之间所建立的政治关系(Political

Ties）（Peng & Luo，2000；Li et al.，2014）。其中商业关系指企业管理者在多变的市场环境中与其他利益相关者如供应商、顾客、竞争者等建立起的横向社会联系；政治关系是指企业管理者与当地行政机构、政府监管部门的管理人员建立起的纵向社会联系。在中国当前的社会经济背景下，政治关系和商业关系是企业管理者最重视的社会关系。除此之外，Acquaah（2007）以非洲国家的企业为研究样本，根据当地的社会文化特征以及大量的非正式政治体系，在管理者与其他企业管理者的关系以及与政府官员的关系之外，又增加了与部落领导、宗教领袖的关系，形成了三维度的管理者关系；魏江等（2009）将管理者关系划分为与商业伙伴的关系、与地方行政领导的关系以及与公共部门管理者的关系等三个维度，这就将原有的政治关系做了进一步的区分，即将行政部门与其他公共管理部门区分来看。Gao 等（2008）认为管理者关系可以进一步细分为与客户和供应商的关系、与竞争对手的关系、与相关机构的关系以及与科研机构的关系等四个维度。总体而言，管理者关系的维度划分中最主流的是商业关系和政治关系，其余的划分方法都是在此基础上的扩展。本书也将管理者关系分为商业关系与政治关系等两个维度，并将以往主要的管理者关系维度划分整理，如表5-3所示。

表 5-3　管理者关系的维度与测量

学者（年份）	维度
Peng 和 Luo（2000）	政治关系、商业关系
Acquaah（2007）	与其他企业管理者的关系、与政府官员的关系、与部落领导和宗教领袖的关系
魏江等（2009）	与商业伙伴的关系、与地方行政领导的关系、与公共部门管理者的关系
Gao 等（2008）	与客户和供应商的关系、与竞争对手的关系、与相关机构的关系、与科研机构的关系

5.2.2.3　管理者关系的研究现状

现有的实证研究主要围绕管理者关系与企业绩效的关系展开，许多研究证实管理者关系对于企业绩效的提升具有显著的促进作用。如 Zhang 和 Wu（2013）以中国 163 家企业为研究样本，验证了管理者关系中的政治关系维度能正向影响企业绩效；Kotabe 等（2011）认为企业管理者通过管理者关系能获得更多的关键信息，这些信息有利于企业战略的制定和调整，从而促进企业绩效；王永健和谢卫红（2015）基于 206 家企业样本数据，再次证实了政治关系与企业绩效的正相关关系。也有一些学者认为管理者关系对企业绩效的影响可能存在阻碍作用。Gao 等（2008）分别研究了管理者关系中的商业关系与政治关系对企业绩效的影响，结果表明企业的商业关系与产品创新绩效之间存在倒 U 形关系，政治关系却与之存在正 U 形关系。Helfat 和 Martin（2015）也指出政治关系和商业关系由于都需要付出一定的成本来维持反而可能负向影响企业的绩效。

此外，有学者也关注到了管理者关系对企业绩效产生影响的中介机制。Gu 等（2008）研究后发现管理者关系对企业绩效的影响是由企业的渠道能力和响应能力作为中介变量来传导的；魏江等（2009）提出企业的技术创新和管理创新构成了管理者关系与企业绩效间的桥梁；Li 和 Zhou（2009）从竞争优势的视角出发，发现管理者关系能够提高企业的成本竞争优势和差异化竞争优势，从而提升企业绩效（见表 5-4）。

表 5-4　管理者关系的相关实证研究

学者（年份）	结论
Zhang 和 Wu（2013）	政治关系正向影响企业绩效
Kotabe 等（2011）	管理者关系能促进企业绩效
王永健和谢卫红（2015）	政治关系与企业绩效正向相关
Gao 等（2008）	商业关系对产品创新绩效发挥倒 U 形作用；政治关系发挥正 U 形作用
Helfat 和 Martin（2015）	政治关系和商业关系均负向影响企业绩效
Gu 等（2008）	企业的渠道能力和响应能力在管理者关系与企业绩效中发挥中介作用
魏江等（2009）	技术创新和管理创新在管理者关系与企业绩效中发挥中介作用
Li 和 Zhou（2009）	成本竞争优势和差异化竞争优势在管理者关系与企业绩效中发挥中介作用

5.3 研究假设

5.3.1 生态创新对中小企业绩效的影响

生态创新是企业应对环境挑战的主要措施，同时也是促使企业商业模式转向可持续发展的主要推动力。企业通过生态创新能够获取企业竞争优势，改善企业环境绩效（Aida et al.，2018；Zhang et al.，2019）。根据 Chen 等（2012）的研究，可将生态创新分为主动式生态创新和被动式生态创新，主动式生态创新是指企业为降低生产成本、占领市场份额和获取可持续竞争优势而主动开展的产品和实践创新；被动式生态创新是指企业为迎合利益相关者环保诉求、遵守法律法规而被迫开展的环保实践活动。中小企业绩效是指中小企业在一定生产经营时间段内的效益总和，包括财务绩效、环境绩效以及市场绩效等（李文等，2022）。企业实施生态创新能够帮助其获得合法性，虽然有众多研究表明，企业实施生态创新有利于企业实现经济目标、提升企业绩效（王洪波等，2017；解学梅等，2019；王海花等，2023），但由于中小企业与大型企业相比具有资源不充裕、抗风险能力较差的特点，且主动式生态创新和被动式生态创新的方式、目的不同，因此具体分析主动式生态创新、被动式生态创新分别对中小企业绩效产生的影响非常必要。

本书认为，主动式生态创新有助于中小企业绩效的提升。首先，采取主动式生态创新的企业能够先于竞争对手、顾客进行绿色创新，通过流程再造、产品升级获得差异化的竞争优势，从而填补市场空隙，提高市场占有率，为企业提高经济效益。其次，主动式生态创新是一种前瞻性的企业战略，采用主动式生态创新的企业能够拥有更强的学习模仿能力，积累更多的智力资本，同时也能够帮助企业提升经营合法性，企业在拥有了较高的学习模仿能力和合法性后，能更好地利用这些优势从而促进企业绩效的提升（田虹和王宇菲，2019；杨静等，2015）。最后，实施主动式生态创新的企业能在社会大众心中树立起良好的企业形象，企业在污染防治、资源节约过程中的投入最终转化为产品和服务时，将生成产品的溢价效应，最终提升企业的市场绩效和环境绩效（Rehman et al.，2021），企业的绿色环保创新产品能帮助中小企业更好地成长。据此，本书提出以下假设。

H1a：主动式生态创新正向影响中小企业绩效。

本书认为被动式生态创新不利于中小企业绩效的提升。虽然被动式生态创新与主动式生态创新同属于生态创新这一构念，但其目的和方法不尽相同。相比于主动式生态创新前瞻性的战略意义，被动式生态创新更多的是受到外部利益相关者如顾客、竞争对手乃至政府倒逼后不得已采取的创新行动，这种创新行动由于是非主动、非自愿的，反而会对中小企业绩效产生负向影响。首先，中小企业的特点是规模较小、资源有限、抗风险能力弱，当企业受到外部利益相关者的倒逼而不得不采取被动式生态创新时，会挤占其原本就稀少的资源，打乱原本的经营计划，而由于被动式的产出又无法使产品获得先动优势，两种不利影响将共同导致企业绩效的下滑（Pascual et al.，2013）。其次，被动式生态创新的主要产出形式是末端治理，即通过治理企业生产时产生的污染物来实现环境目标，努力降低企业污染排放，减少企业生产过程中的废弃物对环境的影响，从而满足政府、顾客的要求。此类末端治理不仅耗费较大，而且属于"治标"行为，无法形成长期的经济收益，不利于企业绩效的提升（Larbi-Siaw et al.，2022）。据此，本书提出以下假设。

H1b：被动式生态创新负向影响中小企业绩效。

5.3.2　制度环境完善性的调节作用

制度环境完善性指企业经营所在地相关制度的健全程度和法规制度的落实情况（Jiang & Jin，2008）。虽然我国正在大力推进各区域之间的协同发展，但由于各地区间的经济、自然、人口、文化等情况不尽相同，制度环境的发展存在一定的差异。本书在探讨中小企业生态创新对企业绩效的影响时，有必要考虑其影响成立的边界条件。目前，已有众多学者关注并证实了制度环境作为一个重要的外部环境因素，对企业绩效、企业成长的影响

（Francisco et al.，2020；董静和余婕，2020；余珊等，2022）。因此，为了深入剖析不同地区的制度环境下中小企业生态创新对企业绩效的作用效应，本书引入"制度环境完善性"这一变量，研究其对生态创新与中小企业绩效间关系的调节作用。

本书认为，不完善的制度环境会加强主动式生态创新对中小企业绩效提升的促进作用。当企业所在区域的制度环境不够完善时，其所制定、颁布和实施的与绿色环保相关的政策和法律法规都有可能存在漏洞，不能得到很好地推行（Rasul & Thapa，2022）。此时同区域内的竞争者们对绿色创新的重视程度不足，市场上出现缺口，因此，当企业采取主动式生态创新研发新产品、采取新做法时，能比对手更好地抓住机遇、引领市场，促进企业绩效的提升。此外，不完善的制度环境意味着更复杂、更不确定的市场环境，企业自身的合法性也难以保证（李宏贵等，2018），企业更需要通过进行主动的生态创新为自己建立合法性并获取竞争优势，从而转化为切实的企业绩效。相反，如果企业所在地区拥有较为完善的制度环境，当地企业对于一些绿色环保政策需要严格遵守要求，不得轻易违背，此时当地的企业都会在绿色创新上投入一定的资源，这就导致市场竞争将会加剧，进而会削弱本企业采用主动式创新带来的企业绩效增长（Yin & Li，2019）。

本书认为，完善的制度环境会削弱被动式生态创新对中小企业绩效提升的负向影响。企业受到利益相关者的倒逼从而进行被动式生态创新将会占用企业部分本就稀缺的资源，在增加企业支出的同时却无法有效地创造收益，导致企业绩效变差，而在当地的制度环境较为完善时，意味着企业在此情况下能获得政府的支持和鼓励性政策，使企业进行被动式创新的技术研发溢出损失减少，对企业的绩效损失进行一定的弥补（吴超鹏和唐菂，2016）。相反，当制度环境不完善时，政府对企业的生态创新行为无法进行经济或者政策上的补偿和倾斜，企业进行被动式生态创新的各种资源无法得到外界的补充，进而将加剧企业绩效的减少。

综上所述，我国地域间的制度完善性差异将会深刻影响生态创新的作用发挥，具体体现为：制度环境越完善的区域，主动式生态创新给中小企业绩效带来的正向影响以及被动式生态创新给中小企业绩效带来的负向影响均会有所减弱；制度环境越不完善的区域，主动式生态创新给中小企业绩效带来的正向影响以及被动式生态创新给中小企业绩效带来的负向影响均会有所增强。据此，本书提出以下假设。

H2a：制度环境完善性负向调节主动式生态创新与中小企业绩效间的正向关系。

H2b：制度环境完善性负向调节被动式生态创新与中小企业绩效间的负向关系。

5.3.3 管理者关系的调节作用

管理者关系是指企业的高层管理者与外部组织或机构之间的交往与联系，具体可分为商业关系和政治关系。其中商业关系是指企业管理者在多变的市场环境中与其他企业管理者如供应商、顾客、竞争者等建立起的横向社会联系；政治关系是指企业管理者与当地行政机构、政府监管部门的管理人员建立起的纵向社会联系（Luo et al.，2012）。管理者关系对企业而言是获得外部稀缺资源、建立市场合法性的重要纽带，不同企业由于其管理者的能力、性格、社会关系存在区别，会与外部利益相关者建立不同质量的管理者关系，这种关系能为企业带来外部的资源与合作机会，是企业绩效得到提升的重要条件（Sheng et al.，2011）。因此，本书将管理者关系作为调节变量，研究其对生态创新和中小企业绩效间关系的具体影响。

本书认为管理者关系会负向调节主动式生态创新对中小企业绩效的促进作用。企业的管理者关系越强，意味着企业与其利益相关者、当地政府间建立的关系越稳固，能够通过外部渠道获得稀缺性资源和市场信息，增强企业竞争优势（Al-Hawari et al.，2022；刘宇璟等，2019），此时主动式生态创新对中小企业绩效的正向影响可能会有所减弱。一方面，企业通过良好的商业关系可以更好地开展与供应商、顾客等商业伙伴的合作，使企业的产品及服务能更快地被顾客所接受，这意味着无论企业是否主动进行生态创新，其产品都能较为轻易地得到市场认可，这就使主动式生态创新对企业绩效的促进作用被减弱（Ismail et al.，2013）；另一方面，企业通过良好的政治关系可以更容易从当地政府处获得稀缺资源以及信息，从而利用这些信息和资源建立起市场优势，此时主动式生态创新通过前瞻性地进行技术改进、获取竞争优势从而提升企业绩效的正向效应一定程度上会被商业关系替代（Luo et al.，2012）。同理，当企业不能与利益相关者或当地政府保持良好的管理者关系时，意味着企业必须依靠不断地创新来提升自身产品优势、建立竞争优势，争取被市场所认可，应对外部环境的不确定性，此时主动式生态创新对企业绩效的正向影响被加强。

本书认为管理者关系会负向调节被动式生态创新对中小企业绩效的抑制作用。当企业拥有良好的商业关系时，能从利益相关者处获得外部资源并与之建立长期稳定的合作关系（Cao et al.，2015），如从供应商处获得及时的市场动态信息，从顾客处获得稳定的销售额（Lusch & Brown，1996）。当中小企业因为进行被动式生态创新而导致企业经营计划打乱，无法在市场上建立起竞争优势时，能够通过商业关系得到一定的弥补，从而缓解被动式生态创新对中小企业绩效的负面影响。此外，当企业与当地政府保持亲密关系时，可以比竞争对手更快获得制度支持及政策优惠信息，更易于获取政府掌握的如土地、银行贷款、经营补贴等稀缺资源（Bu & Roy，2015），这在一定程度上能够缓解实施被动式生态创新给企业带来的资源占用问题，从而减轻对企业绩效的负面影响。反之，若企业不能保持与顾客、供应商、竞争对手及政府的良好关系，那么企业将无法轻易从外部获得资源支持，被动式生态创新对企业绩效的负向影响将会增强。

综上所述，中小企业的管理者关系将会深刻影响生态创新的作用发挥，具体体现为：管理者关系越好，主动式生态创新给中小企业绩效带来的正向影响以及被动式生态创新给中小企业绩效带来的负向影响均会有所减弱；管理者关系越普通，主动式生态创新给中小企业绩效带来的正向影响以及被动式生态创新给中小企业绩效带来的负向影响均会有所增强。据此，提出以下假设。

H3a：管理者关系负向调节主动式生态创新与中小企业绩效间的正向关系。

H3b：管理者关系负向调节被动式生态创新与中小企业绩效间的负向关系。

综合上述假设，子研究三的理论框架模型可以用图 5-1 表示。

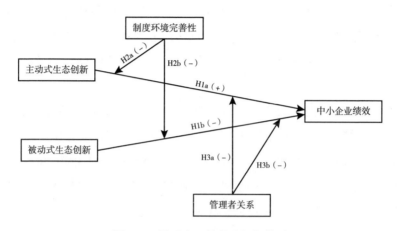

图 5-1　子研究三的理论框架模型

5.4　研究方法

5.4.1　样本选取与数据收集

本书主要针对中小企业进行，因此在选取样本时，按照国家出台的《关于印发中小企业划型标准规定的通知》要求，将中小企业的标准限定为员工规模小于 2000 人，年均销售额不高于 3 亿元人民币的企业（卢强等，2019）。在此基础上，本书对研究数据样本进行了收集。本次数据收集共采取两种途径，一是在江苏、上海、山东等东部沿海地区进行线下的问卷收集工作；二是通过"见数"线上数据收集平台进行线上问卷的收集工作。为了消除员工的答题顾虑，课题组强调了调查的匿名性，保证所收集数据只用于学术研究，不会泄露员工隐私。在发放、组织填写问卷时，确保所有被试者都统一集中，同时填写同时回收问卷，并由研究者装入袋中统一回收。在"见数"数据收集平台发放问卷时，为了确保收集到的数据的真实性和准确性，在题项中设置了两个甄别题项，可过滤一部分质量不高的问卷，此外还设置了被试者信用分、被采纳率等门槛，确保问卷数据真实有效。将两部分问卷汇总整理后，再一次对问卷质量进行筛选，将有漏答的或连续 8 个以上选项完全一致的问卷删除。通过以上步骤，共发放问卷 310 份，剔除无效问卷后最终回收有效问卷 234 份，有效回收率为75.5%。

样本的基本信息如表 5-5 所示。就企业年龄而言，小于 3 年的企业有 5家，占比 2.1%，3~5 年的有 10 家，占比 4.3%，5~10 年的有 47 家，占比20.1%，10~15 年的有 84 家，占比 35.9%，15 年及以上的有 88 家，占比37.6%；就企业性质而言，国有/集体企业有 81 家，占比 34.5%，民营企业有 145 家，占比 62.0%，外资企业有 6 家，占比 2.6%，混合所有制企业有2 家，占比 0.9%；就行业类型而言，属于传统制造业的有 56 家，占比23.9%，属于高科技制造业的有 129 家，占比 55.2%，属于其他行业的有 49家，占比 20.9%；就企业规模而言，少于 100 人的有 12 家，占比 5.1%，人数在 100~500 人的有 45 家，占比 19.2%，人数在 500~1000 人的有 55 家，占比 23.5%，人数在 1000~1500 人的有 72 家，占比 30.8%，人数在 1500~2000 人的有 50 家，占比 21.4%；就企业拥有的资产总额而言，500 万元以内的企业有 10 家，占比 4.3%，500 万~1000 万元的企业有 22 家，占比9.4%，1000 万~4000 万元的企业有 61 家，占比 26.1%，4000 万元及以上的企业有 141 家，占比 60.2%。

此外，由于需要调查企业开展生态创新的情况以及企业的绩效等信息，因此对被试者有一定的要求，一般而言要求被试者为企业的高层管理者或者是对企业发展理解较深、了解企业关键信息的人员（如研发技术总监、市场总监、总经办主任或高级技术人员等），可保证被试者对问卷的题项有足够的认识，能够选出符合公司实际的选项，从而保证问卷数据的可靠性。本研究的被试者中，有 40 人是企业的高层管理者，占比 17.1%，有 110 人是企业的中层管理者，占比 47.0%，有 44 人是企业的基层管理者，占比 18.8%，有 40 人是企业的一般员工，占比 17.1%，总体而言，受访者中有近 2/3 的员工是企业的中高层管理者，另有 1/3 的受访者虽然不担任中高层职位，但也是对企业有较深理解的基层管理者和资深员工。

5.4.2　偏差检验

由于采用了线上线下混合的方式进行问卷的发放与回收，可能存在数据来源不是来自统一母体的情况，因此需要对收集的问卷数据进行 T 检验以检测各题项是否存在差异。进行 T 检验后发现不同来源的样本在"企业年龄""企业性质""企业规模"等题项上并无显著差异，表明不同来源的样本是可以合并使用的。此外，为了检验收集的问卷数据是否具有代表性且不存在非回应偏差问题，需进行独立样本 T 检验。参考 Arm-strong 和 Overton（1977）的研究，将问卷按回收的先后时间分为两组进行独立样本 T 检验，检验结果显示两组样本在企业规模、企业年龄、企业性质方面均不存在显著差异，因此本研究不存在严重的非回应偏差问题。

本研究中生态创新、中小企业绩效、管理者关系、制度环境完善性等变量的测量结果均通过同一名被试者填写后得到，需要排除共同方法偏差问题存在的可能性，因此参考 Podsakoff 等（2003）的研究，在问卷设计之初就尽可能地采用平实、简洁的语句避免太过拗口或有歧义的表述，给受访者带来困扰。同时，在问卷回收之后，对生态创新、制度环境完善性、管理者关系、中小企业绩效等变量利用 Harman 单因子检验法开展探索性因子分析，最大方差旋转后的结果显示，得到最大解释的方差变异量仅为 19.280%，说明本研究并不存在严重的共同方法偏差问题。

表 5-5　子研究三样本企业的基本信息（N=234）

单位：份，%

样本特征	特征分布	样本数量	所占比例
企业年龄	小于 3 年	5	2.1
	3~5 年	10	4.3
	5~10 年	47	20.1
	10~15 年	84	35.9
	15 年及以上	88	37.6
企业性质	国有/集体企业	81	34.5
	民营企业	145	62.0
	外资企业	6	2.6
	混合所有制企业	2	0.9
行业类型	传统制造业	56	23.9
	高科技制造业	129	55.2
	其他行业	49	20.9
企业规模	少于 100 人	12	5.1
	100~500 人	45	19.2
	500~1000 人	55	23.5
	1000~1500 人	72	30.8
	1500~2000 人	50	21.4
企业资产总额	500 万元以内	10	4.3
	500 万~1000 万元	22	9.4
	1000 万~4000 万元	61	26.1
	4000 万元及以上	141	60.2

5.4.3　变量测量

5.4.3.1　因变量

中小企业绩效：参考国外学者 Wamba 等（2017）和 Akter 等（2016）的研究，通过将企业与竞争者进行市场绩效、财务绩效两方面的比较来测量中小企业绩效，共有 5 个题项如表 5-6 所示。所有题项均采用 Likert7 点量表，从 1 到 7，1 表示"非常不同意"，7 表示"非常同意"。

表 5-6　中小企业绩效测量量表

变量	题项
中小企业绩效	贵公司的销售收入增长情况在同行业中处于领先水平
	贵公司的利润增长情况在同行业中处于领先水平
	贵公司的投资回报情况在同行业中处于领先水平
	贵公司的市场份额增长情况在同行业中处于领先水平
	贵公司向市场推出新产品或服务的速度在同行业中处于领先水平

5.4.3.2　自变量

生态创新：相关研究拟根据企业战略反应将生态创新细分为主动式生态创新和被动式生态创新。测量量表参考 Chen 等（2012）的研究，运用 4 个题项来测量主动式生态创新，运用 4 个题项来测量被动式生态创新（见表5-7）。所有题项均采用 Likert7 点量表，从 1 到 7，1 表示"非常不同意"，7 表示"非常同意"。

表 5-7　生态创新测量量表

变量	维度	题项
生态创新	主动式生态创新	贵公司经常进行积极的与环境相关的创新,以便采取先于竞争对手的新做法或新产品
		贵公司积极致力于持续投入资源进行绿色创新,成功抓住机遇,引领市场
		贵公司积极改进制造工艺以回收再利用,降低材料成本
		贵公司自发提出与环境相关的创新理念,以获取竞争优势
	被动式生态创新	贵公司为遵守环境法规采取被动的环境创新
		贵公司被要求发明新的解决方案,以适应利益相关者的要求
		贵公司被迫对不断变化的环境作出反应
		贵公司被动进行相关环境创新,以应对竞争对手的挑战

5.4.3.3　调节变量

制度环境完善性是指相关制度的健全程度和法规制度的可落实性（Jiang & Jin，2008），目前我国不同区域背景下的制度环境完善性也存在一定的差异。本书采用 Brown（1997）开发的测量量表对制度环境完善性进行测量，此量表在国内的适用性已得到我国学者的验证（彭伟和符正平，2014）。量表共包含 3 个题项，如表 5-8 所示。所有题项均采用 Likert7 点量表，从 1 到 7，1 表示"非常不同意"，7 表示"非常同意"。

表 5-8　制度环境完善性测量量表

变量	题项
制度环境完善性	当地政府相关法规能得到较好地落实
	当地政府的司法很公正
	当地法规系统中公司运营相关法规的制定很完备

　　管理者关系是指企业的高层管理者与外部组织或机构之间的交往与联系，包含商业关系和政治关系两个维度（Geletkanycz & Hambrick，1997）。商业关系是高层管理者与其他企业高层管理者之间建立的横向社会联系，而政治关系则是高层管理者与任职于行政机构、政府监管部门的各级官员之间建立的纵向联系（Luo et al.，2012）。本研究参考 Li 等（2014）、Peng 和 Luo（2000）设计的测量量表，两个维度商业关系和政治关系各包含 3 个题项，如表 5-9 所示。所有题项均采用 Likert7 点量表，从 1 到 7，1 表示"非常不同意"，7 表示"非常同意"。

表 5-9　管理者关系测量量表

变量	维度	题项
管理者关系	商业关系	贵公司与客户建立了良好关系
		贵公司与供应商建立了良好关系
		贵公司与竞争对手建立了良好关系
	政治关系	贵公司与各级政府官员建立了良好关系
		贵公司与行业协会等机构建立了良好关系
		贵公司与监管和支持机构（如税务局、工商局等）建立了良好关系

5.4.3.4　控制变量

参考以往文献发现,"企业规模""企业年龄""行业类型"等企业基本信息都可能会对企业绩效产生一定影响。一些经营年限较短的企业,其受限于资源及合法性的获取,可能获得较差的企业绩效;对于一些规模较小的企业而言,也将面临经营成本过高、融资困难等问题,从而影响企业绩效(Terjesen et al., 2011)。因此,本书参考国内外学者的通用做法,将企业年龄、企业性质、所属行业、企业规模、企业资产总额等基本变量作为控制变量。

5.4.4　数据分析方法

本书旨在通过问卷调查法收集相关数据,并利用各种科学的数据分析方法验证生态创新(主动式生态创新、被动式生态创新)、制度环境完善性、管理者关系、中小企业绩效间的关系,主要涉及描述性统计分析、探索性因子分析、验证性因子分析、相关分析、层级回归分析等。具体而言,首先运用 SPSS22.0 对主动式生态创新、被动式生态创新、制度环境完善性、管理者关系、中小企业绩效等变量开展探索性因子分析、信度分析,确保量表内部结构清晰,具有较高的信度;其次利用 Lisrel8.51 开展验证性因子分析,将模型拟合数据与标准门槛值比较,确保量表的收敛效度和区分效度;最后运用 SPSS22.0 对研究所涉及变量进行描述性统计分析、相关分析及层级回归分析,从而验证研究中各类假设是否成立。

5.4.4.1　探索性因子分析

探索性因子分析能够通过对变量的降维处理来发现潜藏在变量背后的潜在构念,使测量量表的内部结构更加明晰。本书采用的主动式生态创新测量量表、被动式生态创新测量量表、制度环境完善性测量量表、管理者关系测量量表、中小企业绩效测量量表都是在国内外学者开发的量表基础上改编而来的,需要对其进行探索性因子分析来验证题项的合理性。因此,运用SPSS22.0软件,对所涉变量开展探索性因子分析,利用主成分分析法中的最大方差旋转提取特征根值大于 1 的因子,以检测研究所运用的量表是否科学合理。

5.4.4.2 验证性因子分析

为了进一步验证测量量表的准确性，基于234份有效样本，参考侯杰泰等（2004）的相关研究，对主动式生态创新、被动式生态创新、制度环境完善性、管理者关系、中小企业绩效等变量开展验证性因子分析，计算得出每个题项的因子载荷，并选取χ^2/df、$RMSEA$、CFI、$NNFI$、IFI、NFI等多个指标来评价结构方程模型的拟合情况。

5.4.4.3 相关分析

相关分析可用于探寻两个变量之间的关联程度，通过对各变量开展相关分析，可以依据变量之间相关系数的大小来衡量变量相关性，相关系数的范围为0~1，越接近1表明两个变量间的相关关系越强。相关分析有利于初步识别不同变量间的关系特征，为后续假设研究的成立奠定初步基础。

5.4.4.4 层级回归分析

层级回归分析属于回归分析模型，通常用来在控制某些变量对因变量影响的基础上，分析自变量对因变量的影响。普通的回归分析模型不强调变量放入顺序对最终结果的影响，而层级回归分析能够强调不同变量加入回归方程时逻辑顺序的重要性。因此，在检验生态创新对中小企业绩效的影响以及管理者关系、制度环境完善性的调节效应时，本书采用层级回归分析进行探讨。

5.5 研究结果

5.5.1 测量工具的检验

5.5.1.1 生态创新测量量表的检验

为了检验研究所使用的生态创新测量量表是否具有良好的信度与效度，以保证后续的假设检验能够顺利进行，需要对该量表分别开展探索性因子分析与验证性因子分析。

在正式开展探索性因子分析之前，需要先对生态创新测量量表进行

Bartlett 球形检验和 KMO 检验。KMO 值是判断量表能否用于探索性因子分析的重要标准，一般而言，需同时满足 KMO 值大于 0.7 的门槛值、Bartlett 球形检验显著这两项标准才能进行探索性因子分析（马庆国，2002）。生态创新测量量表的 Bartlett 球形检验和 KMO 检验结果如表 5-10 所示。

表 5-10　生态创新测量量表的 Bartlett 球形检验和 KMO 检验结果

项目		数值
KMO 样本充分性检验值		0.833
Bartlett 球形检验	卡方值	948.780
	自由度	28
	显著性	0.000

从表 5-10 显示的结果可知，生态创新测量量表的 KMO 值为 0.833，大于 0.7 的门槛值；Bartlett 球形检验的结果的卡方值为 948.780，达到显著性水平，这意味着该量表的数据能够用来进行探索性因子分析。基于此，在 SPSS21.0 软件中选择主成分分析法，通过最大方差旋转提取特征根值大于 1 的因子，得到的生态创新测量量表的探索性因子分析结果如表 5-11 所示。

表 5-11　生态创新测量量表的探索性因子分析结果

测量题项（简写）	描述性统计分析				因子	
	最小值	最大值	平均值	标准差	主动式生态创新	被动式生态创新
EI1（贵公司经常进行积极的与环境相关的创新）	3.000	7.000	5.799	0.790	0.723	-0.227
EI2（贵公司致力于持续投入资源进行绿色创新）	2.000	7.000	5.876	0.934	0.707	-0.058
EI3（贵公司积极改进制造工艺以回收再利用）	1.000	7.000	5.889	0.910	0.616	-0.158
EI4（贵公司自发提出与环境相关的创新理念）	1.000	7.000	5.940	0.938	0.849	-0.058

续表

测量题项(简写)	描述性统计分析				因子	
	最小值	最大值	平均值	标准差	主动式生态创新	被动式生态创新
EI5(贵公司为遵守环境法规采取被动的环境创新)	1.000	7.000	3.132	1.593	-0.122	0.904
EI6(贵公司被要求发明新的解决方案)	1.000	7.000	3.256	1.793	-0.038	0.903
EI7(贵公司被迫对不断变化的环境作出反应)	1.000	7.000	2.979	1.653	-0.241	0.853
EI8(贵公司为应对竞争对手的挑战被动进行环境创新)	1.000	7.000	2.889	1.695	-0.216	0.887
特征值					3.758	1.717
解释的变异(%)					46.978	21.460
累积解释的变异(%)					68.438	

从表 5-11 显示的结果可知，生态创新测量量表通过探索性因子分析最终提取出两个因子，分别对应"主动式生态创新"和"被动式生态创新"，这一结果与本研究的预期相符。各题项的因子载荷值均大于 0.6 的门槛值且较好地分属于主动式生态创新和被动式生态创新两个因子，其方差解释率为 68.438%，超过 60.000% 的临界值标准，说明生态创新测量量表结构清晰。

随后，本研究对生态创新两个维度的各个题项进行了信度分析，一般而言，当 Cronbach'α 系数大于 0.7 的门槛值时，认为量表具有较高的信度，检验结果如表 5-12 所示。从表中结果可以知，各题项的题项-总体相关系数均大于 0.40，两个维度的 Cronbach'α 系数分别为 0.716 和 0.922，均大于 0.7 的门槛值，且删除其中任意一个题项后，其 α 值都有所降低。以上结果表明生态创新的各因子题项之间具有较好的内部一致性，整个测量量表具有较高的信度。

表 5-12　生态创新测量量表的信度检验结果

变量名称	测量题项（简写）	题项-总体相关系数	复相关系数平方	删除此题项后 α 值	Cronbach'α 值
主动式生态创新	PEI1（贵公司经常进行积极的与环境相关的创新）	0.544	0.327	0.636	0.716
	PEI2（贵公司致力于持续投入资源进行绿色创新）	0.444	0.298	0.691	
	PEI3（贵公司积极改进制造工艺以回收再利用）	0.408	0.222	0.711	
	PEI4（贵公司自发提出与环境相关的创新理念）	0.639	0.437	0.565	
被动式生态创新	REI1（贵公司为遵守环境法规采取被动的环境创新）	0.838	0.704	0.893	0.922
	REI2（贵公司被要求发明新的解决方案）	0.807	0.655	0.904	
	REI3（贵公司被迫对不断变化的环境作出反应）	0.796	0.639	0.906	
	REI4（贵公司为应对竞争对手的挑战进行被动的环境创新）	0.843	0.712	0.891	

　　对生态创新测量量表进行了探索性因子分析及信度检验后，为了进一步检验测量量表的内容结构，运用 Lisrel 8.51 开展生态创新测量量表的验证性因子分析，分析结果如图 5-2 及表 5-13 所示，验证性因子分析拟合情况如表 5-14 所示。

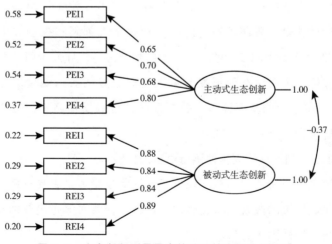

图 5-2　生态创新测量量表的验证性因子分析结果

表 5-13　生态创新测量量表验证性因子分析参数估计

题项	变量间关系	标准化估计值	非标准化估计值	S. E.	C. R.	P
PEI1	←主动式生态创新	0.651	0.515	0.054	9.582	***
PEI2	←主动式生态创新	0.702	0.632	0.064	9.843	***
PEI3	←主动式生态创新	0.683	0.582	0.064	9.063	***
PEI4	←主动式生态创新	0.795	0.746	0.063	11.845	***
REI1	←被动式生态创新	0.882	1.405	0.084	16.799	***
REI2	←被动式生态创新	0.845	1.514	0.097	15.675	***
REI3	←被动式生态创新	0.841	1.390	0.089	15.556	***
REI4	←被动式生态创新	0.895	1.517	0.088	17.197	***

表 5-14　生态创新测量量表验证性因子分析拟合指标

测量模型	χ^2	df	χ^2/df	RMSEA	CFI	IFI	NFI	GFI
独立模型	229.14	20						
验证模型	55.400	19	2.916	0.091	0.963	0.964	0.945	0.944
评估标准			<3	<0.1	>0.900	>0.900	>0.900	>0.900

通过图 5-2 及表 5-13 可知，生态创新测量量表的所有题项对应的标准化因子载荷均大于门槛值（0.6），并且在 $P<0.001$ 水平上显著，通过标准化因子载荷计算得出各题项所对应的主动式生态创新和被动式生态创新的 AVE 值分别为 0.504 和 0.744，均大于门槛值 0.5，且大于两者之间相关性系数的平方值，表明生态创新测量量表具有较好的收敛效度。此外，由表 5-14 可知，本量表的验证性因子分析模型拟合数据均高于门槛值，表明生态创新测量量表具有较好的区分效度。

5.5.1.2　制度环境完善性测量量表的检验

为了检验研究所使用的制度环境完善性测量量表是否具有良好的信度与效度，以保证后续的假设检验能够顺利进行，需要对该量表分别开展探索性因子分析与验证性因子分析。

在正式开展探索性因子分析之前，需要先对制度环境完善性测量量表进行 Bartlett 球形检验和 KMO 检验。KMO 值是判断量表能否用于探索性因子分析的重要标准，一般而言需同时满足 KMO 值大于 0.7 的门槛值、Bartlett 球形检验显著这两项标准才能进行探索性因子分析（马庆国，2002）。制度环境完善性测量量表的 Bartlett 球形检验和 KMO 检验结果如表 5-15 所示。

表 5-15　制度环境完善性测量量表的 Bartlett 球形检验和 KMO 检验结果

项目		数值
KMO 样本充分性检验值		0.729
Bartlett 球形检验	卡方值	335.351
	自由度	3
	显著性	0.000

从表 5-15 显示的结果可知，制度环境完善性测量量表的 KMO 值为 0.729，大于 0.7 的门槛值；Bartlett 球形检验结果的卡方值为 335.351，达到显著性水平，这意味着该量表的数据能够用来进行探索性因子分析。基于此，在 SPSS21.0 软件中选择主成分分析法，通过最大方差旋转提取特征根值大于 1 的因子，得到制度环境完善性测量量表的探索性因子分析结果如表 5-16 所示。

表 5-16　制度环境完善性测量量表的探索性因子分析结果

测量题项(简写)	描述性统计分析				因子
	最小值	最大值	平均值	标准差	制度环境完善性
IEC1(相关法规能得到较好的落实)	2.000	7.000	5.962	0.809	0.896
IEC2(司法很公正)	2.000	7.000	5.979	0.919	0.862
IEC3(公司运营相关法规完备)	3.000	7.000	5.989	0.871	0.902
特征值					2.360
解释的变异(%)					78.662

从表 5-16 显示的结果可知，制度环境完善性测量量表通过探索性因子分析最终提取出了一个因子，这一结果与本研究的预期相符。各题项的因子

载荷值均大于 0.6 的门槛值且较好地归入制度环境完善性这一单因子，其方差解释率为 78.662%，超过 60.000% 的临界值标准，说明制度环境完善性测量量表结构清晰。

随后，本研究对制度环境完善性测量量表的各个题项进行了信度分析，一般而言，当 Cronbach'α 值大于 0.7 的门槛值时，认为量表具有较高的信度，检验结果如表 5-17 所示。从表 5-17 结果知，各题项的题项-总体相关系数均大于 0.40，Cronbach'α 值为 0.862，大于 0.7 的门槛值，且删除其中任意一个题项后，其 α 值都有所降低。以上结果说明了制度环境完善性的各题项之间具有较好的内部一致性，整个测量量表具有较高的信度。

表 5-17　制度环境完善性测量量表的信度检验结果

变量名称	测量题项 （简写）	题项-总体 相关系数	复相关 系数平方	删除此题 项后 α 值	Cronbach'α 值
制度环境 完善性	IEC1（相关法规能得到较好地落实）	0.756	0.586	0.793	0.862
	IEC2（司法很公正）	0.700	0.490	0.846	
	IEC3（公司运营相关法规完备）	0.765	0.599	0.780	

对制度环境完善性测量量表进行了探索性因子分析及信度检验后，为了进一步检验测量量表的内容结构，运用 Lisrel 8.51 开展制度环境完善性测量量表的验证性因子分析，分析结果如图 5-3 及表 5-18 所示。

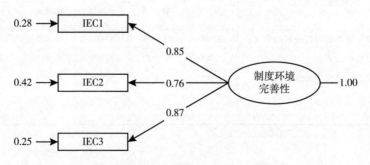

图 5-3　制度环境完善性测量量表的验证性因子分析结果

表 5-18　制度环境完善性测量量表验证性因子分析参数估计

题项	变量间关系	标准化估计值	非标准化估计值	S. E.	C. R.	P
IEC1	←制度环境完善性	0.849	0.687	0.046	14.875	***
IEC2	←制度环境完善性	0.760	0.699	0.054	12.923	***
IEC3	←制度环境完善性	0.866	0.755	0.049	15.293	***

通过图 5-3 及表 5-18 可知，制度环境完善性测量量表的所有题项对应的标准化因子载荷均大于门槛值（0.6），并且在 $P < 0.001$ 水平上显著，通过标准化因子载荷计算得出制度环境完善性的 AVE 值为 0.686，大于门槛值 0.5，表明制度环境完善性测量量表具有较好的收敛效度。

5.5.1.3　管理者关系测量量表的检验

为了检验研究所使用的管理者关系测量量表是否具有良好的信度与效度，以保证后续的假设检验能够顺利进行，需要对该量表分别开展探索性因子分析与验证性因子分析。

在正式开展探索性因子分析之前，需要先对管理者关系测量量表进行 Bartlett 球形检验和 KMO 检验。KMO 值是判断量表能否用于探索性因子分析的重要标准，一般而言需同时满足 KMO 值大于 0.7 的门槛值、Bartlett 球形检验显著这两项标准才能进行探索性因子分析（马庆国，2002）。管理者关系测量量表的 Bartlett 球形检验和 KMO 检验结果如表 5-19 所示。

表 5-19　管理者关系测量量表的 Bartlett 球形检验和 KMO 检验结果

项目		数值
KMO 样本充分性检验值		0.702
Bartlett 球形检验	卡方值	445.073
	自由度	15
	显著性	0.000

从表 5-19 显示的结果可知，管理者关系测量量表的 KMO 值为 0.702，大于 0.7 的门槛值；Bartlett 球形检验结果的卡方值 445.073，达到显著性水

平，这意味着该量表的数据能够用来进行探索性因子分析。基于此，在SPSS21.0软件中选择主成分分析法，通过最大方差旋转提取特征根值大于1的因子，得到的管理者关系测量量表的探索性因子分析结果如表 5-20 所示。

表 5-20　管理者关系测量量表的探索性因子分析结果

测量题项（简写）	描述性统计分析				因子	
	最小值	最大值	平均值	标准差	商业关系	政治关系
MT1（与客户建立良好关系）	3.000	7.000	5.761	0.851	0.854	
MT2（与供应商建立良好关系）	2.000	7.000	5.573	0.974	0.812	
MT3（与竞争对手建立良好关系）	3.000	7.000	5.645	0.897	0.868	
MT4（与各级政府官员建立良好关系）	2.000	7.000	5.612	0.842		0.835
MT5（与行业协会等机构建立良好关系）	3.000	7.000	5.385	0.906		0.807
MT6（与监管和支持机构建立良好关系）	3.000	7.000	5.675	0.882		0.825
特征值					2.505	1.752
解释的变异（%）					41.748	29.205
累积解释的变异（%）					70.953	

从表 5-20 显示的结果可知，管理者关系测量量表通过探索性因子分析最终提取出了两个因子，分别对应"商业关系"和"政治关系"，这一结果与本书研究的预期相符。各题项的因子载荷值均大于 0.6 的门槛值且较好地分属于商业关系和政治关系两个因子，其方差解释率为 70.953%，超过 60.000%的临界值标准，说明管理者关系测量量表结构清晰。

随后，对管理者关系两个维度的各个题项进行了信度分析，一般而言，当 Cronbach'α 值大于 0.7 的门槛值时，认为量表具有较高的信度，检验结果如表 5-21 所示。从表 5-21 结果知，各题项的题项-总体相关系数均大于 0.4，两个维度的 Cronbach'α 值分别为 0.805 和 0.766，均大于 0.7 的门槛值，且删除其中任意一个题项后其 α 值都有所降低。以上结果说明了管理者关系的各因子题项之间具有较好的内部一致性，整个测量量表具有较高的信度。

表 5-21　管理者关系测量量表的信度检验结果

变量名称	测量题项 （简写）	题项-总体 相关系数	复相关 系数平方	删除此题 项后 α 值	Cronbach'α 值
商业关系	MT1（与客户建立良好关系）	0.633	0.453	0.726	0.805
	MT2（与供应商建立良好关系）	0.617	0.382	0.777	
	MT3（与竞争对手建立良好关系）	0.685	0.477	0.700	
政治关系	MT4（与各级政府官员建立良好 关系）	0.634	0.413	0.648	0.766
	MT5（与行业协会等机构建立良好 关系）	0.546	0.298	0.746	
	MT6（与监管和支持机构建立良好 关系）	0.619	0.400	0.662	

对管理者关系测量量表进行了探索性因子分析及信度检验后，为了进一步检验测量量表的内容结构，运用 Lisrel 8.51 开展管理者关系测量量表的验证性因子分析，分析结果如图 5-4 及表 5-22 所示，验证性因子分析拟合情况如表 5-23 所示。

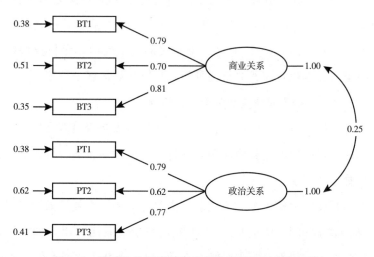

图 5-4　管理者关系测量量表的验证性因子分析结果

表 5-22　管理者关系测量量表验证性因子分析参数估计

题项	变量间关系	标准化估计值	非标准化估计值	S. E.	C. R.	P
BT1	←商业关系	0.790	0.672	0.053	12.611	***
BT2	←商业关系	0.699	0.681	0.062	11.023	***
BT3	←商业关系	0.806	0.723	0.056	12.891	***
PT1	←政治关系	0.788	0.664	0.057	11.693	***
PT2	←政治关系	0.616	0.559	0.061	9.191	***
PT3	←政治关系	0.767	0.676	0.059	11.381	***

表 5-23　管理者关系测量量表验证性因子分析拟合指标

测量模型	χ^2	df	χ^2/df	RMSEA	CFI	IFI	NFI	GFI
独立模型	204.74	9						
验证模型	22.01	8	2.751	0.087	0.964	0.965	0.948	0.969
评估标准			<3	<0.1	>0.900	>0.900	>0.900	>0.900

通过图 5-4 及表 5-22 可知，管理者关系测量量表的所有题项对应的标准化因子载荷均大于门槛值（0.6），并且在 $P<0.001$ 水平上显著，通过标准化因子载荷计算得出各题项所对应的商业关系和政治关系的 AVE 值分别为 0.590 和 0.534，大于门槛值 0.5，表明管理者关系测量量表具有较好的收敛效度。此外，由表 5-23 可知，该量表的验证性因子分析模型拟合数据均高于门槛值，表明管理者关系测量量表具有较好的区分效度。

5.5.1.4　中小企业绩效测量量表的检验

为了检验研究所使用的中小企业绩效测量量表是否具有良好的信度与效度，以保证后续的假设检验能够顺利进行，需要对该量表分别开展探索性因子分析与验证性因子分析。

在正式开展探索性因子分析之前，需要先对中小企业绩效测量量表进行 Bartlett 球形检验和 KMO 检验。KMO 值是判断量表能否用于探索性因子分析的重要标准，一般而言需同时满足 KMO 值大于 0.7 的门槛值、Bartlett 球形检验显著这两项标准才能进行探索性因子分析（马庆国，2002）。中小企业绩效测量量表的 Bartlett 球形检验和 KMO 检验结果如表 5-24 所示。

表 5-24　中小企业绩效测量量表的 Bartlett 球形检验和 KMO 检验结果

项目		数值
KMO 样本充分性检验值		0.824
Bartlett 球形检验	卡方值	437.833
	自由度	10
	显著性	0.000

从表 5-24 显示的结果可知，中小企业绩效测量量表的 KMO 值为 0.824，大于 0.7 的门槛值；Bartlett 球形检验结果的卡方值为 437.833，达到显著性水平，这意味着该量表的数据能够用来进行探索性因子分析。基于此，在 SPSS21.0 软件中选择主成分分析法，通过最大方差旋转提取特征根值大于 1 的因子，得到的中小企业绩效测量量表的探索性因子分析结果如表 5-25 所示。

表 5-25　中小企业绩效测量量表的探索性因子分析结果

测量题项（简写）	描述性统计分析				因子
	最小值	最大值	平均值	标准差	中小企业绩效
EP1（贵公司的销售收入增长处于领先水平）	3.000	7.000	5.568	0.817	0.808
EP2（贵公司的利润增长处于领先水平）	2.000	7.000	5.726	0.999	0.734
EP3（贵公司的投资回报处于领先水平）	2.000	7.000	5.615	0.939	0.801
EP4（贵公司的市场份额增长处于领先水平）	2.000	7.000	5.756	1.013	0.755
EP5（贵公司向市场推出新产品或服务的速度处于领先水平）	2.000	7.000	5.778	0.870	0.808
特征值					3.056
解释的变异（%）					61.112

从表 5-25 显示的结果可知，中小企业绩效测量量表通过探索性因子分析最终提取出了一个因子，这一结果与本研究的预期相符。各题项的因子载荷值均大于 0.6 的门槛值且较好地归入中小企业绩效这一单因子，其方差解释率为 61.112%，超出 60.000% 的临界值标准，说明中小企业绩效测量量表结构清晰。

之后，对中小企业绩效测量量表的各个题项进行了信度分析，一般而言，当 Cronbach'α 值大于 0.7 的门槛值时，认为量表具有较高的信度，检验结果如表 5-26 所示。从表 5-26 结果可知，各题项的题项-总体相关系数均大于 0.40，Cronbach'α 值为 0.836，大于 0.7 的门槛值，且删除其中任意一个题项后其 α 值都有所降低。以上结果说明了中小企业绩效的各题项之间具有较好的内部一致性，整个测量量表具有较高的信度。

表 5-26　中小企业绩效测量量表的信度检验结果

变量名称	测量题项 （简写）	题项-总体 相关系数	复相关 系数平方	删除此题 项后 α 值	Cronbach'α 值
中小企业 绩效	EP1(贵公司的销售收入增长处于领先水平)	0.678	0.490	0.795	0.836
	EP2(贵公司的利润增长处于领先水平)	0.588	0.374	0.819	
	EP3(贵公司的投资回报处于领先水平)	0.660	0.473	0.797	
	EP4(贵公司的市场份额增长处于领先水平)	0.609	0.409	0.813	
	EP5(贵公司向市场推出新产品或服务的速度处于领先水平)	0.677	0.491	0.794	

对中小企业绩效测量量表进行了探索性因子分析及信度检验后，为了进一步检验测量量表的内容结构，运用 Lisrel 8.51 开展中小企业绩效测量量表的验证性因子分析，分析结果如图 5-5 及表 5-27 所示。

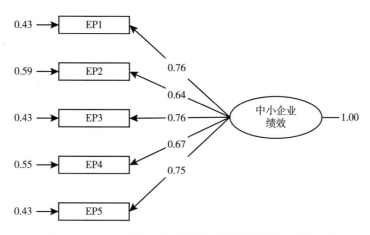

图 5-5　中小企业绩效测量量表的验证性因子分析结果

表 5-27　中小企业绩效测量量表验证性因子分析参数估计

题项	变量间关系	标准化估计值	非标准化估计值	S. E.	C. R.	P
EP1	←中小企业绩效	0.756	0.617	0.049	12.586	***
EP2	←中小企业绩效	0.644	0.643	0.063	10.210	***
EP3	←中小企业绩效	0.755	0.709	0.056	12.582	***
EP4	←中小企业绩效	0.673	0.682	0.063	10.799	***
EP5	←中小企业绩效	0.754	0.656	0.052	12.554	***

通过图 5-5 及表 5-27 可知，中小企业绩效测量量表的所有题项对应的标准化因子载荷均大于门槛值（0.6），并且在 $P<0.001$ 水平上显著，通过标准化因子载荷计算得出制度环境完善性的 AVE 值为 0.515，大于门槛值 0.5，表明中小企业绩效测量量表具有较好的收敛效度。

5.5.2　描述性统计和相关性分析

在进行假设检验之前，需要对研究中涉及的各个变量进行描述性统计及相关性分析，结果如表 5-28、表 5-29 所示。表中报告了各控制变量、主动式生态创新、被动式生态创新、制度环境完善性、管理者关系、中小企业绩效等变量间的 Pearson 两两相关系数以及均值和标准差。

表 5-28　子研究三主要变量的描述性统计分析汇总

序号	变量	最小值	最大值	平均值	标准差
1	企业性质	1.000	4.000	1.697	0.562
2	行业类型	1.000	3.000	1.970	0.671
3	企业规模	1.000	5.000	3.530	1.542
4	企业年龄	2.000	5.000	4.175	0.823
5	主动式生态创新	2.000	7.000	5.876	0.658
6	被动式生态创新	1.250	6.750	3.064	1.516
7	制度环境完善性	2.670	7.000	5.977	0.575
8	管理者关系	4.670	7.000	5.940	0.458
9	中小企业绩效	2.400	6.800	5.699	0.682

表 5-29　子研究三主要变量间的相关系数矩阵

变量	1	2	3	4	5	6	7	8	9
1	1								
2	0.056	1							
3	-0.369**	-0.175**	1						
4	-0.200**	-0.123	0.390**	1					
5	0.046	-0.157*	0.037	0.135*	1				
6	0.096	0.074	-0.327**	-0.235**	-0.327**	1			
7	0.058	-0.065	0.017	0.114	0.635**	-0.367**	1		
8	0.026	-0.057	0.120	0.125	0.642**	-0.398**	0.686**	1	
9	-0.134*	-0.207**	0.274**	0.298**	0.680**	-0.436**	0.527**	0.546**	1

注：*** $P<0.001$，** $P<0.01$，* $P<0.05$。

如表 5-29 所示，本研究的自变量主动式生态创新和被动式生态创新与因变量中小企业绩效都具有较强的相关关系，具体而言：主动式生态创新与中小企业绩效的相关系数为 0.680（$P<0.01$），呈现较强的正相关关系；被动式生态创新与中小企业绩效的相关系数为 -0.436（$P<0.01$），呈现较强的负相关关系。这为本研究提出的假设 H1a、假设 H1b 的验证提供了初步的支持。

5.5.3　假设检验

为了验证本研究提出的假设 H1a 和 H1b，依次开展控制变量、自变量（主动式生态创新、被动式生态创新）对因变量（中小企业绩效）的回归分析，分析结果如表 5-30 所示。表 5-30 中模型 1-1 是检验控制变量对因变量的影响，模型 1-2 是检验控制变量、自变量（主动式生态创新）对因变量的影响，模型 1-3 是检验控制变量、自变量（被动式生态创新）对因变量的影响，模型 1-4 是检验控制变量、自变量（主动式生态创新、被动式生态创新）对因变量的影响。

如模型 1-2 所示，当模型 1-1 中加入自变量（主动式生态创新）后，主动式生态创新对中小企业绩效的回归模型解释力有了显著提高（$\Delta R^2 = 0.406$，$P < 0.001$），主动式生态创新对中小企业绩效具有显著的正向影响（$\beta = 0.652$，$P < 0.001$），这表明中小企业越进行主动式生态创新，其企业绩效越可能获得提高，因此假设 H1a 得到支持。模型 1-3 显示，当模型 1-1 中加入自变量（被动式生态创新）后，被动式生态创新对中小企业绩效的回归模型解释力有了显著提高（$\Delta R^2 = 0.118$，$P < 0.001$），被动式生态创新对中小企业绩效具有显著的负向影响（$\beta = -0.367$，$P < 0.001$），这表明中小企业越进行被动式生态创新，其企业绩效获得提高的可能性越低，因此假设 H1b 得到支持。模型 1-4 显示，在控制变量的基础上同时增加了自变量（主动式生态创新、被动式生态创新）后，其解释力较模型 1-2 有了显著提升（$\Delta R^2 = 0.021$，$P < 0.01$），主动式生态创新仍对中小企业绩效产生显著正向影响（$\beta = 0.601$，$P < 0.001$），被动式生态创新对中小企业绩效产生显著负向影响（$\beta = -0.164$，$P < 0.01$），此结果进一步支持了假设 H1a 和 H1b。

表 5-30　生态创新对中小企业绩效的影响

变量	模型 1-1	模型 1-2	模型 1-3	模型 1-4
企业性质	-0.026	-0.076	-0.039	-0.078
行业类型	-0.153 *	-0.057	-0.149 *	-0.063

变量	模型 1-1	模型 1-2	模型 1-3	模型 1-4
企业规模	0.154 *	0.163 **	0.048	0.115 *
企业年龄	0.214 **	0.124 *	0.166 **	0.109 *
主动式生态创新		0.652 ***		0.601 ***
被动式生态创新			-0.367 ***	-0.164 **
R^2	0.141	0.547	0.259	0.568
调整后的 R^2	0.126	0.537	0.243	0.557
ΔR^2		0.406 ***	0.118 ***	0.021 **
F	9.384 ***	55.028	15.923 ***	49.76 ***

注：*** $P<0.001$，** $P<0.01$，* $P<0.05$。

由于本研究提出调节变量（制度环境完善性、管理者关系）对自变量（主动式生态创新、被动式生态创新）与因变量（中小企业绩效）关系的调节效应涉及变量间的交互作用，因此运用层级线性回归方法进行各调节作用的检验。制度环境完善性对生态创新与中小企业绩效关系间的调节作用分析结果如表 5-31 所示。模型 2-1 在控制变量的基础上增加了主动式生态创新、被动式生态创新等 2 个自变量对中小企业绩效的影响；模型 2-2 构建了由控制变量、自变量（主动式生态创新、被动式生态创新）、调节变量（制度环境完善性）组成的主效应模型；模型 2-3 为包含控制变量、自变量（主动式生态创新、被动式生态创新）、调节变量（制度环境完善性）以及自变量与调节变量交互项的全效应模型。在验证交互项的影响前需对自变量及调节变量进行中心化处理，以防出现多重共线性问题。此外，本研究还计算了各模型的膨胀化因子（VIF），发现其值远小于 10，说明各模型不存在严重的多重共线性问题。

表 5-31　制度环境对"生态创新-中小企业绩效"关系的调节作用

变量	模型 2-1	模型 2-2	模型 2-3
企业性质	-0.078	-0.082	-0.068
行业类型	-0.063	-0.067	-0.057

变量	模型 2-1	模型 2-2	模型 2-3
企业规模	0.115*	0.123*	0.150**
企业年龄	0.109*	0.106*	0.080
主动式生态创新	0.601***	0.529***	0.442***
被动式生态创新	-0.164**	-0.139**	-0.142**
制度环境完善性		0.125*	0.239***
主动式生态创新×制度环境完善性			-0.119*
被动式生态创新×制度环境完善性			-0.181***
R^2	0.568	0.577	0.608
调整后的 R^2	0.557	0.564	0.592
ΔR^2		0.009*	0.031***
F	49.760***	44.021***	38.538***
VIF 最大值	1.271	1.782	2.274

注：*** $P<0.001$，** $P<0.01$，* $P<0.05$。

由模型 2-2 可知，在控制变量的基础上加入制度环境完善性后，该模型的解释力得到了显著提高（$\Delta R^2=0.009$，$P<0.05$），即制度环境完善性对中小企业绩效具有显著正向影响（$\beta=0.125$，$P<0.05$），这说明中小企业所在地的制度环境对企业绩效有显著影响，当地政府的制度环境越完善，中小企业的绩效越可能获得提高。由模型 2-3 可知，在模型 2-2 的基础上增加了自变量（主动式生态创新、被动式生态创新）与调节变量的交互项后，整个模型的解释力得到了显著提高（$\Delta R^2=0.031$，$P<0.001$）。其中制度环境完善性对主动式生态创新与中小企业绩效间的正相关关系起到显著的负向调节作用（$\beta=-0.119$，$P<0.05$），这说明中小企业所在地的制度环境越完善，中小企业采用主动式生态创新对其绩效的正向影响越小，而在制度环境越不完善的地区，中小企业采用主动式生态创新越有可能提升其企业绩效，因此假设 H2a 得到验证；制度环境完善性对被动式生态创新与中小企业绩效间的负相关关系起到显著的负向调节作用（$\beta=-0.181$，$P<0.001$），说明中小企业所在地的制度环境越完善，中小企业采用被动式生态创新对其绩效的负向影响越小，而在制度环境越不完善的地区，中小企业采用被动式生态创新越有可能降低其企业绩效，因此假设 H2b 得到验证。

同理，管理者关系对生态创新与中小企业绩效关系间的调节作用分析结果如表 5-32 所示。模型 3-1 在控制变量的基础上增加了主动式生态创新、被动式生态创新等 2 个自变量对中小企业绩效的影响；模型 3-2 构建了由控制变量、自变量（主动式生态创新、被动式生态创新）、调节变量（管理者关系）组成的主效应模型；模型 3-3 为包含控制变量、自变量（主动式生态创新、被动式生态创新）、调节变量（管理者关系）以及自变量与调节变量交互项的全效应模型。在验证交互项的影响前需对自变量及调节变量进行中心化处理，以防出现多重共线性问题。此外，研究还计算了各模型的膨胀化因子（VIF），发现其值远小于 10，说明各模型不存在严重的多重共线性问题。

表 5-32　管理者关系对"生态创新-中小企业绩效"关系的调节作用

变量	模型 3-1	模型 3-2	模型 3-3
企业性质	-0.078	-0.082	-0.088
行业类型	-0.063	-0.070	-0.041
企业规模	0.115*	0.108*	0.094
企业年龄	0.109*	0.111*	0.078
主动式生态创新	0.601***	0.530***	0.468***
被动式生态创新	-0.164**	-0.140**	-0.137**
管理者关系		0.121*	0.209**
主动式生态创新×管理者关系			-0.160**
被动式生态创新×管理者关系			-0.106*
R^2	0.568	0.576	0.605
调整后的 R^2	0.557	0.563	0.589
ΔR^2		0.008*	0.029***
F	49.760***	43.874***	38.084***
VIF 最大值	1.271	1.840	2.203

注：*** $P<0.001$，** $P<0.01$，* $P<0.05$。

由模型 3-2 可知，在控制变量的基础上加入管理者关系后，该模型的解释力得到了显著提高（$\Delta R^2 = 0.008$，$P<0.05$），即管理者关系对中小企业绩效具有显著正向影响（$\beta = 0.121$，$P<0.05$），这说明良好的管理者关系对中小企业绩效有显著影响，管理者关系越好，中小企业的绩效越可能获得提

升。由模型 3-3 可知，在模型 3-3 的基础上增加了自变量（主动式生态创新、被动式生态创新）与调节变量的交互项后，整个模型的解释力得到了显著提高（$\Delta R^2 = 0.029$，$P < 0.001$）。其中管理者关系对主动式生态创新与中小企业绩效间的正相关关系起到显著的负向调节作用（$\beta = -0.160$，$P < 0.05$），这说明管理者关系越好，中小企业主动式生态创新对其绩效的正向影响越小，而当管理者关系越差时，中小企业采用主动式生态创新越有可能提升其企业绩效，因此假设 H3a 得到验证；管理者关系对被动式生态创新与中小企业绩效间的负相关关系起到显著的负向调节作用（$\beta = -0.106$，$P < 0.001$），说明中小企业管理者关系越好，中小企业被动式生态创新对其绩效的负向影响越小，而当管理者关系越差时，中小企业被动式生态创新对企业绩效的负向影响越明显，因此假设 H3b 得到验证。

在以上研究的 4 个假设得到验证后，为了更直观地显示制度环境完善性、管理者关系的调节效应，分别绘制了制度环境完善性对主动式生态创新与中小企业绩效的调节效应、制度环境完善性对被动式生态创新与中小企业绩效的调节效应、管理者关系对主动式生态创新与中小企业绩效的调节效应、管理者关系对被动式生态创新与中小企业绩效的调节效应，具体如图 5-6、图 5-7、图 5-8、图 5-9 所示。

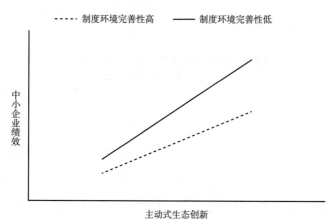

图 5-6　制度环境完善性对主动式生态创新与
中小企业绩效关系间的调节作用

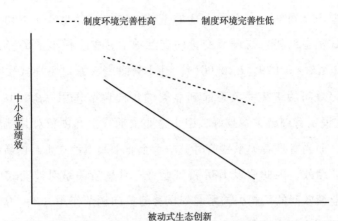

图 5-7　制度环境完善性对被动式生态创新与
中小企业绩效关系间的调节作用

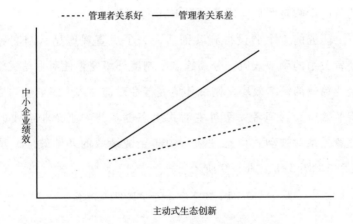

图 5-8　管理者关系对主动式生态创新与
中小企业绩效关系间的调节作用

　　由图 5-6 可知，制度环境完善性对主动式生态创新与中小企业绩效间的正向关系发挥负向调节作用，这意味着，制度环境完善性越高，主动式生态创新对中小企业绩效的正向作用越弱。由图 5-7 可知，制度环境完善性对被动式生态创新与中小企业绩效间的负向关系发挥负向调节作用，这意味着，制度环境完善性越高，被动式生态创新对中小企业绩效的负向作用越弱。

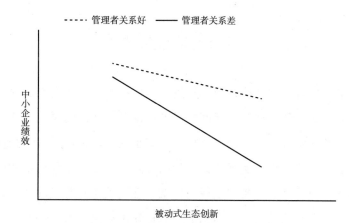

图 5-9　管理者关系对被动式生态创新与
中小企业绩效关系间的调节作用

由图 5-8 可知，管理者关系对主动式生态创新与中小企业绩效间的正向关系发挥负向调节作用，这意味着，管理者关系越好，主动式生态创新对中小企业绩效的正向作用越弱。由图 5-9 可知，管理者关系对被动式生态创新与中小企业绩效间的负向关系发挥负向调节作用，这意味着，管理者关系越好，被动式生态创新对中小企业绩效的负向作用越弱。

综合上述分析，本研究提出的相关假设通过了实证检验。理论假设及其检验结果如表 5-33 所示。

表 5-33　子研究三理论假设及其检验结果汇总

理论假设	检验结果
H1a:主动式生态创新正向影响中小企业绩效	支持
H1b:被动式生态创新负向影响中小企业绩效	支持
H2a:制度环境完善性负向调节主动式生态创新与中小企业绩效间的正向关系	支持
H2b:制度环境完善性负向调节被动式生态创新与中小企业绩效间的负向关系	支持
H3a:管理者关系负向调节主动式生态创新与中小企业绩效间的正向关系	支持
H3b:管理者关系负向调节被动式生态创新与中小企业绩效间的负向关系	支持

5.6 结果讨论

近年来，随着生态文明建设的推进，如何推动经济社会发展绿色化、低碳化，已成为我国新时期一项崭新的任务与课题。在此情境下，许多中小企业纷纷开始尝试生态创新，国内外现有研究也就生态创新对中小企业绩效的影响开展了较多的理论与实证研究，然而针对这一结果学界仍未达成一致的认识。为此，子研究三基于权变视角，就管理者关系及制度环境完善性对生态创新与中小企业绩效间关系的调节效应构建了理论框架，并基于234家中小企业的调查问卷数据开展了相应的实证分析，得出了一些有意义的结论。

5.6.1 生态创新与中小企业绩效的关系

生态创新包含主动式生态创新和被动式生态创新两个维度，主动式生态创新是企业为了获得可持续竞争优势、占领市场份额而主动实施的生产流程、产品创新；被动式生态创新是企业为了迎合利益相关者诉求或相关法律法规而被动开展的创新活动（Chen et al., 2012）。子研究三区分了这两种不同形式的生态创新，分别探讨了主动式生态创新以及被动式生态创新分别对中小企业绩效的影响。

研究结果表明，主动式生态创新对中小企业绩效具有显著的正向影响（$\beta = 0.652$，$P < 0.001$），该结果证明了中小企业虽然受限于资源和企业规模，但仍能通过主动式生态创新提升企业绩效。现有学者对生态创新的绩效影响开展了许多研究，有研究发现生态创新能帮助企业开发出绿色环保的新产品、改进制造工艺以降低成本、树立良好的企业形象，提升企业绩效（Hojnik & Ruzzier, 2016; Huang & Li, 2017）。子研究三聚焦中小企业，再次证实了主动式生态创新对中小企业可持续发展的重要作用。对于中小企业而言，内部资源有限且外部合法性不足，此时通过主动式生态创新能够帮助企业在市场上获得先发优势，并取得合法性，对企业绩效的提高具有重要意义。

研究结果还发现被动式生态创新对中小企业绩效提升具有显著的负向影响（$\beta=-0.367$，$P<0.001$）。国内外现有的生态创新对绩效的影响研究尚未取得一致结论，有研究认为生态创新能促进企业绩效提升（冯泰文等，2020），有研究则认为生态创新对企业绩效提升有负向影响或不确定性（曾江洪等，2020）。子研究三将生态创新根据目的、手段的不同分为主动式生态创新和被动式生态创新，发现了被动式生态创新对中小企业绩效提升的负向影响。这表明中小企业本就囿于资源不足，若再受到外界倒逼进行"治标"式的被动式生态创新，反而不利于企业绩效提升。

5.6.2　制度环境完善性在"生态创新-中小企业绩效"关系中的作用

当前我国各地区的制度环境存在较大差异，外部环境将会影响组织行为，在不同的制度环境下，企业所实施的行动效果也不可避免地受其影响。据此，子研究三结合制度理论，探讨了制度环境完善性对"生态创新-中小企业绩效"关系的调节作用。

研究结果表明制度环境完善性负向调节主动式生态创新与中小企业绩效间的正向关系（$\beta=-0.119$，$P<0.05$）。也就是说，制度环境越完善的区域，主动式生态创新给中小企业绩效带来的正向影响越会有所减弱；制度环境越不完善的区域，主动式生态创新给中小企业绩效带来的正向影响越会有所增强。这表明了对中小企业而言，在区域制度日趋完善的情境下，主动式生态创新的积极作用可能会逐步减弱，反而在制度不那么完善的区域，主动式生态创新更能获得超前的竞争优势，填补市场空白，给企业带来绩效上的提升。

研究结果还发现制度环境完善性负向调节被动式生态创新与中小企业绩效间的负向关系（$\beta=-0.181$，$P<0.001$）。也就是说，制度环境越完善的区域，被动式生态创新给中小企业绩效带来的负向影响越会有所减弱；制度环境越不完善的区域，被动式生态创新给中小企业绩效带来的负向影响越会有所增强。这说明对于受到外界压力后不得不采取被动式生态创新的中小企业

而言，所在区域的制度环境越完善，越能缓解被动式生态创新给企业绩效带来的压力。

5.6.3 管理者关系在"生态创新-中小企业绩效"关系中的作用

有效的组织关系是提升营运效率、与外界建立信任的重要战略工具，有研究发现管理者关系在企业行为和绩效的关系中发挥较强的影响作用（Li et al.，2013）。基于此，子研究三探讨了管理者关系对"生态创新-中小企业绩效"关系的调节作用。

研究结果表明，管理者关系对主动式生态创新与中小企业绩效间正向关系起到显著的负向调节作用（$\beta = -0.160$，$P < 0.05$）。也就是说，管理者关系越好，主动式生态创新给中小企业绩效带来的正向影响越会有所减弱；管理者关系越普通，主动式生态创新给中小企业绩效带来的正向影响越会有所增强。这是因为主动式生态创新给企业带来的稳定销售额和市场认可在一定程度上会被管理者关系替代（Luo et al.，2012）；同理，当企业不能与利益相关者或当地政府保持良好的管理者关系时，企业就更需要主动式生态创新给企业绩效带来提升，此时主动式生态创新对企业绩效的正向影响被加强。

研究结果还表明，管理者关系对被动式生态创新与中小企业绩效间负向关系起到显著的负向调节作用（$\beta = -0.106$，$P < 0.001$）。也就是说，管理者关系越好，被动式生态创新给中小企业绩效带来的负向影响越会有所减弱；管理者关系越不好，被动式生态创新给中小企业绩效带来的负向影响越会有所增强。这表明当企业陷入被动式生态创新所带来的"绿色陷阱"时，管理者关系作为企业组织层面的关系，能够有效缓解其负面影响。

5.7 本章小结

基于权变视角，本章探讨了生态创新对中小企业绩效的影响，并考察了制度环境完善性和管理者关系的调节效应，基于234家中小企业的调查数据开展的实证检验研究结果表明，主动式生态创新对中小企业绩效有显著正向影响，被动式生态创新对中小企业绩效有显著负向影响，制度环境完善性负向调节主动式生态创新与中小企业绩效之间的关系，制度环境完善性负向调节被动式生态创新与中小企业绩效之间的关系，管理者关系负向调节主动式生态创新与中小企业绩效之间的关系，管理者关系负向调节被动式生态创新与中小企业绩效之间的关系。

5.7.1　理论贡献

本章探讨了生态创新对中小企业绩效的影响及制度环境完善性、管理者关系在其中的调节作用，具有一定的理论贡献，主要体现在以下三点。第一，既往研究中对生态创新究竟是企业发展的"良药"，还是"绿色陷阱"存在不同见解，研究所得结果莫衷一是。本书认为生态创新由于产生的动机、创新手段等的不同，不能一概而论，将生态创新细分为主动式生态创新和被动式生态创新，分别探究其对中小企业绩效的影响，结果发现主动式生态创新有助于中小企业绩效的提升，而被动式生态创新却不利于中小企业绩效提升。这一结果对前人的研究做出了回应，不同的生态创新将会导致截然不同的效果。第二，探究生态创新与中小企业绩效的关系不能忽视对其边界条件的探讨，尤其在中国经济转型情境下，中小企业的发展离不开制度环境的影响。本书将制度环境完善性纳入生态创新作用于中小企业绩效研究模型，验证了制度环境对生态创新与中小企业绩效间关系的负向影响，从宏观层面探讨了怎样的制度环境是适宜企业进行生态创新的土壤。第三，本书还将组织层面的管理者关系作为边界条件，考察了管理者关系对生态创新与中小企业绩效关系的影响，剖析了生态创新对中小企业绩效发挥作用的情境因素，厘清了生态创新对中小企业绩效发挥作用的边界条件。

5.7.2　实践启示

本章研究结论对中小企业的创新管理实践具有一定的启示。首先，发现主动式生态创新对中小企业绩效有显著正向影响，而被动式生态创新对中小企业绩效有显著负向影响。由此可知，对我国中小企业而言，一方面要积极实施主动式生态创新，关注利益相关者及政府动态，积极优化生产流程、升级生产工艺，打造具有环保效应的新产品，构建竞争优势，从而占领市场份额、提升企业绩效；另一方面要避免自己陷入被动式生态创新的"窘境"，导致占用过多企业资源却只能进行"治标"式的行动。其次，研究结果表明，制度环境完善性对生态创新的作用效应发挥显著的调节效应。因此，中小企业应当根据当地的制度环境选择合适的创新战略，而当地的政府部门也应当尽可能地为企业提供政策保障，完善当地制度环境，助力中小企业成长。最后，还发现管理者关系对生态创新的作用效应发挥显著的调节作用。因此，中小企业的管理者应当重视与外部利益相关者及政府部门建立良好的关系，运用好这些关系资本为企业生态创新活动服务。

第 6 章

研究结论与未来展望

通过前 5 章的论述，本书已就中小企业生态创新的驱动因素与绩效转化机制分别进行了系统而全面的探讨。本章将对前文的子研究一、子研究二、子研究三进行归纳和总结，主要包括概括研究结论、提炼理论贡献、阐述实践启示、指出研究局限性、提出未来研究方向等几部分。

6.1 研究结论

伴随着高质量发展时代的到来以及产业智能化发展速度的加快，越来越多的企业意识到仅依靠末端治理、资源节约难以应对复杂多变的外部环境，生态创新已经日益成为许多企业的重要战略选择（张艳丽等，2022）。大型制造企业的环保实践活动助推我国经济的高质量发展，有力地支撑了生态文明战略的落地。然而，与大型制造企业相比，我国中小企业量大面广，拥有的资源却相对有限，盈利水平相对较低，普遍存在生态创新动力不足、实践稚嫩的情况。全面贯彻新发展理念，坚持创新驱动发展和绿色发展理念，生态创新是实现经济和生态"双赢"效益的重要路径选择，也是赋能中小企业高质量发展的重要手段。因此，如何推进我国中小企业生态创新是一个亟待解决的重要现实问题。

尽管实践层面迫切需要，但理论层面我们对中小企业如何有效实施生态创新战略还知之甚少。现有生态创新研究主要聚焦大型制造企业，缺乏对中小企业的考察。鉴于中小企业在成长过程中的特征，基于大型制造企业生态创新实践构建的理论体系显然不能直接应用于中小企业的经营实践。因此，探究中小企业生态创新问题既可以在微观层面指导我国中小企业有效地实施生态创新活动从而实现成长，还可以在宏观层面助力我国经济的高质量发展。

围绕"中小企业如何有效实施生态创新战略"这一现实问题，本书聚焦"中小企业生态创新的驱动因素与绩效转化机制"这一理论问题，综合运用高阶理论、资源基础理论、制度理论等多个理论，逐层深入展开论述，循序渐进地回答了三个具体的研究问题：中小企业生态创新的驱动因素有哪些？生态创新影响中小企业绩效的内在作用机制是什么？影响生态创新与中小企业绩效之间关系的情境因素是什么？通过对这三个具体问题的回答，本书明晰了中小企业生态创新的驱动因素及多层次驱动机理，剖析了生态创新影响中小企业绩效的内在作用机制，揭示了生态创新与中小企业绩效间的权变关系机理，并形成了以下主要研究结论。

6.1.1 高管环保意识、组织冗余、制度压力与中小企业生态创新的关系

围绕本书提出的第一个研究问题"中小企业生态创新的驱动因素有哪些？"，子研究一综合运用高阶理论、资源基础理论、制度理论等多个理论视角，探讨了个体层次的高管环保意识、组织层次的组织冗余、环境层次的制度压力与中小企业生态创新之间的内在逻辑关系，并进一步探讨了不同层次驱动因素之间的内在作用，明晰了中小企业生态创新的驱动因素及多层次驱动机制。基于182家中小企业的问卷调查数据，综合运用层级回归分析等研究方法，通过实证研究检验了高管环保意识、组织冗余、制度压力与中小企业生态创新间的关系，以及组织冗余、制度压力在其中的调节作用。一方面，子研究一发现个体层次的高管环保意识、组织层次的组织冗余、环境层

次的制度压力对中小企业生态创新均具有显著的正向影响。这表明在转型经济情境下，中小企业生态创新的激发需要多个层面的因素协同发力，既需要企业高层管理者具有较强的环保意识，也需要组织有一定的资源冗余，外部制度的压力同样发挥着重要的作用。

另一方面，子研究一还发现制度压力和组织冗余均能够调节高管环保意识与中小企业生态创新间的正相关关系，且制度压力与组织冗余还能产生联合调节效应。具体而言，制度压力正向调节高管环保意识与中小企业生态创新间的正相关关系，即伴随着外界制度压力的不断增强，高管环保意识对中小企业生态创新的正向作用会有所增强，这一结论印证了制度理论强调的制度环境深刻影响着组织行为的发生程度。组织冗余正向调节高管环保意识与中小企业生态创新间的正相关关系，即伴随着企业内部资源存量的不断增加，高管环保意识对中小企业生态创新的正向作用会有所增强，这一结论印证了资源基础观强调的组织资源是企业进行战略演变的重要物质保障。此外，制度压力和组织冗余将联合调节高管环保意识与中小企业生态创新之间的正向关系，即当中小企业处于高制度压力、高组织冗余时，高管环保意识能更好地促进企业生态创新。这表明当外部环境规制较强且企业冗余资源充足时，高管环保意识能够为中小企业生态创新带来更强的助力。

6.1.2　中小企业生态创新影响企业绩效的内在作用机制

围绕本书提出的第二个研究问题"生态创新影响中小企业绩效的内在作用机制是什么"，子研究二将生态创新划分为主动式生态创新与被动式生态创新两种类型，探索性地从企业竞争优势视角切入，构建了"生态创新—竞争优势—中小企业绩效"的理论模型，基于 370 家中小企业的问卷调查数据，实证探究了生态创新影响中小企业绩效的内在作用机制。

一方面，子研究二发现主动式生态创新对中小企业绩效具有显著的正向影响，被动式生态创新却对中小企业绩效具有显著的负向影响。这表明对经济转型情境下的中小企业而言，主动式生态创新所带来的合法性认同优势和资源获取优势对企业绩效提升具有重要作用，被动式生态创新是为应对外部利益相关者压力而被迫实施的生态创新，不仅浪费了企业资源，还容易打乱企业原有生产计划，更可能对企业绩效产生负面影响。这是对国内外现有学者研究发现的生态创新与企业绩效关系的进一步深化与拓展。

另一方面，子研究二还发现主动式生态创新对企业竞争优势（差异化竞争优势、低成本竞争优势）具有显著的正向影响，被动式生态创新对企业竞争优势（差异化竞争优势、低成本竞争优势）具有显著的负向影响，并且企业竞争优势（差异化竞争优势、低成本竞争优势）在主动式生态创新与中小企业绩效间发挥部分中介作用，企业竞争优势（差异化竞争优势、低成本竞争优势）在被动式生态创新与中小企业绩效间发挥完全中介作用。这表明中小企业通过开展主动式生态创新环保实践活动，可以增强自身的竞争优势，获得可持续发展能力，从而提升本企业绩效。该研究结论深化了对中小企业生态创新绩效影响机理的认识。

6.1.3　生态创新与中小企业绩效的权变关系机理

围绕本书提出的第三个研究问题"影响生态创新与中小企业绩效关系的情境因素是什么"，子研究三从权变视角切入，基于234家中小企业问卷调查数据，实证探究了外部层面的制度完善性和内部层面的管理者关系在生态创新与中小企业绩效之间关系中发挥的调节效应。

一方面，子研究三发现，主动式生态创新对中小企业绩效具有显著的正向影响，被动式生态创新对中小企业绩效具有显著的负向影响。这表明与被动式生态创新相比，实施主动式生态创新战略对中小企业绩效提升具有重要的促进作用。

另一方面，子研究三还发现制度环境完善性和管理者关系对生态创新和中小企业绩效之间的关系发挥显著的调节效应。具体来说，制度环境完善性在主动式生态创新与中小企业绩效之间的正向关系中发挥显著的负向调节作用，即伴随着外部制度环境不断完善，主动式生态创新对中小企业绩效的正向影响会减弱；制度环境完善性在被动式生态创新与中小企业绩效之间的负向关系中发挥显著的负向调节作用，即伴随着外部制度环境不断完善，被动式生态创新对中小企业绩效的负向影响会得到缓解。管理者关系在主动式生态创新与中小企业绩效之间的正向关系中发挥显著的负向调节作用，意味着随着中小企业政治关系和商业关系的不断完善，主动式生态创新对中小企业绩效的正向关系会减弱；管理者关系在被动式生态创新与中小企业绩效之间的负向影响中发挥显著的负向调节作用，表明中小企业的管理者关系越好，被动式生态创新对中小企业绩效的负向影响会得到缓解。这表明在转型经济国家，外部环境充满着不确定性，具有良好管理者关系的中小企业具有更多的优势，能够助力中小企业绩效提升。

6.2 理论贡献

本书聚焦中国转型经济情境，深入系统地探讨了中小企业生态创新的驱动因素与绩效转化机制等问题。在探讨中小企业生态创新的驱动因素问题上，本书综合运用高阶理论、资源基础理论、制度理论等多个理论，探讨了个体层次的高管环保意识、组织层次的组织冗余、环境层次的制度压力与中小企业生态创新的逻辑关系，并进一步考察了组织冗余、制度压力对高管环保意识与中小企业生态创新关系的调节作用；在剖析生态创新影响中小企业绩效的内在作用机制上，本书将生态创新分为主动式生态创新与被动式生态创新两种类型，并构建了"生态创新—企业竞争优势—中小企业绩效"的理论模型，实证探究差异化竞争优势与低成本竞争优势在主动式生态创新、被动式生态创新与中小企业绩效关系间发挥的中介效应。在揭示生态创新与中小企业绩效的权变关系机理上，本书重点深入探讨了制度环境完善性和管理者关系在生态创新与中小企业绩效关系间发挥的调节效应。

通过开展上述研究，本书产生了一定的理论贡献，对生态创新研究领域、经济转型情境下创新创业研究领域都有一定的理论启示。

6.2.1 对生态创新研究领域的贡献

作为创新管理研究领域的一个重要分支，生态创新一直以来都受到创新管理学者们的青睐，学者们开展了大量的理论和实证研究。本书对生态创新研究领域的贡献主要体现在以下两个方面。

一是拓展了生态创新的研究对象。现有生态创新领域的相关研究更多的是聚焦于大型制造企业的生态创新实践，并构建了一套相应的生态创新理论体系，却较少涉及中小企业的生态创新实践（Singh et al., 2022；揭筱纹和宁胜男，2021）。本书聚焦中小企业的生态创新实践，拓展了生态创新的研究对象，为后续的相关生态创新研究提供了一定的借鉴与参考。

二是丰富了生态创新研究领域的相关研究成果。子研究一整合高阶理论、资源基础理论、制度理论等多个理论视角，系统探讨了高管环保意识、组织冗余、制度压力对中小企业绩效的影响以及组织冗余和制度压力在高管环保意识与中小企业生态创新间的调节效应，研究发现个体层次的高管环保意识、组织层次的组织冗余、环境层次的制度压力对中小企业生态创新均具有显著的正向影响，制度压力正向调节高管环保意识与中小企业生态创新间的关系，组织冗余正向调节高管环保意识与中小企业生态创新间的关系，而且制度压力和组织冗余又联合调节了高管环保意识与中小企业生态创新间的关系。该研究结果明晰了中小企业生态创新的多层面驱动因素，突破单一视角探讨生态创新前因的局限性，深化了我们对中小企业生态创新驱动机制的认识。子研究二构建了"生态创新—企业竞争优势—中小企业绩效"的理论模型，研究结果发现主动式生态创新正向影响中小企业绩效，被动式生态创新却负向影响中小企业绩效，差异化竞争优势和低成本竞争优势在主动式生态创新、被动式生态创新影响中小企业生态创新的过程中均发挥显著的中介作用。该研究结论突破笼统探讨生态创新与企业绩效关系的不足，解构了生态创新与中小企业绩效之间关系的"黑箱"，深化了我们对生态创新作用机理的认识。子研究三基于大样本的实证检验，探讨了外部层面的制度环境完善性以及内部层面的管理者关系在生态创新与中小企业绩效之间关系中发挥的调节效应，明晰了生态创新影响中小企业绩效的边界条件，加深了我们对生态创新战略影响中小企业绩效的情境因素的理解和认识。

6.2.2　对转型经济情境下创新管理研究领域的贡献

我国正处于转型经济时期，制度环境尚不完善。在尚不完善的制度环境和独特的文化传统下，创新管理研究领域迫切需要基于转型经济情境特征来构建与发展相关的理论。为此，本书在子研究一中整合多个理论视角，一方面，考察了高管环保意识、组织冗余、制度压力对中小企业生态创新的直接影响，以期从多个层面就转型经济情境下中小企业生态创新的驱动因素做出全景式阐释；另一方面，就制度压力和组织冗余对高管环保意识与中小企业生态创新关系的调节效应做出了重要探讨，以期明晰转型经济情境下中小企业生态创新的多层次驱动机制。研究结果表明，转型经济情境下高管环保意识、组织冗余、制度压力对中小企业生态创新均具有显著的正向影响，组织冗余、制度压力在高管环保意识与中小企业生态创新关系间发挥正向调节作用，并且两者在高管环保意识与中小企业生态创新关系间具有联合调节作用。该研究结果对转型经济下中小企业生态创新的驱动机制做出了新的解读，体现了转型经济情境下中小企业生态创新行为的独特性，对转型经济情境下创新管理理论研究给予了一定的补充和发展。本书在子研究三中从权变视角切入，一方面，考察了管理者关系在生态创新与中小企业绩效关系中发挥的调节效应，以期从社会网络关系这一具有鲜明转型经济情境特征的微观视角，就生态创新与中小企业绩效的权变关系机理做出一定的理论阐释；另一方面，考察了制度环境完善性在生态创新与中小企业绩效关系中发挥的调节效应，以期从制度特征这一具有鲜明转型经济情境特征的宏观视角，就生态创新与中小企业绩效的权变关系机理做出相应的解读。研究结果表明，管理者关系负向调节主动式生态创新与中小企业绩效的正相关关系、被动式生态创新与中小企业绩效的负相关关系，制度环境完善性负向调节主动式生态创新与中小企业绩效的正相关关系、被动式生态创新与中小企业绩效的负相关关系。该研究结果有助于从宏观和微观两个层面对生态创新与中小企业绩效的权变关系机理做出了更全面的阐述，对转型经济情境下创新管理领域的现有研究做出了一定的发展和补充。

6.3　实践启示

本书深入系统地探讨了中小企业生态创新的驱动因素与绩效转化机制等问题，研究结论具有多重理论意义，对实践也具有一定的启示作用。

6.3.1　对相关政府部门的启示

在转型经济情境下，我国的各项制度尚待完善，社会环境日益动态化、多元化，独特的制度环境对中小企业的生态创新活动和企业成长实践具有重要的影响。

本书子研究一着重探讨了中小企业所感受到的制度压力在高管环保意识对中小企业生态创新的作用效应上发挥的作用。研究结果表明，制度压力正向调节高管环保意识与中小企业生态创新间的正向关系，且制度压力与组织冗余还将联合调节高管环保意识与中小企业生态创新间的正向关系，这表明对于当前我国政府相关部门而言，如何完善制度环境是迫切需要解决的现实问题。具体而言，一是完善命令控制型制度（Borsatto & Amui, 2019），通过制定专门针对中小企业不同细分行业的污染防治政策与法规，实现科学系统合理的顶层设计，推广绿色化生产流程，以更为严苛的标准要求中小企业，从环保技术、产品产量、生产流程等多个维度对落后的中小企业实施淘汰制度，提升中小企业的资源使用效率（徐志雄等，2021）。二是发挥好市场激励型制度的作用，通过完善环境保护税等税收政策，发挥好市场配置资源的作用，同时善用财政补贴设立中小企业专用的生态创新奖励基金，以低息或无息的方式为中小企业生态创新实践提供贷款和优惠政策扶持，以此来正向激励中小企业进行生态创新实践（卞晨等，2021）。需要注意的是，命令控制型制度过严会导致准入门槛过高，中小企业会疲于应付各种规制标准而降低生态创新的速度，市场激励型制度过于宽松则有可能导致投机倒把行为的产生。因此，政府部门应做好命令控制型制度和市场激励型制度的有机结合，为当地中小企业的成长提供良好的制度环境。

6.3.2 对中小企业的启示

本书围绕"中小企业如何有效实施生态创新战略"这一基本议题，深入系统地探讨了中小企业生态创新的驱动因素与绩效转化机制，这对于当前我国中小企业的生态创新实践具有以下三个方面的重要启示。

第一，本书子研究一探究了中小企业的资源存量对中小企业生态创新的影响以及在高管环保意识影响中小企业生态创新的过程中发挥的作用。研究结果表明，组织冗余正向影响中小企业生态创新，并且正向调节高管环保意识与中小企业生态创新间的正向关系。此外，组织冗余与制度压力还将联合调节高管环保意识与中小企业生态创新间的正向关系。因此，对我国中小企业而言，面对外部合法性不足和内部组织韧性不强的困境，实施生态创新战略是企业发展壮大的重要战略选择，然而在确立生态创新战略的过程中，要投入必要的资源实施绿色环保实践活动。另外，中小企业应优化组织资源配置（胡川和黄华，2023），通过对不同用途和类型的组织资源进行分块管理，制定组织资源使用的最优分配方案，降低资源错配率，最大限度地提升中小企业的生态创新能力，这对中小企业有效实施生态创新战略从而带动企业绩效的提升具有重要作用。

第二，本书子研究二着重探讨了中小企业生态创新向企业绩效的转化机制，研究结果表明主动式生态创新对中小企业绩效提升具有显著的正向影响，且差异化竞争优势和低成本竞争优势均在其中发挥中介作用。该结论对于内部组织韧性不强和外部合法性不足的中小企业如何提升组织绩效提供了相应启示。这说明对于我国的中小企业而言，可以通过实施竞争优势战略来带动中小企业绩效的提升，具体而言，一方面，可以通过增加企业生态产品种类、满足不同顾客的绿色消费需求来实施差异化战略，提升中小企业的差异化竞争优势；另一方面，通过绿色生产流程和方式降低企业的经营成本、管理成本等来实施低成本战略，以此不断增强企业自身的低成本竞争优势，最终促进中小企业绩效的提升（Triguero et al.，2013）。

第三，本书子研究三还发现制度环境完善性在主动式生态创新与中小企业绩效的正向关系中发挥显著的负向调节作用，制度环境完善性在被动式生态创新与中小企业绩效的负向关系中发挥显著的负向调节作用，这意味着中小企业应依据当地的制度环境来确定自身的创新战略，具体来说，在制度环境越完善的地区，被动式生态创新对中小企业绩效的负向效应得到缓解，也就是说，在制度环境越完善的地区，中小企业确立被动式生态创新战略所带来的利益越丰富；反之在制度环境不完善的地区，中小企业确立主动式生态创新战略所带来的利益越丰富。

6.3.3 对中小企业高层管理者的启示

本书对中小企业高层管理者也具有重要启示。本书子研究一探讨了个体层次的高管环保意识对中小企业生态创新的影响。研究结果表明，高管环保意识对中小企业生态创新具有显著的正向影响。这表明对于中小企业而言，如何提升高层管理者的环境保护意识是重中之重。具体而言，一方面，中小企业可以建立健全环保培训机制，加强高层管理者的社会责任感培养（唐贵瑶等，2019），并逐步形成重视环保实践的绿色企业文化；另一方面，高层管理者要了解国家政策导向，顺势而为，主动将中小企业的发展规划融入国家的战略发展规划中，为中小企业生态创新的实施和绩效提升贡献力量。本书子研究三发现管理者关系在主动式生态创新与中小企业绩效的正向关系中发挥显著的负向调节作用，管理者关系在被动式生态创新与中小企业绩效的负向关系中也发挥显著的负向调节作用。这表明中小企业管理者应构建良好的外部关系，努力提升企业绩效。具体而言，一方面，高层管理者要与客户、供应商、竞争对手建立良好的横向关系，降低中小企业获取市场资源的难度，构建互相信任的社会网络，以期达成稳定的合作协议，进而提升中小企业的创新积极性；另一方面，高层管理者要努力构建良好的政治关系，与执法部门、立法部门建立良好的纵向关系，这种纵向关系能够为中小企业带来制度优势，有利于中小企业的组织合法性认同（刘宇璟等，2019）。

6.4 研究局限性

虽然本书相关研究取得了一些有价值的研究结论，但由于研究能力和研究条件的限制，还存在一些局限性，有待于在未来研究中进一步完善。

首先，在子研究一、子研究二、子研究三的实证研究部分，样本抽取和选择方面存在不足。一是样本量整体偏少，子研究一的实证分析样本仅为182家，子研究二的实证分析样本为370家，子研究三的实证分析样本为234家，虽然有效样本量达到了实证分析要求，但还不算真正意义上的大样本实证分析，这会在一定程度上影响本书研究结论的效度。二是样本抽取存在便利性抽样问题，子研究一的有效样本全部来自山东、江苏等东部沿海地区，虽然这有利于探讨经济发达地区中小企业的生态创新实践，但受地理位置影响，没有来自中西部地区的样本，子研究一的样本量难以完全诠释转型经济情境下中小企业的独特特征，且对于子研究一要探讨制度压力对高管环保意识作用效应的影响还是没有达到理想的要求；子研究二的有效样本虽然包括江苏、浙江、广东、青海等地区的中小企业，但总体而言来自东南沿海地区的样本量占多数，样本来源地区具有一定的局限性；子研究三主要在江苏、上海、山东等东部沿海地区收集问卷数据，较少涉及中西部地区中小企业。未来研究应该扩大样本收集范围，拓展数据收集的多元化渠道，采用线下线上相结合的方式收集数据，保证有效样本量既有东部发达地区，又涉及中西部地区，以扩大样本容量，增强样本的代表性，同时选用服务业、旅游业等更多行业进行调研，进而提升实证分析的精确度，进一步提升研究结论的普适性和说服力。

其次，在开展子研究一、子研究二、子研究三的实证分析部分，均采用横截面数据，变量的测量还存在一些不足。一是受到研究条件的限制，子研究一、子研究二、子研究三中高管环保意识、制度压力、组织冗余、生态创新、企业竞争优势、中小企业绩效、制度环境完善性以及管理者关系等变量采用自我报告方式进行测量，可能会产生测量偏误。二是子研究二和子研究三在对中小企业绩效的测量上，由于中小企业具有较强的自我保护意识，要获取中小企业的财务数据较为困难，所以本研究采用主观评价法来测量企业绩效，可能会产生测量偏差，从而对实证结果产生影响。三是3个子研究所使用的问卷调查数据均是横截面数据。研究变量是不断动态发展的，不是一成不变的，横截面数据并不能系统、科学、全面地呈现各变量间的因果关系，更多的是反映出变量之间的相关关系。

最后，在研究中小企业生态创新的多层次驱动机制时，现有研究以大样本的定量研究为主，辅以少量案例研究，本研究仍然聚焦于传统的实证研究方法，探讨不同变量间的相关性关系，缺乏运用定性比较分析等方法来探讨不同变量之间的复杂因果关系，研究方法的多样性有待进一步加强。

6.5　未来研究方向

伴随着绿色发展理念的普及以及行业技术的快速发展，实施生态创新战略已经成为越来越多企业的重要战略抉择。生态创新是创新管理研究领域的一个焦点议题，而中小企业又是经济活动的重要微观载体，聚焦经济转型情境下中小企业的生态创新实践开展研究无疑具有重要的意义。本书探讨了中小企业生态创新的驱动因素与绩效转化机制，得出了一些有意义的研究结论，但未来这一领域还有许多有价值的研究问题值得学者们开展深入的探讨。

第一，深入探究驱动中小企业生态创新的复杂因果机制。生态创新有助于企业获取合法性、提升组织韧性，进而加快资源整合速度，最终有利于组织绩效提升（Singh et al.，2020；Khanra et al.，2022）。既然生态创新具有这么多益处，对于内部资源缺乏、外部利益相关者认同度不高的中小企业而言，为什么有些中小企业成功实施而有些中小企业却没有开展生态创新实践活动呢？现有研究更多地从单一理论视角切入，分析生态创新的影响因素，运用两个理论乃至三个理论来探讨企业生态创新影响因素的研究还不多见，这大大弱化了现实情境中社会环境的复杂性，对实证结果可能也会产生一定的影响。本书尝试整合高阶理论、资源基础理论、制度理论，从个体层次的高管环保意识、组织层次的组织冗余、环境层次的制度压力等三个层面出发，明晰中小企业生态创新的驱动因素，并进一步考察了不同层次驱动因素之间的交互效应，但尚未揭示不同层次驱动因素影响中小企业生态创新的复杂因果机制。实际上，企业生态创新行为的开展并不是环境、行业、企业或个体单一方面导致的，而是不同变量综合作用的结果（胡元林和李英，2020）。未来研究可整合多种理论，运用定性比较分析（QCA）方法来探讨中小企业生态创新的前因组态，以期厘清驱动中小企业生态创新的复杂因果机制。

第二，中小企业生态创新管理问题有待未来研究深入探讨。如何驱动企业实施生态创新只是中小企业生态创新战略的一个方面，更为关键的另一个问题是中小企业如何有效地管理生态创新的各个流程与环节。现有研究就国外大型制造业等上市企业的生态创新问题进行了较多的理论与实证探讨（Shahzad et al. , 2020；Chouaibi et al. , 2022；Albort-Morant et al. , 2016；冯文娜等，2023；刘子杨和陈进，2017），基于大型制造企业的生态创新管理研究结论显然不能直接运用于我国中小企业，因此未来研究可以就我国中小企业生态创新管理能力的测量、构建、绩效转化等问题开展深入分析和系统探讨。

第三，基于丰富的企业情境来开展更多更深入的生态创新研究。情境是中小企业生态创新的关键问题，也是帮助解释变量发挥作用的边界条件。现有研究主要探讨正式制度和企业资源等对企业生态创新实践活动的影响（Mulaessa & Lin，2021；吴以等，2019）。本书主要聚焦中小企业情境，系统探讨中小企业生态创新的驱动因素和绩效转化机制。在转型经济情境下，民营企业与国有企业在战略、行为方面往往呈现不同的特征，未来可以对我国民营企业与国有企业生态创新的驱动因素及绩效转化机制开展深入的研究，以期进一步探析制度变量在企业生态创新战略实施中的影响效应。

参考文献

[1] 白景坤. 组织惰性生成研究——环境选择、路径依赖和资源基础观的整合 [J]. 社会科学, 2017 (3): 55-65。

[2] 柏群, 杨云. 组织冗余资源对绿色创新绩效的影响——基于社会责任的中介作用 [J]. 财经科学, 2020 (12): 96-106.

[3] 宝贡敏. 以知识为基础的竞争战略——论我国高技术企业的战略管理基本模式 [J]. 南开管理评论, 2001 (2): 40-43.

[4] 边明英, 俞会新, 张迎新. 环境规制与交通运输业绿色创新——高管环保意识的中介作用 [J]. 华东经济管理, 2021, 35 (8): 11-20.

[5] 边明英, 俞会新, 张迎新. 我国绿色创新研究动态及展望——基于文献计量和知识图谱的分析 [J]. 科技管理研究, 2020, 40 (16): 236-243.

[6] 卞晨, 初钊鹏, 孙正林. 环境规制促进企业绿色技术创新的政策仿真研究 [J]. 工业技术经济, 2021, 40 (7): 12-22.

[7] 蔡乌赶, 李广培. 碳交易框架下企业生态创新策略研究 [J]. 中国管理科学, 2018, 26 (12): 168-176.

[8] 蔡乌赶, 周小亮. 基于多层二元选择模型的企业生态创新影响因素研究 [J]. 东南学术, 2014 (1): 168-174.

[9] 曹翠珍, 冯娇龙. 冗余资源对绿色创新模式选择的影响: 环境规制的整合视角 [J]. 管理评论, 2022, 34 (5): 124-135.

[10] 曹洪军, 陈泽文. 内外环境对企业绿色创新战略的驱动效应——高管环保意识的

调节作用 [J]. 南开管理评论, 2017, 20 (6): 95-103.

[11] 曹洪军, 孙继辉. 环境规制、组织绿色学习与企业绿色创新 [J]. 工业技术经济, 2021, 40 (3): 152-160.

[12] 陈爱珍, 王闯. 企业环境责任、绿色技术创新与企业财务绩效 [J]. 税务与经济, 2023 (4): 82-89.

[13] 陈柏樫, 吴青桦. 以资源基础理论与组织学习理论构建企业之竞争优势 [J]. 科技管理研究, 2012, 32 (11): 104-109.

[14] 陈承, 侯京京, 王宗军. 市场势力、企业社会责任与绿色创新 [J]. 技术经济, 2023, 42 (3): 78-89.

[15] 陈刚, 蓝艳, 彭宁. 欧美生态创新经验对我国"十三五"环保规划的启示 [J]. 环境保护, 2016, 44 (Z1): 94-97.

[16] 陈家淳, 杨奇星, 杜晓凤. 组织冗余对行业多元化战略的影响研究 [J]. 财会通讯, 2018 (9): 39-42.

[17] 陈奎庆, 赵帅. 基于文献计量的生态创新研究现状与展望 [J]. 常州大学学报（社会科学版）, 2021, 22 (2): 30-37.

[18] 陈力田, 朱亚丽, 郭嘉. 多重制度压力下企业绿色创新响应行为动因研究 [J]. 管理学报, 2018, 15 (5): 710-717.

[19] 陈琪, 尚宇. 绿色并购的绿色创新效应：策略逢迎还是实质转型 [J]. 金融发展研究, 2023 (6): 36-46.

[20] 陈秋俊, 贾涛, 王能民, 等. 制度压力对绿色供应链管理实践的影响研究——创新能力的调节作用 [J]. 工业工程与管理, 2021, 26 (3): 40-47.

[21] 陈悦, 陈超美, 胡志刚, 等. 引文空间分析原理与应用 [M]. 北京: 科学出版社, 2014.

[22] 陈泽文, 曹洪军. 绿色创新战略如何提升企业绩效——绿色形象和核心能力的中介作用 [J]. 华东经济管理, 2019, 33 (2): 34-43.

[23] 陈泽文, 陈丹. 新旧动能转换的环境不确定性背景下高管环保意识风格如何提升企业绩效——绿色创新的中介作用 [J]. 科学学与科学技术管理, 2019 (10): 113-128.

[24] 陈志红, 李健. 商业信用有助于中小企业绿色创新吗——基于融资约束视角 [J]. 现代经济探讨, 2020 (7): 70-78.

[25] 丛榕，胡元林．基于竞争视角的环境规制对企业绩效的影响研究［J］．生态经济，2019，35（10）：154-159.

[26] 崔凤军，陈国栋，董雪旺，等．机构改革背景下县级文旅机构组织绩效研究——基于组织文化认同的视角［J］．旅游学刊，2022，37（3）：16-27.

[27] 戴万亮，路文玲．环保舆论压力对制造企业绿色创新能力的影响——领导环保意识与组织绿色学习的链式中介效应［J］．科技进步与对策，2020，37（9）：131-137.

[28] 戴维奇．组织冗余、公司创业与成长：解析不同冗余的异质影响［J］．科学学与科学技术管理，2012，33（6）：156-164.

[29] 邓新明，罗欢，龙贤义，等．高管团队异质性、竞争策略组合与市场绩效——来自中国家电行业的实证检验［J］．南开管理评论，2021，24（4）：103-117.

[30] 董保宝，葛宝山，王侃．资源整合过程、动态能力与竞争优势：机理与路径［J］．管理世界，2011（3）：92-101.

[31] 董秉坤，常小菲，杨叶飞．制度压力下制造企业内部能力对其绿色创新合作的影响［J］．北京工业大学学报（社会科学版），2022，22（6）：171-186.

[32] 董静，余婕．外层网络资源获取、制度环境与孵化器创新绩效研究［J］．科技进步与对策，2020，37（10）：1-10.

[33] 杜可，陈关聚，梁锦凯．异质性环境规制、环境双元战略与绿色技术创新［J］．科技进步与对策，2023，40（8）：130-140.

[34] 樊纲，王小鲁，马光荣．中国市场化进程对经济增长的贡献［J］．经济研究，2011（9）：4-16.

[35] 方润生，李雄诒．组织冗余的利用对中国企业创新产出的影响［J］．管理工程学报，2005，19（3）：15-20.

[36] 方润生，陆振华，王长林，等．不同类型冗余资源的来源及其特征：基于决策方式视角的实证分析［J］．预测，2009，28（5）：59-64.

[37] 冯等田．西部生态旅游业绿色创新的激励制度改进［J］．西南大学学报（社会科学版），2008，34（1）：112-115.

[38] 冯根福，王珏帅，郑明波．"动态国家综合要素竞争优势理论"与中国长期经济增长［J］．当代经济科学，2022，44（6）：1-12.

[39] 冯泰文，陶静祎，王辰．绿色创业导向对绿色创新和企业绩效的影响——基于行

业的调节作用［J］. 中国流通经济，2020，34（10）：90-103.

［40］冯文娜，穆耀，曲睿. 外部绿色压力、环境承诺与制造企业绿色创新战略——组织冗余的调节作用［J］. 东北大学学报（社会科学版），2023，25（1）：35-46.

［41］傅超，王文姣，傅代国. 高管从军经历与企业战略定位——来自战略差异度的证据［J］. 管理科学，2021，34（1）：66-81.

［42］高伟，霍国庆. 基本竞争战略的整合模式研究［J］. 科技管理研究，2005，25（8）：150-152.

［43］葛元骎，李树文. AMO 战略人力资源管理对组织绩效的影响路径［J］. 科研管理，2022，43（11）：200-208.

［44］巩世广，耿献辉. 从股权结构到企业竞争优势：理论分析框架及影响传导路径［J］. 科学管理研究，2020，38（6）：85-93.

［45］谷盟，弋亚群，王栋晗. 高管团队冲突与战略变化速度——CEO 领导风格的差异化作用［J］. 软科学，2020，34（4）：133-139.

［46］何岚，钟书华. 企业规模和所有权对工艺生态创新的影响和作用机理：基于重庆制造业的调查［J］. 科技管理研究，2017，37（1）：7-14.

［47］和苏超，黄旭，陈青. 管理者环境认知能够提升企业绩效吗——前瞻型环境战略的中介作用与商业环境不确定性的调节作用［J］. 南开管理评论，2016，19（6）：49-57.

［48］侯杰泰，温忠麟，成子娟. 结构方程模型［M］. 北京：教育科学出版社，2004.

［49］侯艳辉，李硕硕，郝敏，等. 市场绿色压力对知识型企业绿色创新行为的影响［J］. 中国人口·资源与环境，2021，31（1）：100-110.

［50］胡川，黄华. 沉淀冗余、研发生产率与核心技术能力——数字化转型的调节作用［J］. 软科学，2023，37（9）：17-22.

［51］胡美琴，李元旭. 西方企业绿色管理研究述评及启示［J］. 管理评论，2007（12）：41-48+64.

［52］胡玉洲. 物流能力、竞争优势与企业绩效［J］. 中国流通经济，2014，28（2）：69-75.

［53］胡元林，王文波，朱彦霖. 外界压力、利益驱动与企业绿色行为［J］. 昆明理工大学学报（自然科学版），2019，44（2）：111-118.

［54］胡元林，李英. 智力资本组态效应对企业生态创新的影响——基于 fsQCA 方法的

实证分析 [J]. 科技进步与对策, 2021, 38 (10): 95-104.

[55] 胡元林, 刘静, 杜阳阳. 企业生态创新的资源因素——以资源柔性为中介 [J]. 华东经济管理, 2020, 34 (6): 38-46.

[56] 胡元林, 向海林, 彭羽昊. 异质性资源对企业生态创新的影响——以资源管理为中介 [J]. 科技进步与对策, 2021, 38 (21): 92-100.

[57] 黄蝶君, 赖作卿, 李桦. 政府规制、生态创新与农业企业生态及经济绩效 [J]. 软科学, 2016, 30 (9): 28-31+36.

[58] 黄昊, 王国红, 秦兰. 科技新创企业资源编排对企业成长影响研究: 资源基础与创业能力共演化视角 [J]. 中国软科学, 2020 (7): 122-137.

[59] 黄金鑫, 陈传明. 冗余资源对成长性企业绩效影响研究——基于我国创业板企业的实证研究 [J]. 广西社会科学, 2015 (1): 69-74.

[60] 贾迎亚, 胡君辰. 基于高阶理论的高管特质研究: 评述与展望 [J]. 管理现代化, 2021, 41 (3): 75-79.

[61] 江旭, 沈奥. 未吸收冗余、绿色管理实践与企业绩效的关系研究 [J]. 管理学报, 2018, 15 (4): 539-547.

[62] 江怡洒, 冯泰文. 绿色供应链整合: 研究述评与展望 [J]. 外国经济与管理, 2022, 44 (6): 135-152.

[63] 姜国刚, 陈思文, 左鹏. 困境·趋势·对策: 江苏石化产业高质量发展研究 [J]. 常州大学学报 (社会科学版), 2019, 20 (6): 45-52.

[64] 揭筱纹, 宁胜男. "双循环"背景下中国中小制造企业绿色国际竞争力多维模式构建 [J]. 企业经济, 2021, 40 (10): 14-23.

[65] 金永杰, 赵树良. 企业环境伦理对重污染企业绿色创新的影响——制度压力和补贴强度的调节作用 [J]. 科学学与科学技术管理, 2023, 44 (2): 75-93.

[66] 黎茜茹, 胡新, 张雨菲, 等. 绿色资产支持证券发行存在绿色溢价吗——基于漂绿风险视角的分析 [J]. 财经科学, 2023 (7): 49-63.

[67] 李斌, 曹万林. 环境规制对我国循环经济绩效的影响研究——基于生态创新的视角 [J]. 中国软科学, 2017 (6): 140-154.

[68] 李宏贵, 曹迎迎, 杜运周. 动态制度环境下企业创新的战略反应 [J]. 管理学报, 2018, 15 (6): 856-864.

[69] 李虹, 张希源. 管理层能力与企业环境责任关系研究——基于模仿压力和强制压

力调节作用视角 [J]. 华东经济管理, 2016, 30 (8): 139-146.

[70] 李华晶, 张玉利, 汤津彤. 基于伦理与制度交互效应的绿色创业机会开发模型探究 [J]. 管理学报, 2016, 13 (9): 1367-1373.

[71] 李剑力. 探索性创新、开发性创新与企业绩效关系研究——基于冗余资源调节效应的实证分析 [J]. 科学学研究, 2010, 27 (9): 1418-1427.

[72] 李健, 李晏墅. 制造业组织冗余、两职兼任与企业绩效——基于中国上市面板数据的实证研究 [J]. 工业技术经济, 2013 (4): 83-89.

[73] 李健, 潘镇, 陈景仁. 制造业企业期望绩效反馈效果对组织冗余结构的影响及后果 [J]. 管理评论, 2018, 30 (11): 198-208.

[74] 李杰义, 张乘, 谢琳娜. 环境知识学习、绿色创新行为与环境绩效 [J]. 科技进步与对策, 2019, 36 (15): 122-128.

[75] 李卫宁, 吴坤津. 企业利益相关者、绿色管理行为与企业绩效 [J]. 科学学与科学技术管理, 2013, 34 (5): 89-96.

[76] 李文, 刘思慧, 梅蕾. 基于QCA的商业模式创新对企业绩效的影响研究 [J]. 管理案例研究与评论, 2022, 15 (2): 129-142.

[77] 李文茜, 贾兴平, 廖勇海, 等. 多视角整合下企业社会责任对企业技术创新绩效的影响研究 [J]. 管理学报, 2018, 15 (2): 237-245.

[78] 李先江. 新服务企业绿色创业导向、绿色动态能力与企业成长的关系 [J]. 财经论丛, 2014 (2): 79-84.

[79] 李晓翔, 刘春林. 高流动性冗余资源还是低流动性冗余资源——一项关于组织冗余结构的经验研究 [J]. 中国工业经济, 2010 (7): 94-103.

[80] 李晓翔, 刘春林. 困难情境下组织冗余作用研究: 兼谈市场搜索强度的调节作用 [J]. 南开管理评论, 2013, 16 (3): 140-148.

[81] 李晓翔, 刘春林. 冗余资源与企业绩效关系的情境研究——兼谈冗余资源的数量变化 [J]. 南开管理评论, 2011, 14 (3): 4-14.

[82] 李怡娜, 叶飞. 制度压力、绿色环保创新实践与企业绩效关系——制度主义理论和生态现代化理论视角 [J]. 科学学研究, 2011, 29 (12): 1889-1894.

[83] 廖中举, 陈杰, 谭映宇, 等. 生态创新与企业绩效的内在机理研究现状及展望 [J]. 环境污染与防治, 2023, 45 (2): 219-224+244.

[84] 廖中举, 黄超. 生态创新的最新研究进展与述评 [J]. 应用生态学报, 2017, 28

（12）：4150-4156.

[85] 廖中举，张曼婷 . 基于 Web of Science 分析的生态创新研究进度 ［J］. 生态学报，
2020，40（9）：3144-3153.

[86] 廖中举 . 企业生态创新的维度构成与量表开发研究 ［J］. 中国环境管理，2018，10
（1）：56-59+104.

[87] 林海 . 企业吸收能力对竞争优势的影响——基于创新网络的动态仿真研究 ［J］.
科技管理研究，2014，34（11）：96-101.

[88] 林润辉，谢宗晓，王兴起，等 . 制度压力、信息安全合法化与组织绩效——基于
中国企业的实证研究 ［J］. 管理世界，2016（2）：112-127+188.

[89] 林赛燕，徐恋 . 绿色创新能否促进企业财务绩效的提升？——基于企业集团和供
应链的视角 ［J］. 浙江社会科学，2021，295（3）：23-31+156-157.

[90] 刘芳，周巧笑，王浩 . 高绩效工作系统与农业新创企业绩效——基于资源基础观
的视角 ［J］. 广东社会科学，2016（3）：16-25.

[91] 刘宁宁，孙玉环，李冉冉，等 . 中国制造业环境效率与污染精准减排路径选择
［J］. 统计与信息论坛，2021，36（3）：82-94.

[92] 刘新春，刘贝妮，郭月华 . 绿色创新动机对企业竞争优势的影响研究 ［J］. 科学
管理研究，2021，39（6）：90-96.

[93] 刘星，金占明 . 国外组织冗余研究进展评述和矩阵式冗余分类 ［J］. 技术经济，
2017，36（11）：49-54.

[94] 刘宇嘉，刘力钢，邵剑兵 . 组织冗余、风险承担能力与企业绿色创新战略——来
自重污染行业上市公司的经验证据 ［J］. 科技进步与对策，2023，40（8）：
66-77.

[95] 刘宇璟，黄良志，林裘绪 . 环境动态性、创业导向与企业绩效——管理关系的调
节效应 ［J］. 研究与发展管理，2019，31（5）：89-102.

[96] 刘子杨，陈进 . 碳排放视角下生态创新、高管团队异质性与经济绩效的关系研
究——以中国火力发电行业上市公司为例 ［J］. 软科学，2017，31（6）：86-90.

[97] 龙思颖，廖中举，余海蓉 . 企业生态创新扩散研究综述与展望 ［J］. 科技管理研
究，2021，41（8）：201-208.

[98] 卢强，刘贝妮，宋华 . 中小企业能力对供应链融资绩效的影响：基于信息的视角
［J］. 南开管理评论，2019，22（3）：122-136.

［99］卢现祥，徐俊武．制度环境评估指标体系研究——兼评湖北省的制度环境［J］．中南财经政法大学学报，2004（3）：46-53+143.

［100］陆超，祝天琪．海归高管能促进企业绿色创新吗——基于中国 A 股上市公司经验证据［J］．贵州财经大学学报，2023（1）：81-90.

［101］伦蕊．冒险型研发战略、差异化竞争优势与企业市场价值［J］．财经科学，2020（4）：80-94.

［102］马玎，刘介明，刘思施．企业生态创新与经济绩效的因果、路径和调节［J］．企业经济，2018，37（6）：11-18.

［103］马玎，叶建木，刘思施．制度压力调节下的企业生态创新与盈利性的关系研究［J］．管理学报，2016，13（2）：275-284.

［104］马丽，赵蓓．高层管理者关系对创业导向的影响机制研究——一个有中介的调节模型［J］．财经论丛，2018（4）：94-103.

［105］马庆国．管理统计［M］．北京：科学出版社，2002.

［106］马喆亮，胡元林．逐利本性还是市场激励？——基于重污染企业绿色行为的调查研究［J］．生态经济，2019，35（9）：164-169.

［107］〔美〕迈克尔·波特（Michael E. Poter）著；陈小悦译．竞争优势［M］．北京：华夏出版社，1997.

［108］孟科学，严清华．绿色金融与企业生态创新投入结构优化［J］．科学学研究，2017，35（12）：1886-1895.

［109］欧阳辰星，游达明，李龙，等．高管"抑制"对公司创新绩效的影响［J］．系统工程，2017，35（3）：64-72.

［110］潘安娥，郭秋实．政府监管与企业环境信息披露——基于高管环保意识的调节作用［J］．软科学，2018，32（10）：84-87.

［111］潘楚林，田虹．前瞻型环境战略对企业绿色创新绩效的影响研究——绿色智力资本与吸收能力的链式中介作用［J］．财经论丛，2016（7）：85-93.

［112］裴长洪，刘斌，杨志远．综合竞争合作优势：中国制造业国际竞争力持久不衰的理论解释［J］．财贸经济，2021，42（5）：14-30.

［113］彭荷芳，周健颖，陆玉梅．制度压力、员工社会责任行为与民营企业绩效关系研究［J］．宏观经济研究，2016（11）：152-160.

［114］彭伟，符正平．权变视角下联盟网络与新创企业成长关系研究［J］．管理学报，

2014, 11 (5): 659-668.

[115] 彭小宝, 张佳, 刘国芳, 等. 制度压力与中小企业双元性创新意愿: 领导力风格的调节作用 [J]. 科技进步与对策, 2018, 35 (16): 83-90.

[116] 彭雪蓉, 黄学. 企业生态创新影响因素研究前沿探析与未来研究热点展望 [J]. 外国经济与管理, 2013, 35 (9): 61-71+80.

[117] 彭雪蓉, 刘洋. 行业可见性、创新能力与高管认知对企业生态创新行为的影响 [J]. 研究与发展管理, 2015, 27 (5): 68-77.

[118] 彭雪蓉, 魏江. 利益相关者环保导向与企业生态创新——高管环保意识的调节作用 [J]. 科学学研究, 2015, 33 (7): 1109-1120.

[119] 彭雪蓉, 魏江. 生态创新、资源获取与组织绩效——来自浙江省中小企业的实证研究 [J]. 自然辩证法研究, 2014, 30 (5): 60-65.

[120] 祁明, 林晓丹. 基于 TRIZ 论区域创新生态系统的构建 [J]. 科技管理研究, 2009, 29 (9): 444-446.

[121] 邵兴东, 孟宪忠. 战略性社会责任行为与企业持续竞争优势来源的关系——企业资源基础论视角下的研究 [J]. 经济管理, 2015, 37 (6): 56-65.

[122] 苏武康. 中国上市公司股权结构与公司绩效 [M]. 北京: 经济科学出版社, 2003.

[123] 苏昕, 刘昊龙. 多元化经营对研发投入的影响机制研究——基于组织冗余的中介作用 [J]. 科研管理, 2018, 39 (1): 126-134.

[124] 孙红霞, 生帆, 李军. 基于动态能力视角的知识流动过程模型构建 [J]. 图书情报工作, 2016, 60 (14): 39-46.

[125] 孙丽文, 任相伟. 层次结构网络嵌入、TMT 异质性与企业绿色转型动因——跨层交互因素的整合分析框架 [J]. 财经论丛, 2020 (7): 93-103.

[126] 孙永波, 孙珲, 丁沂昕. 资源 "巧" 配与创业机会识别——基于资源编排理论 [J]. 科技进步与对策, 2021, 38 (2): 19-28.

[127] 唐贵瑶, 陈琳, 陈扬, 等. 高管人力资源管理承诺、绿色人力资源管理与企业绩效: 企业规模的调节作用 [J]. 南开管理评论, 2019, 22 (4): 212-224.

[128] 唐贵瑶, 孙玮, 贾进, 等. 绿色人力资源管理研究述评与展望 [J]. 外国经济与管理, 2015, 37 (10): 82-96.

[129] 田红娜, 孙美玲, 王莉静. 数字化领导力如何促进企业绿色创新——SEM 与

fsQCA 方法 [J]. 科技进步与对策，2023，40（8）：54-65.

[130] 田虹，王宇菲. 企业环境战略对企业三重绩效的影响研究 [J]. 西安交通大学学报（社会科学版），2019，39（4）：19-26.

[131] 田玲，刘春林."同伴"制度压力与企业绿色创新——环境试点政策的溢出效应 [J]. 经济管理，2021，43（6）：156-172.

[132] 王分棉，张鸿. 环境不确定性、高管特征与组织冗余——来自中国上市公司的证据 [J]. 中央财经大学学报，2016（4）：102-111.

[133] 王海花，谭钦瀛，李烨. 数字技术应用、绿色创新与企业可持续发展绩效——制度压力的调节作用 [J]. 科技进步与对策，2023，40（7）：124-135.

[134] 王洪波，刘艳，肖凤军.CEO调节焦点、绿色创新与企业绩效研究 [J]. 科技进步与对策，2017，34（7）：82-87.

[135] 王建刚，吴洁. 网络结构与企业竞争优势——基于知识转移能力的调节效应 [J]. 科学学与科学技术管理，2016，37（5）：55-66.

[136] 王健，黄群慧. 绿色创新企业如何突破"绿色陷阱"：机缘巧合与绿色合法性的作用 [J]. 当代财经，2022（11）：76-86.

[137] 王进. 产业群聚、知识共享、生态创新与企业竞争优势关系的实证研究 [J]. 软科学，2014，28（9）：74-77+104.

[138] 王娟茹，崔日晓，张渝. 利益相关者环保压力、外部知识采用与绿色创新——市场不确定性与冗余资源的调节效应 [J]. 研究与发展管理，2021，33（4）：15-27.

[139] 王娟茹，刘娟. 双元性绿色创新对我国制造企业竞争优势的影响：技术动荡性的调节作用 [J]. 科技管理研究，2020，40（9）：196-204.

[140] 王丽萍，姚子婷，李创. 环境战略对环境绩效和经济绩效的影响——基于企业成长性和市场竞争性的调节效应 [J]. 资源科学，2021，43（1）：23-39.

[141] 王莉静，王微微，田红娜. 跨界搜索、知识整合对制造业企业服务化绩效的影响研究 [J]. 中国软科学，2023（6）：155-166.

[142] 王秋霞，张敦力. 外部制度驱动、生态创新与企业财务绩效——基于组织社会学新制度主义理论的视角 [J]. 宏观经济研究，2018（4）：151-162+175.

[143] 王舒扬，朱强，王兴元. 中小企业绿色创新多元导向实证研究：基于创新生态系统视角 [J]. 企业经济，2023，42（6）：12-21.

[144] 王霞，徐晓东．竞争异质性、管理者道德认知与企业的生态创新研究 [J]．上海财经大学学报（哲学社会科学版），2016，18（4）：52-66+96.

[145] 王雅君，刘静艳，覃方铭．酒店生态创新：驱动因素及作用机制——基于扎根理论的探索性研究 [J]．旅游学刊，2018，33（8）：96-107.

[146] 王永健，谢卫红．转型环境下管理者关系对企业绩效的影响研究 [J]．管理科学，2015，28（6）：39-49.

[147] 韦院英，胡川．环境政策、企业社会责任和企业绩效的关系研究——基于重污染行业环境违规企业的实证分析 [J]．华东理工大学学报（社会科学版），2021，36（3）：125-133.

[148] 魏谷，孙启新．组织资源、战略先动性与中小企业绩效关系研究——基于资源基础观的视角 [J]．中国软科学，2014（9）：117-126.

[149] 魏江，戴维奇，林巧．管理者社会连带影响企业绩效的机理：以组织创新为中介变量 [J]．科学学与科学技术管理，2009，30（2）：148-153+159.

[150] 温素彬，李慧，焦然．企业文化、利益相关者认知与财务绩效——多元资本共生的分析视角 [J]．中国软科学，2018（4）：113-122.

[151] 乌力吉图，黄莞，王英立．架构创新：探索特斯拉的竞争优势形成机理 [J]．科学学研究，2021，39（11）：2101-2112.

[152] 吴超鹏，唐茜．知识产权保护执法力度、技术创新与企业绩效——来自中国上市公司的证据 [J]．经济研究，2016，51（11）：125-139.

[153] 吴航．企业实施探索性与利用性国际化战略的组织冗余限制——基于稀缺性与吸收性的维度划分 [J]．重庆大学学报（社会科学版），2017，23（5）：41-50.

[154] 吴建祖，陈致羽．企业绿色创新前因及后果研究的元分析 [J]．科学学与科学技术管理，2023，44（3）：144-168.

[155] 吴建祖，范会玲．基于组态视角的企业绿色创新驱动模式研究 [J]．研究与发展管理，2021，33（4）：41-53.

[156] 吴晟，武良鹏，吕辉．绿色信贷对企业生态创新的影响机理研究 [J]．软科学，2019，33（4）：53-56.

[157] 吴小节，彭韵妍，汪秀琼．中国管理本土研究的现状评估与发展建议——以基于制度理论的学术论文为例 [J]．管理学报，2016，13（10）：1435-1445.

[158] 吴以，张浩，杨夏妮．省域绿色创新、组织冗余对企业绩效的影响研究——基于

中国制造业上市公司的经验分析［J］. 生态经济，2019，35（10）：66-73+129.

［159］武立东，周亚拿. 媒体关注、制度压力与银行绿色贷款［J］. 财经论丛，2019
（12）：44-54.

［160］武咸云，张颐嘉. 如何提升企业绿色创新绩效？——基于 TOE 框架的组态分析
［J］. 经济问题，2023（6）：106-112.

［161］席龙胜，赵辉. 高管双元环保认知、绿色创新与企业可持续发展绩效［J］. 经济
管理，2022，44（3）：139-158.

［162］项保华，李庆华. 波特模型及其改进［J］. 中国工业经济，1999（11）：63-66.

［163］肖珩. 财政补贴对企业绿色技术创新的影响研究［J］. 技术经济与管理研究，
2023（1）：32-37.

［164］肖黎明，肖沁霖. 国内外绿色创新研究进展与热点——基于 CiteSpace 的可视化分
析［J］. 资源开发与市场，2018，34（9）：1212-1220.

［165］肖鹏，王爱梅，刘金培. 企业国际化与竞争优势：动态能力的中介效应［J］. 科
技进步与对策，2019，36（11）：85-91.

［166］肖振红，李炎. 高专利密集度制造业绿色创新路径演化分析——知识产权保护强
度视角［J］. 管理评论，2022，34（11）：88-98.

［167］谢雄标，孙静柯. 中小制造企业绿色创新障碍因素的实证研究［J］. 科技管理研
究，2021，41（18）：214-219.

［168］解学梅，朱琪玮. 合规性与战略性绿色创新对企业绿色形象影响机制研究：基于
最优区分理论视角［J］. 研究与发展管理，2021，33（4）：2-14.

［169］解学梅，霍佳阁，王宏伟. 绿色工艺创新与制造业行业财务绩效关系研究［J］.
科研管理，2019，40（3）：63-73.

［170］邢明强，曹鹏. 中高层领导者胜任素质对组织绩效影响的元分析［J］. 河北经贸
大学学报，2022，43（2）：59-71.

［171］熊会兵，肖文韬，邓新明. 企业政治战略与经济绩效：基于合法性视角［J］. 中
国工业经济，2010（10）：138-147.

［172］徐建中，贯君，林艳. 制度压力、高管环保意识与企业绿色创新实践——基于新
制度主义理论和高阶理论视角［J］. 管理评论，2017，29（9）：72-83.

［173］徐萌萌. 政府资助对科技型中小企业创新绩效的影响研究——创新动力的中介效
应分析［J］. 软科学，2021，35（1）：32-38.

[174] 徐荣贞，王森，何婷婷．绿色供应链金融视角下中小企业可持续发展的动力机制研究 [J]．金融理论与实践，2022（1）：76-86．

[175] 徐向艺，李婷婷，方政．民营上市公司组织冗余与创新投入的关系研究 [J]．山东大学学报（哲学社会科学版），2020（3）：120-135．

[176] 徐志雄，徐维祥，刘程军．环境规制对土地绿色利用效率的影响 [J]．中国土地科学，2021，35（8）：87-95．

[177] 许志权．战略柔性建立企业竞争优势的理论阐释 [J]．财会通讯，2021（16）：165-170．

[178] 杨波．零售业低碳化与促进中国低碳零售发展的政策选择——基于企业的自然资源基础观 [J]．财贸研究，2011，22（1）：39-45．

[179] 杨静，刘秋华，施建军．企业绿色创新战略的价值研究 [J]．科研管理，2015，36（1）：18-25．

[180] 杨静，施建军，刘秋华．学习理论视角下的企业生态创新与绩效关系研究 [J]．管理学报，2015，12（6）：865-872．

[181] 杨静，仲为国，于毅．环境领导力对企业生态创新的影响机制研究 [J]．科研管理，2021，42（7）：108-115．

[182] 杨林．创业型企业高管团队垂直对差异与创业战略导向：产业环境和企业所有制的调节效应 [J]．南开管理评论，2014，17（1）：134-144．

[183] 杨栩，廖姗，张平．生态创新、利益相关者关系嵌入性与新创企业合法性关系研究 [J]．管理评论，2020，32（9）：107-117．

[184] 杨燕．生态创新的概念内涵和特性：与一般意义上创新的比较与思考 [J]．东北大学学报（社会科学版），2013，15（6）：557-562．

[185] 杨阳，曾刚，葛世帅，等．国内外绿色创新研究进展与展望 [J]．经济地理，2022，42（3）：10-21．

[186] 杨勇，郭文娜．动态能力、知识转移与创业绩效——基于中小企业国际创业的视角 [J]．财会通讯，2018（9）：92-96．

[187] 姚林如，杨海军，王笑．不同环境规制工具对企业绩效的影响分析 [J]．财经论丛，2017（12）：107-113．

[188] 姚小涛，席酉民．企业与市场相结合的中间组织及其博弈分析 [J]．西安交通大学学报（社会科学版），2001，21（2）：32-35．

[189] 姚正海，王凯．财税政策、研发投入对江苏中小企业绩效的影响研究［J］．改革与开放，2021（12）：1-13+20．

[190] 殷炼乾，钱秋业，李翠萍，等．企业家薪酬如何影响中小企业融资能力［J］．金融监管研究，2021（5）：16-32．

[191] 尹建华，双琦．CEO学术经历对企业绿色创新的驱动效应——环境注意力配置与产学研合作赋能双重视角［J］．科技进步与对策，2023，40（3）：141-151．

[192] 于飞，胡查平，刘明霞．网络密度、高管注意力配置与企业绿色创新：制度压力的调节作用［J］．管理工程学报，2021，35（2）：55-66．

[193] 于飞，胡泽民，袁胜军．打开制度压力与企业绿色创新之间的黑箱——知识耦合的中介作用［J］．预测，2020，39（2）：1-9．

[194] 于飞，刘明霞，王凌峰，等．知识耦合对制造企业绿色创新的影响机理——冗余资源的调节作用［J］．南开管理评论，2019，22（3）：54-65+76．

[195] 于飞，刘明霞．组织演化理论视角下的股权结构与子公司生存——环境突变、冗余资源的调节作用［J］．中国管理科学，2014，22（5）：138-148．

[196] 于换军．制度环境对企业集团发展的影响——基于省际面板数据的经验分析［J］．中央财经大学学报，2020（5）：95-106．

[197] 余光胜．企业竞争优势根源的理论演进［J］．外国经济与管理，2002，24（10）：2-7．

[198] 余华银．生态创新：农业可持续发展的必然选择［J］．经济问题，1998（8）：48-50．

[199] 余姗，樊秀峰，蒋皓文．双循环格局下"引进来"如何促进制造业高质量"走出去"——基于制度环境的门槛效应分析［J］．云南财经大学学报，2022，38（2）：24-35．

[200] 袁东阳，马颖，程一木．差异化战略与竞争优势的可持续性——理论与案例研究［J］．技术经济，2014，33（5）：118-124．

[201] 袁文融，杨震宁．主动还是被动：企业环保战略与绿色技术创新［J］．技术经济，2020，39（7）：27-34．

[202] 袁祎开，冯佳林，谷卓越．环保补助能否激励企业进行绿色创新？——基于企业社会责任门槛效应的检验［J］．科学学研究，2023，41（6）：1-24．

[203] 曾江洪，刘诗绮，李佳威．多元驱动的绿色创新对企业经济绩效的影响研究

[J]．工业技术经济，2020，39（1）：13-22.

[204] 战岐林．中国服务贸易的竞争优势理论分析——基于电影音像业和通讯服务业的市场结构对比 [J]．国际经贸探索，2009，25（10）：15-21.

[205] 战睿，王海军，孟翔飞．企业创新生态系统的研究回顾与展望 [J]．科学学与科学技术管理，2020，41（5）：179-197.

[206] 〔美〕爱德华·张伯仑（Edward Chamberlain）著，周文译．垄断竞争理论 [M]．北京：华夏出版社，2013.

[207] 张海丽，贺换换．突破创新速度的困境：变革型领导作用的跨国研究 [J]．管理工程学报，2021，35（6）：10-23.

[208] 张贺梅．企业资源能力组合与竞争优势关系的实证研究 [D]．重庆：重庆大学，2011.

[209] 张红红．高管团队特质对差异化竞争优势影响的实证研究 [D]．河北：河北经贸大学，2012.

[210] 张琳，席酉民，杨敏．资源基础理论60年：国外研究脉络与热点演变 [J]．经济管理，2021，43（9）：189-208.

[211] 张璐，王岩，苏敬勤，等．资源基础理论：发展脉络、知识框架与展望 [J]．南开管理评论，2021，24（6）：1-22.

[211] 张铭，田慧敏，曾娜．双重理论视角下新创企业竞争优势的实现路径——基于模糊集定性比较分析法与必要条件分析法 [J]．中国流通经济，2023，37（5）：105-117.

[213] 张蕊．企业战略经营业绩评价指标体系研究 [M]．北京：中国财政经济出版社，2002.

[214] 张腾飞，杨俊．绿色发展绩效的环境保护财政支出效应评价及政策匹配 [J]．改革，2019（5）：60-69.

[214] 张雪兰．市场导向、竞争优势与组织绩效关系研究 [D]．武汉：武汉大学，2005.

[216] 张艳丽，许龙，王建华．绿色创新视阈下科技型中小企业高质量发展的驱动路径——基于系统动力学模型的仿真模拟 [J]．企业经济，2022，41（3）：13-23.

[217] 张韵，钟书华．强化企业生态创新能力推动企业绿色转型 [J]．当代经济管理，2016，38（4）：21-26.

[218] 张在旭，谢旭光．国外竞争优势理论的发展演化评述［J］．经济问题探索，2012 (9)：135-140．

[219] 张泽南，钱欣钰，曹新伟．企业数字化转型的绿色创新效应研究：实质性创新还是策略性创新？［J］．产业经济研究，2023（1）：86-100．

[220] 赵树宽，张铂晨，蔡佳铭．绿色创新对企业绩效的影响：基于中国上市公司面板数据［J］．科技管理研究，2022，42（6）：211-220．

[221] 钟明宝，张春燕，史丹，等．基于竞争优势理论的我国竞技体育发展战略问题探析［J］．北京体育大学学报，2016，39（9）：1-11．

[222] 周丹妮，项丽亚．东道国制度压力、人力资源本地化与企业绩效——基于在越中国企业的实证研究［J］．江西社会科学，2020，40（4）：61-73．

[223] 周国强，杨书闻．中小企业资源冗余与财务绩效的交互跨期影响［J］．财会月刊，2018（12）：9-14．

[224] 周浩，龙立荣．共同方法偏差的统计检验与控制方法［J］．心理科学进展，2004，12（6）：942-950．

[225] 周江，胡静锋，宋彦，等．基于李嘉图贸易模型的中美产业竞争理论与实证分析［J］．宏观经济研究，2021（1）：79-95．

[226] 周琪，苏敬勤，长青，等．战略导向对企业绩效的作用机制研究：商业模式创新视角［J］．科学学与科学技术管理，2020，41（10）：74-92．

[227] 周霞，陈莞龙，张骁．高管过度自信对企业创新模式选择的影响——兼论独立董事和非沉淀性冗余资源的调节作用［J］．科技管理研究，2020，40（13）：25-33．

[228] 朱朝晖，林雯，曾爱民，等．"绿色工厂"认定对企业绿色创新的影响研究［J］．当代财经，2023（7）：3-16．

[229] 朱福林，黄艳．网络强度、组织冗余与创新模式——对200家样本企业问卷调研数据的实证检验［J］．科技进步与对策，2020，37（3）：106-114．

[230] 朱建峰，郁培丽，石俊国．绿色技术创新、环境绩效、经济绩效与政府奖惩关系研究——基于集成供应链视角［J］．预测，2015，34（5）：61-66．

[231] 朱晋伟，魏妍宇．绿色创新绩效国际研究热点和发展趋势分析［J］．技术经济，2022，41（11）：66-77．

[232] 朱秀梅，陈琛，纪玉山．基于创业导向、网络化能力和知识资源视角的新创企业

竞争优势问题探讨 [J]. 外国经济与管理, 2010, 32 (5): 9-16.

[233] 邹纯龙, 马海群, 王今. 基于国家竞争优势理论的美国科技情报工作制度变革动因研究 [J]. 情报理论与实践, 2021, 44 (5): 15-21.

[234] 邹国庆, 董振林. 管理者社会资本与创新绩效: 制度环境的调节作用 [J]. 理论探讨, 2015 (6): 86-90.

[235] 邹国庆, 倪昌红. 新兴经济体的制度质量与企业绩效: 企业控制权的调节作用 [J]. 吉林大学社会科学学报, 2012, 52 (1): 126-133.

[236] Acquaah M. Managerial social capital, strategic orientation and organizational performance in an emerging economy [J]. Strategic Management Journal, 2007, 28 (12): 1235-1255.

[237] Adomako S. Environmental collaboration, sustainable innovation, and SME growth in Sub-Saharan Africa: evidence from Ghana [J]. Sustainable Development, 2020, 28 (6): 1609-1619.

[238] Afshar J A, Gharleghi B. Sustainable development in Iran post-sanction: embracing green innovation by small and medium-sized enterprises [J]. Sustainable Development, 2020, 28 (4): 781-790.

[238] Aida S, Marian M, Anne V, et al.. Eco-innovation, a business approach towards sustainable processes, product and services [J]. Procedia-Social and Behavioral Sciences, 2018 (238): 475-484.

[240] Akter S, Wamba S F, Gunasekaran A, et al.. How to improve firm performance using big data analytics capability and business strategy alignment? [J]. International Journal of Production Economics, 2016, 182 (12): 113-131.

[241] Albort-Morant G, Leal-Millán A, Cepeda-Carrión G. The antecedents of green innovation performance: a model of learning and capabilities [J]. Journal of Business Research, 2016, 69 (11): 4912-4917.

[242] Al-Hawari M A, Bani-Melhem S, Shamsudin F M. Green innovation performance: a multi-level analysis in the hotel sector [J]. Journal of Sustainable Tourism, 2022, 30 (8): 1878-1896.

[243] Alomari I, Amir A M, Auzair S M, et al.. Effect of enterprise resource planning systems and forms of management control on firm's competitive advantage [J]. Asian Journal of

Accounting and Governance, 2018, 9 (1): 87-98.

[244] Ambec S, Cohen M A, Elgie S, et al.. The porter hypothesis at 20: can environmental regulation enhance innovation and competitiveness? [J]. Review of Environmental Economics and Policy, 2013, 7 (1): 2-22.

[245] Amores S J, Castro M, Navas-Lopez J E. Green corporate image: moderating the connection between environmental product innovation and firm performance [J]. Journal of Cleaner Production, 2014, 83 (15): 356-365.

[246] Amores-Salvadó J, Martin-de Castro G, Navas-López J E. The importance of the complementarity between environmental management systems and environmental innovation capabilities: a firm level approach to environmental and business performance benefits [J]. Technological Forecasting and Social Change, 2015 (96): 288-297.

[247] Anderson J C, Gerbing D W. Predicting the performance of measures in a confirmatory factor analysis with a pretest assessment of their substantive validities [J]. Journal of Applied Psychology, 1991, 76 (5): 732-740.

[248] Ang S H, Benischke M H, Doh J P. The interactions of institutions on foreign market entry mode [J]. Strategic Management Journal, 2015, 36 (10): 1536-1553.

[249] Ansoff H I. Corporate strategy: An analytic approach to business policy for growth and expansion [J]. Journal of the University of Transportation Economics, 1965 (2): 134-137.

[250] Appannan J S, Mohd Said R, Ong T S, et al.. Promoting sustainable development through strategies, environmental management accounting and environmental performance [J]. Business Strategy & the Environment, 2023, 32 (4): 1914-1930.

[251] Aragón-Correa J A, Sharma S A. Contingent resource-based view of proactive corporate environment al strategy [J]. Academy of Management Review, 2003, 28 (1): 71-88.

[252] Armstrong J S, Overton T S. Estimating nonresponse bias in mail surveys [J]. Journal of Marketing Research, 1977, 14 (3): 396-402.

[253] Arshed N, Carter S, Mason C. The ineffectiveness of entrepreneurship policy: is policy formulation to blame? [J]. Small Business Economics, 2014, 43 (3): 639-659.

[254] Baierle I C, Benitez G B, Nara E O B, et al.. Influence of open innovation variables on the competitive edge of small and medium enterprises [J]. Journal of Open Innovation

Technology Market and Complexity, 2020, 6 (4): 179-196.

[255] Barney J B. Firm resources and sustained competitive advantage [J]. Advances in Strategic Management, 1991, 17 (1): 3-10.

[256] Barney J B. Resource-based theories of competitive advantage: a ten-year retrospective on the resource-based view [J]. Journal of Management, 2001, 27 (6): 643-650.

[257] Baron, S., Field, J., & Schuller, T.. Social Capital: Critical Perspectives [J]. Journal of Economic Issues, 2000, 36 (3): 824-826.

[258] Beise M, Rennings K. Lead markets and regulation: a framework for analyzing the international diffusion of environmental innovations [J]. Ecological Economics, 2005, 52 (1): 5-17.

[259] Bell J E, Mollenkopf D A, Stolze H J. Natural resource scarcity and the closed-loop supply chain: a resource-advantage view [J]. International Journal of Physical Distribution & Logistics Management, 2013, 43 (5/6): 351-379.

[260] Berrone P, Fosfuri A, Gelabert L, et al.. Necessity as the mother of "green" inventions: institutional pressures and environmental innovations [J]. Strategic Management Journal, 2013, 34 (8): 891-909.

[261] Berrone P, Gomez-Mejia L R. Environmental performance and executive compensation: an integrated agency-institutional perspective [J]. Academy of Management Journal, 2009, 52 (1): 103-126.

[262] Bessolitsyn A A. "Program of S. Yu. Vitte" as a model of establishing a competitive Russia at the edge of the 19th - 20th centuries [J]. Vestnik Volgogradskogo Gosudarstvennogo Universiteta Ekonomika, 2020, 21 (4): 11-21.

[263] Bohdanowicz P. Environmental awareness and initiatives in the Swedish and Polish hotel industries survey results [J]. International Journal of Hospitality Management, 2006, 25 (4): 662-682.

[264] Boonthawan W. Effects of entrepreneurship, organization capability, strategic decision making and innovation toward the competitive advantage of SMEs enterprises [J]. Journal of Management and Sustainability, 2012, 2 (1): 137-150.

[265] Borsatto J M L S, Amui L B L. Green innovation: unfolding the relation with environmental regulations and competitiveness [J]. Resources, Conservation and

Recycling, 2019 (149): 445-454.

[266] Borsatto J, Bazani C L. Green innovation and environmental regulations: a systematic review of international academic works [J]. Environmental Science and Pollution Research, 2020 (12): 1-18.

[267] Bourgeois L J, Singh J V. Organizational slack and political behavior within top management groups [J]. Academy of Management Proceedings, 1983 (43): 43-49.

[268] Bourgeois L J. On the measurement of organizational slack [J]. Academy of Management Review, 1981, 6 (1): 29-39.

[269] Brammer S, Jackson G, Matten D. Corporate social responsibility and institutional theory: new perspectives on private governance [J]. Socio-Economic Review, 2012, 10 (1): 3-28.

[270] Brown R C. Understanding Chinese courts and legal process: law with Chinese characteristics [M]. NewYork: Kluwer Law International, 1997.

[271] Brulhart F, Gherra S, Marais M. Are environmental strategies profitable for companies? The key role of natural competences from a resource-based view [J]. Management Decision, 2017, 55 (10): 2126-2148.

[272] Brulhart F, Marais M, Gherra S. Proactive environmental strategy, natural competences, and economic performance: a resource-based view [J]. Academy of Management Annual Meeting Proceedings, 2017 (1): 11-24.

[273] Bruton G D, Ahlstrom D, Li H L. Institutional theory and entrepreneurship: where are we now and where do we need to move in the future? [J]. Entrepreneurship Theory & Practice, 2010, 34 (3): 421-440.

[274] Bu N, Roy J P. Guanxi practice and quality: a comparative analysis of Chinese managers' business-to-business and business-to-government ties [J]. Management and Organization Review, 2015, 11 (2): 263-287.

[275] Cai W G, Zhou X L. On the drivers of eco-innovation: empirical evidence from China [J]. Journal of Cleaner Production, 2014, 79: 239-248.

[276] Cainelli G, Mazzanti M, Montresor S. Environmental innovations, local networks and internationalization [J]. Industry and Innovation, 2012, 19 (8): 697-734.

[277] Campbell J P. Behavior, performance, and effectiveness in the twenty-first century

[J] . The Oxford Handbook of Organizational Psychology, 2012 (1): 159-194.

[278] Campbell A L. Policy makes mass politics [J] . Annual review of political science, 2012 (15): 333-351.

[279] Cao Q, Simsek Z, Jansen J J P. CEO social capital and entrepreneurial orientation of the firm: bonding and bridging effects [J]. Journal of Management, 2015, 41 (7): 1957-1981.

[280] Carpenter M A, Geletkanycz M A, Sanders W G. Upper echelons research revisited: antecedents, elements, and consequences of top management team composition [J]. Journal of Management, 2004, 30 (6): 749-778.

[281] Carrillo H J, Del R P, Konnola T. Diversity of eco-innovations: reflections from selected case studies [J]. Journal of Cleaner Production, 2010, 18 (10-11): 1073-1083.

[282] Chamberlin E. H. chamberlin's monopoly supply curve: reply [J], The Quarterly Journal of Economics, 1939, 53 (4): 642-644.

[283] Chan R Y K. Does the natural-resource-based view of the firm apply in an emerging economy? A survey of foreign invested enterprises in China [J]. Journal of Management Studies, 2005, 42 (3): 625-672.

[284] Chaudhry N I, Amir M. From institutional pressure to the sustainable development of firm: role of environmental management accounting implementation and environmental proactivity [J]. Business Strategy and the Environment, 2020, 29 (8): 3542-3554.

[285] Chandler A . Strategy and Structure: Chapters in the History of the Industrial Enterprise [J] . Alfred Chandler, 1962, 5 (1): 158-160.

[286] Chen L, Tang O, Feldmann A. Applying GRI reports for the investigation of environmental management practices and company performance in Sweden, China and India [J]. Journal of Cleaner Production, 2014, 98 (1): 1-11.

[287] Chen X, Wang N. From green to gold? A test of the innovation incentive and performance improvement effect of enterprise voluntary environmental management [J]. Environment, Development & Sustainability, 2023, 25 (8): 8005-8029.

[288] Chen X, Yi N, Zhang L, et al.. Does institutional pressure foster corporate green innovation? Evidence from China's top 100 companies [J]. Journal of Cleaner

Production, 2018 (188): 304-311.

[289] Chen Y C, Li P C, Lin Y H. How inter-and intraorganisational coordination affect product development performance: the role of slack resources [J]. Journal of Business & Industrial Marketing, 2013, 28 (2): 125-136.

[290] Chen Y S, Chang C H, Wu F S. Origins of green innovations: the differences between proactive and reactive green innovations [J]. Management Decision, 2012, 50 (3): 365-398.

[291] Chen Y S, Chang K C. The nonlinear effect of green innovation on the corporate competitive advantage [J]. Quality & Quantity: International Journal of Methodology, 2013, 47 (1): 271-286.

[292] Cheng C C, Shiu E C. Validation of a proposed instrument for measuring eco-innovation: an implementation perspective [J]. Technovation, 2012, 32 (6): 329-344.

[293] Chinyamurindi W, Mathibe M, Hove-Sibanda P. Social enterprise performance in South Africa: the role of strategic planning and networking capability [J]. Journal of Social Entrepreneurship, 2023 (6): 1-18.

[294] Chiou T Y, Chan H K, Lettice F, et al.. The influence of greening the suppliers and green innovation on environmental performance and competitive advantage in Taiwan [J]. Transportation Research Part E: Logistics and Transportation Review, 2011, 47 (6): 822-836.

[295] Chiu Y C, Liaw Y C. Organizational slack: is more or less better? [J]. Journal of Organizational Change Management, 2009, 22 (3): 321-342.

[296] Chouaibi S, Chouaibi J, Rossi M. ESG and corporate financial performance: the mediating role of green innovation: UK common law versus Germany civil law [J]. EuroMed Journal of Business, 2022, 17 (1): 46-71.

[297] Cleff T, Rennings K. Determinants of environmental product and process innovation [J]. European Environment, 1999 (9): 191-201.

[298] Colwell S R, Joshi A W. Corporate ecological responsiveness: antecedent effects of institutional pressure and top management commitment and their impact on organizational performance [J]. Business Strategy and the Environment, 2013, 22 (2): 73-91.

［299］ Cooke，Philip. Cleantech and an analysis of the platform nature of life sciences：further reflections upon platform policies ［J］. European Planning Studies, 2008, 16 （3）：375-393.

［300］ Costantini V, Crespi F, Palma A. Characterizing the policy mix and its impact on eco-innovation：A patent analysis of energy-efficient technologies ［J］. Research Policy, 2017, 46 （4）：799-819.

［301］ Cuerva M C, Triguero-Cano Á, Córcoles D. Drivers of green and non-green innovation：empirical evidence in Low-Tech SMEs ［J］. Journal of Cleaner Production, 2014 （68）：104-113.

［302］ Cui L, Jiang F. State ownership effect on firms' FDI ownership decisions under institutional pressure：a study of Chinese outward-investing firms ［J］. Journal of International Business Studies, 2012, 43 （3）：264-284.

［303］ Cyert R M, March J. A behavioral theory of the firm ［M］. Englewood Cliffs：Prentice Hall, 1963.

［304］ Daddi T, Testa F, Frey M, et al.. Exploring the link between institutional pressures and environmental management systems effectiveness：an empirical study ［J］. Journal of Environmental Management, 2016 （183）：647-656.

［305］ Dangelico R M , Pontrandolfo P. Being "green and competitive"：the impact of environmental actions and collaborations on firm performance ［J］. Business Strategy & the Environment, 2013, 24 （6）：413-430.

［306］ Dangelico R M, Pujari D. Mainstreaming green product innovation：why and how companies integrate environmental sustainability ［J］. Journal of Business Ethics, 2010, 95 （3）：471-486.

［307］ De Baerdemaeker J, Bruggeman W. The impact of participation in strategic planning on managers' creation of budgetary slack：the mediating role of autonomous motivation and affective organisational commitment ［J］. Management Accounting Research, 2015 （29）：1-12.

［308］ De Jong A, Van der Poel M, Wolfswinkel M. The changing relation between CEOs and shareholders ［J］. Journal of Management History, 2017, 23 （4）：375-400.

［309］ Dehning B, Dow K E, Stratopoulos T. Information technology and organizational slack

[J]. International Journal of Accounting Information Systems, 2004, 5 (1): 51-63.

[310] Dickson P R. The static and dynamic mechanics of competition: a comment on hunt and Morgan's comparative advantage theory [J]. Journal of Marketing, 1996, 60 (4): 102-106.

[311] Díez-Martín F, Blanco-González A, Prado-Román C. Explaining nation-wide differences in entrepreneurial activity: A legitimacy perspective [J]. International Entrepreneurship and Management Journal, 2016, 12 (4): 1-24.

[312] DiMaggio P J, Powell W W. The iron cage revisited: institutional isomorphism and collective rationality in organizational fields [J]. American Sociological Review, 1983, 48 (2): 147-160.

[313] Dixon-Fowler H R, Slater D J, Johnson J L, et al.. Beyond "does it pay to be green?" a meta-analysis of moderators of the CEP-CFP relationship [J]. Journal of Business Ethics, 2013, 112 (2): 353-366.

[314] Doran J, Ryan G. The importance of the diverse drivers and types of environmental innovation for firm performance [J]. Business Strategy and the Environment, 2016, 25 (2): 102-119.

[315] Dutta D K, Malhotra S, Zhu P C. Internationalization process, impact of slack resources, and role of the CEO: the duality of structure and agency in evolution of cross-border acquisition decisions [J]. Journal of World Business, 2016, 51 (2): 212-225.

[316] Fliaster A, Kolloch M. Implementation of green innovations - The impact of stakeholders and their network relations [J]. R&D Management, 2017, 47 (5): 689-700.

[317] Fong C M, Chang N J. The impact of green learning orientation on proactive environmental innovation capability and firm performance [J]. African Journal of Business Management, 2012, 6 (3): 397-401.

[318] Francisco J F, Angelica S R, Luis A G M, et al.. Is the restructuring-performance relationship moderated by the economic cycle and the institutional environment for corporate governance? [J]. Journal of Business Research, 2020 (110): 397-407.

[319] Fredrich V, Bouncken R B, Kraus S. The race is on: configurations of absorptive capacity, interdependence and slack resources for interorganizational learning in

coopetition alliances [J]. Journal of Business Research, 2019 (101): 862-868.

[320] Frone D F, Frone S. Eco-innovation parks for a green development in small and medium sized enterprises [J]. Management, Economic Engineering in Agriculture & Rural Development, 2018, 18 (2): 187-194.

[321] Fussler C, Jame S P. Driving eco-innovation: A breakthrough discipline for innovation and sustainability [M]. Pitman Publishing, London, 1996.

[322] Gadenne D L, Mckeiver K C. An empirical study of environmental awareness and practices in SMEs [J]. Journal of Business Ethics, 2009, 84 (1): 45-63.

[323] Gao S, Xu K, Yang J. Managerial ties, absorptive capacity, and innovation [J]. Asia Pacific Journal of Management, 2008, 25 (3): 395-412.

[324] Geletkanycz M A, Hambrick D C. The external ties of top executives: implications for strategic choice and performance [J]. Administrative Science Quarterly, 1997, 42 (4): 654-681.

[325] Gould A M, Bourk M J, Joullié J E. From the industrial revolution to trump [J]. Journal of Management History, 2017, 23 (4): 471-488.

[326] Grant R M. Toward a knowledge-based theory of the firm [J]. Strategic Management Journal, 1996, 17 (S2): 109-122.

[327] Greenley G E, Oktemgil M. A comparison of slack resources in high and low performing British companies [J]. Journal of Management Studies, 1998, 35 (3): 377-398.

[328] Gu F F, Tse H D K. When does guanxi matter? Issues of capitalization and its dark sides [J]. Journal of Marketing, 2008, 72 (4): 12-28.

[329] Gupta V K, Guo C, Canever M, et al. . Institutional environment for entrepreneurship in rapidly emerging major economies: the case of Brazil, China, India, and Korea [J]. International Entrepreneurship and Management Journal, 2014, 10 (2): 367-384.

[330] Gurlek M, Tuna M. Reinforcing competitive advantage through green organizational culture and green innovation [J]. the Service Industries Journal, 2018, 38 (7-8): 467-491.

[331] Hambrick D C, Mason P A. Upper echelons: the organization as a reflection of its top managers [J]. Academy of Management Review, 1984, 9 (2): 193-206.

[332] Haron N, Yahya S, Haron H. Cash flow information and small enterprises' performance

[J]. International Journal of Organizational Innovation, 2014 (7): 7-17.

[333] Hart S L, Milstein M B. Creating sustainable value [J]. Academy of Management Executive, 2003, 17 (2): 56-69.

[334] Hart S L. A natural-resource-based view of the firm [J]. Academy of Management Review, 1995, 20 (4): 986-1014.

[335] Hechavarria D M, Ingram A, Justo R, et al.. Are women more likely to pursue social and environmental entrepreneurship? [J]. Global Women's Entrepreneurship Research: Diverse Settings, Questions and Approaches, 2012 (33): 135-151.

[336] Helfat C E, Kaul A, Ketchen D J, et al.. Renewing the resource-based view: new contexts, new concepts, and new methods [J]. Strategic Management Journal, 2023, 44 (6): 1357-1390.

[337] Helfat C E, Martin J A. Dynamic managerial capabilities: review and assessment of managerial impact on strategic change [J]. Journal of Management, 2015, 41 (5): 1291-1312.

[338] Helfat C E, Peteraf M A. The dynamic resource-based view: capability lifecycles [J]. Strategic Management Journal, 2003, 24 (10): 997-1010.

[339] Hellstrom T. Dimensions of environmentally sustainable innovation: the structure of eco-innovation concepts [J]. Sustainable Development, 2007, 15 (3): 148-159.

[340] Hernández-Linares R, Kellermanns F W, López-Fernández M C. Dynamic capabilities and SME performance: the moderating effect of market orientation [J]. Journal of Small Business Management, 2021, 59 (1): 162-195.

[341] Hidayat R, Akhmad S. Effects of the enterprise resource planning (ERP) on competitive advantage and performance of manufacturing firms in indonesia [J]. Journal of Engineering & Applied Sciences, 2016, 11 (10): 2298-2303.

[342] Hitt M A, Ireland R D, Lee H U. Technological learning, knowledge management, firm growth and performance: an introductory essay [J]. Journal of Engineering & Technology Management, 2000, 17 (3/4): 231-246.

[343] Hoejmose S U, Grosvold J, Millington A. The effect of institutional pressure on cooperative and coercive 'green' supply chain practices [J]. Journal of Purchasing and Supply Management, 2014, 20 (4): 215-224.

［344］ Hofer C W, Schendel D. Strategy formulation: Analytical concepts ［M］. St. Paul, MN: West Publishing Company, 1978.

［345］ Hoffman A J. Linking organizational and field-level analyses: the diffusion of corporate environmental practice ［J］. Organization & Environment, 2001, 14 （2）: 133-156.

［346］ Hoffman N P. An examination of the "sustainable competitive advantage" concept: past, present, and future ［J］. Academy of Marketing Science Review, 2000 （4）: 1-16.

［347］ Hojnik J, Ruzzier M. The driving forces of process eco-innovation and its impact on performance: insights from Slovenia ［J］. Journal of Cleaner Production, 2016, 133 （1）: 812-825.

［348］ Holley W H, Feild H S. Performance appraisal and the law ［J］. Labor Law Journal, 1975, 26 （7）: 423.

［349］ Horbach J, Rammer C, Rennings K, et al.. Determinants of eco-innovations by type of environmental impact-the role of regulatory push/pull, technology push and market pull ［J］. Ecological Economics, 2012, 78 （32）: 112-122.

［350］ Horbach J. Determinants of environmental innovation-new evidence from German panel data sources ［J］. Research Policy, 2008, 37 （1）: 163-173.

［351］ Horisch J, Kollat J B, Brieger S A. What influences environmental entrepreneurship? A multilevel analysis of the determinants of entrepreneurs' environmental orientation ［J］. Small Business Economics, 2017, 48 （1）: 47-69.

［352］ Huang C L, Kung F H. Environmental consciousness and intellectual capital management: evidence from Taiwan's manufacturing industry ［J］. Management Decision, 2011, 49 （9）: 1405-1425.

［353］ Huang J W, Li Y H. Green innovation and performance: the view of organizational capability and social reciprocity ［J］. Journal of Business Ethics, 2017, 145 （2）: 1-16.

［354］ Huang J W, Li Y H. How resource alignment moderates the relationship between environmental innovation strategy and green innovation performance ［J］. Journal of Business & Industrial Marketing, 2018, 33 （3）: 316-324.

［355］ Huang Q, Chen X, Zhou M, et al.. How does CEO's environmental awareness affect technological innovation? ［J］. International Journal of Environmental Research and

Public Health, 2019, 16 (2): 261.

[356] Ishtiaq M, Latif K, Khan A N, et al.. Corporate social responsibility and firm performance: the moderating effect of ownership concentration [J]. Journal of Managerial Sciences, 2017 (3): 1-11.

[357] Iskandar Y, Kaltum U. Exploring human resource and organizational factors that influence the performance of a social enterprise [J]. Organizational Cultures, 2022, 22 (2): 55-71.

[358] Ismail K M, Ford D L, Wu Q, et al.. Managerial ties, strategic initiatives, and firm performance in Central Asia and the Caucasus [J]. Asia Pacific Journal of Management: APJM, 2013, 30 (2): 433-446.

[359] Ismail N, Kuivalainen O. The effect of internal capabilities and external environment on small-and medium-sized enterprises' international performance and the role of the foreign market scope: the case of the Malaysian halal food industry [J]. Journal of International Entrepreneurship, 2015, 13 (4): 418-451.

[360] Jang Y J, Zheng T, Bosselman R. Top managers' environmental values, leadership, and stakeholder engagement in promoting environmental sustainability in the restaurant industry [J]. International Journal of Hospitality Management, 2017 (63): 101-111.

[361] Jiang H, Jin Z M. Extra-organizational guanxi practices, intra-organizational guanxi practices and trust in management in Chinese firms: case in Chinese machine manufacturing [C]. The 15th International Conference on Management Science & Engineering, IEEE, California, 2008.

[362] Jiang W, Chai H, Shao J, et al.. Green entrepreneurial orientation for enhancing firm performance: a dynamic capability perspective [J]. Journal of Cleaner Production, 2018 (198): 1311-1323.

[363] Jiang Y, Asante D, Ampaw E M, et al.. The effects of simmelian ties on innovation of low-carbon technology: a study of top managers' environmental awareness and stakeholder pressure in China [J]. Environmental Science and Pollution Research, 2023, 30 (3): 6716-6729.

[364] Johl S K, Toha M A. The nexus between proactive eco-innovation and firm financial performance: a circular economy perspective [J]. Sustainability, 2021, 13 (11):

1-25.

[365] Johnstone N, Hascic I, Popp D. Renewable energy policies and technological innovation: evidence based on patent counts [J]. Environmental and Resource Economics, 2010, 45 (1): 133-155.

[366] Júnior C H, Spers E E, Oliveira T, et al.. Brazilian farmer perception of dynamic capability and performance over the adoption of enterprise resource planning technology [J]. International Food & Agribusiness Management Review, 2020, 23 (4): 515-527.

[367] Kammerer D. The effects of customer benefit and regulation on environmental product innovation: Empirical evidence from appliance manufactures in Germany [J]. Ecological Economics, 2009, 68 (8/9): 2285-2295.

[368] Katabe M, Jiang C X, Murray J Y. Managerial ties, knowledge acquisition, realized absorptive capacity and new product market performance of emerging multinational companies: a case of China [J]. Journal of World Business, 2011, 46 (2): 166-176.

[369] Kesidou E, Demirel P. On the drivers of eco-innovations: empirical evidence from the UK [J]. Research Policy, 2012, 41 (5): 862-870.

[370] Khanra S, Kaur P, Joseph R P, et al.. A resource-based view of green innovation as a strategic firm resource: present status and future directions [J]. Business Strategy and the Environment, 2022, 31 (4): 1395-1413.

[371] Khattak M S, Shah S Z A. The role of intellectual and financial capital in competitiveness and performance: a study of emerging small and medium enterprises [J]. Business Strategy and Development, 2020 (4): 422-434.

[372] Khurana I, Farhat J. The timing of diversification and startup firms' survival: a resource-based perspective [J]. Industry & Innovation, 2021, 28 (10): 1249-1269.

[373] Kisiel R, Bialobrzeska R, Marks R. Environmental management as an element of the competitive edge of the enterprise [J]. Economic Sciences, 2001 (4): 329-336.

[374] Kotabe M, Srinivasan S S, Aulakh P S. Multinationality and firm performance: The moderating role of R&D and marketing capabilities [M] //The Future of Global Business. Routledge, 2011: 709-732.

［375］Larbi‐Siaw O, Xuhua H, Owusu E, et al.. Eco‐innovation, sustainable business performance and market turbulence moderation in emerging economies ［J］. Technology in Society, 2022（68）：101-115.

［376］Le H. Literature review on diversification strategy, enterprise core competence and enterprise performance ［J］. American Journal of Industrial and Business Management, 2019, 9（1）：91-108.

［377］Le T. How do corporate social responsibility and green innovation transform corporate green strategy into sustainable firm performance? ［J］. Journal of Cleaner Production, 2022（362）：1-12.

［378］Li D, Huang M, Ren S, et al.. Environmental legitimacy, green innovation, and corporate carbon disclosure：Evidence from CDP China 100 ［J］. Journal of Business Ethics, 2018（150）：1089-1104.

［379］Li J J, Zhou K Z, Shao A T. Competitive position, managerial ties, and profitability of foreign firms in China：an interactive perspective ［J］. Journal of International Business Studies, 2009, 40（2）：339 - 352.

［380］Li J J, Zhou K Z. How foreign firms achieve competitive advantage in the Chinese emerging economy：Managerial ties and market orientation ［J］ . Journal of Business Research, 2010, 63（8）：856-862.

［381］Li N, Liu D, Boadu F. The impact of digital supply chain capabilities on enterprise sustainable competitive performance：an ambidextrous view ［J］. Industrial Management & Data Systems, 2023, 123（6）：1670-1689.

［382］Li Y, Chen H, Liu Y D, et al.. Managerial ties, organizational learning, and opportunity capture：a social capital perspective ［J］. Asia Pacific Journal of Management, 2014, 31（1）：271 - 291.

［383］Li Y, Wei Z, Zhao J, et al.. Ambidextrous organizational learning, environmental munificence and new product performance：moderating effect of managerial ties in China ［J］. International Journal of Production Economics, 2013, 146（1）：95-105.

［384］Li Y. Environmental innovation practices and performance：moderating effect of resource commitment ［J］. Journal of Cleaner Production, 2014, 66（1）：450-458.

［385］Liao Y C, Tasi K H. Innovation intensity, creativity enhancement, and eco‐innovation strategy: the roles of customer demand and environmental regulation [J]. Business Strategy and the Environment, 2019, 28 (2): 316-326.

[386] Liao Z, Dong J, Weng C, et al.. CEOs' religious beliefs and the environmental innovation of private enterprises: the moderating role of political ties [J]. Corporate Social Responsibility and Environmental Management, 2019, 26 (4): 972-980.

[387] Liao Z, Dong J, Weng C, et al.. CEOs' religious beliefs and the environmental innovation of private enterprises: the moderating role of political ties [J]. Corporate Social Responsibility and Environmental Management, 2019, 26 (4): 972-980.

[388] Liao Z, Long S. CEOs' regulatory focus, slack resources and firms' environmental innovation [J]. Corporate Social Responsibility and Environmental Management, 2018, 25 (5): 981-990.

[389] Liao Z. Environmental policy instruments, environmental innovation and the reputation of enterprises [J]. Journal of Cleaner Production, 2018 (171): 1111-1117.

[390] Lin C Y, Ho Y H. Determinants of green practice adoption for logistics companies in China [J]. Journal of Business Ethics, 2011, 98 (1): 67-83.

[391] Lin R J, Tan K H, Geng Y. Market demand, green product innovation, and firm performance: evidence from Vietnam motorcycle industry [J]. Journal of Cleaner Production, 2013 (40): 101-107.

[392] Lin R, Sheu C. Why do firms adopt/implement green practices? An institutional theory perspective [J]. Procedia-social and Behavioral Sciences, 2012 (57): 533-540.

[393] Liu J, Liu Y, Yang L. Uncovering the influence mechanism between top management support and green procurement: the effect of green training [J]. Journal of Cleaner Production, 2020 (251): 119-129.

[394] Luo Y, Huang Y, Wang S L. Guanxi and organizational performance: a meta - analysis [J]. Management & Organization Review, 2012, 8 (1): 139-172.

[395] Lusch R F, Brown J R. Interdependency, contracting, and relational behavior in marketing channel [J]. Journal of Marketing, 1996, 60 (4): 19-38.

[396] Majid A, Yasir M, Yasir M, et al.. Nexus of institutional pressures, environmentally friendly business strategies, and environmental performance [J]. Corporate Social Responsibility and Environmental Management, 2020, 27 (2): 706-716.

[397] Makeel R, Ashraf J, Ariyesti F R, et al.. The influence of socialsupportive culture and performance-based culture on social enterprise performance: the mediation role of social entrepreneurial orientation [J]. Journal of Global Entrepreneurship Research, 2022, 12 (1): 205-218.

[398] Manyike T V. Postgraduate supervision at an open distance e-learning institution in South Africa [J]. South African Journal of Education, 2017, 37 (2): 1-11.

[399] Mao Y, Li P, Li Y. The relationship between slack resources and organizational resilience: the moderating role of dual learning [J]. Heliyon. 2023, 9 (3): 140-154.

[400] March J, Simon H. Organizations [M]. Wiley: New York, 1958.

[401] Marchi V D. Environmental innovation and R&D cooperation: empirical evidence from Spanish manufacturing firms [J]. Research Policy, 2012, 41 (3): 614-623.

[402] Mat D S, Yusof S M. Review and proposed eco-process innovation performance framework [J]. International Journal of Sustainable Engineering, 2020, 13 (2): 123-139.

[403] Mathivathanan D, Kannan D, Haq A N. Sustainable supply chain management practices in Indian automotive industry: a multi-stakeholder view [J]. Resources Conservation and Recycling, 2018 (128): 284-305128.

[404] Mathur G, Jugdev K, Fung T S. Intangible project management assets as determinants of competitive advantage [J]. Management Research News, 2007, 30 (7): 460-475.

[405] Meehan J, Meehan K, Richards A. Corporate social responsibility: the 3C-SR model [J]. International Journal of Social Economics, 2006, 33 (5/6): 386-398.

[406] Meek W R, Pacheco D F, York J G. The impact of social norms on entrepreneurial action: evidence from the environmental entrepreneurship context [J]. Journal of Business Venturing, 2010, 25 (5): 493-509.

[407] Mehreen A, Ali Z. The interplay between employee development factors and succession planning in predicting employee performance: evidence from retail banks [J]. Industrial and Commercial Training, 2022, 54 (3): 528-543.

[408] Mendibil K, Hernandez J, Espinach X, et al.. How can CSR practices lead to successful innovation in SMEs [J]. European Operations Management Association, 2007

（3）：1-7.

［409］Meyer J W, Rowan B. Institutionalized organizations: formal structures as myth and ceremony ［J］. American Journal of Sociology, 1977, 83 （2）：340-363.

［410］Mintzberg H. Patterns in Strategy Formation ［J］. Management Science, 1978, 24 （9）：934-948.

［411］Muangmee C, Dacko-Pikiewicz Z, Meekaewkunchorn N, et al. Green entrepreneurial orientation and green innovation in small and medium-sized enterprises （SMEs） ［J］. Social Sciences, 2021, 10 （4）：136-150.

［412］Mulaessa N, Lin L. How do proactive environmental strategies affect green innovation? The moderating role of environmental regulations and firm performance ［J］. International Journal of Environmental Research and Public Health, 2021, 18 （17）：1-19.

［413］Murimi M M, Ombaka B E, Muchiri J. Strategic Resources, a driver of performance in small and medium manufacturing enterprises in Kenya ［J］. International Journal of Business & Economic Sciences Applied Research, 2021, 14 （2）：43-57.

［414］Murro E V B, Teixeira G B, Beuren I M, et al.. Relationship between organizational slack and innovation in companies of bm&fbovespa ［J］. Revista De Administraçao Mackenzie, 2016, 17 （3）：132-157.

［415］Njuguna V N, Ochieng I, Odida A. The contribution of differentiation strategy adopted by SMEs to their competitive advantage: a case study of small and medium sized enterprises in Nyahururu, Kenya ［J］. European Journal of Business and Management, 2015, 7 （29）：125-130.

［416］North D C. Institutions, institutional change, and economic performance ［M］. Cambridge University Press, London, 1990.

［417］Overby J W, Gardial S F, Woodruff R B. French versus American consumers' attachment of value to a product in a common consumption context: a cross-national comparison ［J］. Journal of the Academy of Marketing Science, 2004, 32 （4）：437-460.

［418］Paeleman I, Fuss C, Vanacker T. Untangling the multiple effects of slack resources on firms' exporting behavior ［J］. Journal of World Business, 2017, 52 （6）：769-781.

［419］Park J, Jeong Kim H, McCleary K W. The impact of top management's environmental attitudes on hotel companies' environmental management [J]. Journal of Hospitality & Tourism Research, 2014, 38 (1): 95-115.

[420] Pascual B, Andrea F, Liliana G, et al.. Necessity as the mother of "green" inventions: institutional pressures and environmental innovations [J]. Strategic Management Journal, 2013, 34 (8): 891-909.

[421] Peng M W, Luo Y. Managerial ties and firm performance in a transition economy: the nature of a micro-macro link [J]. Academy of Management Journal, 2000, 43 (3): 486-501.

[422] Peng M W, Zhou J Q. How network strategies and institutional transitions evolve in Asia [J]. Asia Pacific Journal of Management, 2005, 22 (4): 321-336.

[423] Peng M W. Institutional transitions and strategic choices [J]. Academy of Management Review, 2003, 28 (2): 275-296.

[424] Penrose E T. The theory of the growth of the firm [M]. New York: Wiley, 1959.

[425] Peteraf M, Barney J. Unraveling the resource-based triangle [J]. Managerial and Decision Economics, 2003, 24 (1): 309-323.

[426] Podsakoff P M, Mackenzie S B, Lee J Y, et al.. Common method biases in behavioral research: a critical review of the literature and recommended remedies [J]. Journal of Applied Psychology, 2003 (88): 879-903.

[427] Porter M E, Van der Linde C. Toward a new conception of the environment-competitiveness relationship [J]. Journal of Economic Perspectives, 1995, 9 (4): 97-118.

[428] Poter M E. Competitive advantage: Creating and sustaining superior performance [M]. New York: Free Press, 1985.

[429] Powell W, Di Maggio P. The new institutionalism in organizational analysis [M]. University of Chicago press, 1991.

[430] Ramsay J, Wagner B A. Organisational supplying behaviour: understanding supplier needs, wants and preferences [J]. Journal of Purchasing and Supply Management, 2009, 15 (2): 127-138.

[431] Rasul G, Thapa G B. Evaluation of agroforestry system under different marketing and institutional environments: A case of Chittagong hill tracts of Bangladesh [J]. System,

2022, 13 (2): 1-15.

［432］ Ravinchandran T, Lertwongsatien C. Effect of information systems resources and capabilities on firm performance: a resource – based perspective ［J］. Journal of Management Information Systems, 2005, 21 (4): 237-276.

［433］ Rehman S U, Kraus S, Shah S A, et al.. Analyzing the relationship between green innovation and environmental performance in large manufacturing firms ［J］. Technological Forecasting and Social Change, 2021 (163): 120-131.

［434］ Ren S, Wang M. Institutional pressures as drivers of corporate green innovation: do provincial officials and CEOs matter? ［J］. Environmental Science and Pollution Research, 2023, 30 (14): 40608-40629.

［435］ Rennings K. Redefining innovation–eco–innovation research and the contribution from ecological economics ［J］. Ecological Economics, 2000, 32 (2): 319-332.

［436］ Rezende L D A, Bansi A C, Rodrigues Alves M F, et al.. Take your time: examining when green innovation affects financial performance in multinationals ［J］. Journal of Cleaner Production, 2019 (233): 993-1003.

［437］ Rizwan R A, Waqar A, Maria A, et al.. The role of green innovation on environmental and organizational performance: moderation of human resource practices and management commitment ［J］. Heliyon, 2023, 9 (1): 1-19.

［438］ Rothwell R. Industrial innovation and government environmental regulation: some lessons from the past ［J］. Technovation, 1992, 12 (7): 447-458.

［439］ Rui Z, Lu Y. Stakeholder pressure, corporate environmental ethics and green innovation ［J］. Asian Journal of Technology Innovation, 2021, 29 (1): 70-86.

［440］ Rustam A, Wang Y, Zameer H. Environmental awareness, firm sustainability exposure and green consumption behaviors ［J］. Journal of Cleaner Production, 2020 (268): 122-126.

［441］ Ryszko A. Interorganizational cooperation, knowledge sharing, and technological eco–innovation: the role of proactive environmental strategy empirical evidence from Poland ［J］. Polish Journal of Environmental Studies, 2016, 25 (2): 753-764.

［442］ Sáez-Martínez F J, Díaz-García C, Gonzalez-Moreno A. Firm technological trajectory as a driver of eco-innovation in young small and medium-sized enterprises ［J］. Journal of Cleaner Production, 2016 (138): 28-37.

[443] Salim N, Rahman M N, Wahab D. A systematic literature review of internal capabilities for enhancing eco - innovation performance of manufacturing firms [J]. Journal of Cleaner Production, 2019, 209 (1): 1445-1460.

[444] Sarkis J, Zhu Q, Lai K. An organizational theoretic review of green supply chain management literature [J]. International Journal of Production Economics, 2011 (130): 1-15.

[445] Scott W R, Meyer J W. Institutional environments and organizations: structural complexity and individualism [M]. Thousand Oaks, CA: Sage Publication, 1994.

[446] Scott W R. Institutions and organizations: ideas, interests, and identities [M]. Thousand Oaks, CA: Sage Publication, 2013.

[447] Scott W R. Institutions and organizations [M]. Thousand Oaks, CA: Sage Publication, 1995.

[448] Shafique M, Asghar M, Rahman H. The impact of green supply chain management practices on performance: moderating role of institutional pressure with mediating effect of green innovation [J]. Business Management and Economics Engineering, 2017, 15 (1): 91-108.

[449] Shahzad M, Qu Y, Zafar A U, et al.. Exploring the influence of knowledge management process on corporate sustainable performance through green innovation [J]. Journal of Knowledge Management, 2020, 24 (9): 2079-2106.

[450] Sharfman M P, Wolf G, Chase R B, et al.. Antecedents of organizational slack [J]. Academy of Management Review, 1988, 13 (4): 601-614.

[451] Sheng S, Zhou K Z, Li J J. The effects of business and political ties on firm performance: evidence from China [J]. Journal of Marketing, 2011, 75 (1): 1-15.

[452] Simmou W, Govindan K, Sameer I, et al. Doing good to be green and live clean! Linking corporate social responsibility strategy, green innovation, and environmental performance: evidence from Maldivian and Moroccan small and medium - sized enterprises [J]. Journal of Cleaner Production, 2023 (384): 135-145.

[453] Simpson D. Institutional pressure and waste reduction: the role of investments in waste reduction resources [J]. International Journal of Production Economics, 2012, 139

（1）：330-33.

［454］ Simsek Z, Veiga J F, Lubatkin M H. The impact of managerial environmental perceptions on corporate entrepreneurship: towards understanding discretionary slack's pivotal role ［J］. Journal of Management Studies, 2007, 44 （8）：1398-1424.

［455］ Singh J V. Performance, slack, and risk taking in organizational decision making ［J］. Academy of Management Journal, 1986, 29 （3）：562-585.

［456］ Singh S K, Del Giudice M, Chiappetta J C J, et al.. Stakeholder pressure, green innovation, and performance in small and medium - sized enterprises: the role of green dynamic capabilities ［J］. Business Strategy and the Environment, 2022, 31 （1）：500-514.

［457］ Singh S K, Del Giudice M, Chierici R, et al.. Green innovation and environmental performance: the role of green transformational leadership and green human resource management ［J］. Technological Forecasting and Social Change, 2020 （150）：1-12.

［458］ Smith A J, Dieppe P, Vernon K, et al.. The competitive advantage of nations: is porter's diamond framework a new theory that explains the international competitiveness of countries? ［J］. Southern African Business Review, 2010, 14 （1）：1199-1204.

［459］ Soewarno N, Tjahjadi B, Fithrianti F. Green innovation strategy and green innovation: the roles of green organizational identity and environmental organizational legitimacy ［J］. Management Decision. 2019, 57 （11）：3061-3078.

［460］ Song M, Wang S, Zhang H. Could environmental regulation and R&D tax incentives affect green product innovation? ［J］. Journal of Cleaner Production, 2020 （258）：1-23.

［461］ Stenholm P, Acs Z J, Wuebker R. Exploring country-level institutional arrangements on the rate and type of entrepreneurial activity ［J］. Journal of Business Venturing, 2013, 28 （1）：176-193.

［462］ Stephan U, Uhlaner L M, Stride C. Institutions and social entrepreneurship: the role of institutional voids, institutional support, and institutional configurations ［J］. Journal of International Business Studies, 2015, 46 （3）：308-331.

［463］ Su J, Zhai Q, Karlsson T. Beyond red tape and fools: institutional theory in entrepreneurship research ［J］. Entrepreneurship Theory and Practice, 2017, 41 （4）：

505-531.

[464] Symeou P C, Zyglidopoulos S, Gardberg N A. Corporate environmental performance: revisiting the role of organizational slack [J]. Journal of Business Research, 2019, 96 (6): 169-182.

[465] Tan Y C, Ndubisi N O. Evaluating supply chain relationship quality, organisational resources, technological innovation and enterprise performance in the palm oil processing sector in Asia [J]. Journal of Business & Industrial Marketing, 2014, 29 (6): 487-498.

[466] Teece D J, Pisano G. The dynamic capabilities of firm: an introduction [J]. Industrial and Corporate Change, 1994, 3 (3): 537-556.

[467] Terjesen S, Patel P C, Covin J G. Alliance diversity, environmental context and the value of manufacturing capabilities among new high technology ventures [J]. Journal of Operations Management, 2011, 29 (1-2): 105-115.

[468] Thornton P H, Ocasio W. Institutional logics [M]. The Sage Handbook of Organizational Institutionalism, 2008.

[469] Triguero A, Moreno - Mondéjar L, Davia M A. Drivers of different types of eco - innovation in European SMEs [J]. Ecological Economics, 2013 (92): 25-33.

[470] Troilo G, Luck L M, Atuahene G K. More innovation with less? A strategic contingency view of slack resources, information search, and radical innovation [J]. Journal of Product Innovation Management, 2014, 31 (2): 259-277.

[471] Tseng C H, Tansuhaj P, Hallagan W, et al.. Effects of firm resources on growth in multinationality [J]. Journal of International Business Studies, 2007, 38 (6): 961-974.

[472] Urban B, Kujinga L. The institutional environment and social entrepreneurship intentions [J]. International Journal of Entrepreneurial Behavior and Research, 2017, 23 (4): 638-655.

[473] Valdez M E, Richardson J. Institutional determinants of macro-level entrepreneurship [J]. Entrepreneurship: Theory and Practice, 2013, 37 (5): 1149-1175.

[474] Veciana J M, Urbano D. The institutional approach to entrepreneurship research introduction [J]. International Entrepreneurship and Management Journal, 2008, 4

（4）：365-379.

[475] Viitamo E. Productivity as a competitive edge of a service firm-theoretical analysis and a case study of the finnish banking industry [J]. Juridical Tribune, 2012, 2 （4）: 72-81.

[476] Voss G B, Sirdeshmukh D, Voss Z G. The effects of slack resources and environmental threat on product exploration and exploitation [J]. Academy of Management Journal, 2008, 51 （1）: 147-164.

[477] Wamba S F, Gunasekaran A, Akter S, et al.. Big data analytics and firm performance: effects of dynamic capabilities [J]. Journal of Business Research, 2017, 70 （1）: 356-365.

[478] Wan Y K P, Chan S H J, Huang H L W. Environmental awareness, initiatives and performance in the hotel industry of Macau [J]. Tourism Review, 2017, 72 （1）: 87-103.

[479] Wang M, Li Y, Li J, et al.. Green process innovation, green product innovation and its economic performance improvement paths: a survey and structural model [J]. Journal of Environmental Management, 2021, 29 （7）: 113.

[480] Wang N, Mohammad K A. The impact of ecological innovation on the food production quality: mediating role of environmental awareness [J]. Economic Research-Ekonomska Istrazivanja, 2022 （125）: 1-20.

[481] Wang Y, Guo B, Yin Y. Open innovation search in manufacturing firms: the role of organizational slack and absorptive capacity [J]. Journal of Knowledge Management, 2017, 21 （3）: 656-674.

[482] Wang Z, Ye F, Tan K H. Effects of managerial ties and trust on supply chain information sharing and supplier opportunism [J]. International Journal of Production Research, 2014, 52 （23）: 7046-7061.

[483] Wei Z, Shen H, Zhou K Z, et al.. How does environmental corporate social responsibility matter in a dysfunctional institutional environment? Evidence from China [J]. Journal of Business Ethics, 2017, 140 （2）: 209-223.

[484] Wernerfelt B A. Resource-based view of the firm [J]. Strategic Management Journal, 1984, 5 （2）: 171-180.

[485] Williamson O E. The new institutional economics: taking stock, looking ahead [J]. Journal of Economic Literature, 2000, 38 (3): 595-613.

[486] Winter S J, Gaglio C M, Rajagopalan H K. The value of information systems to small and medium-sized enterprises: information and communications technologies as signal and symbol of legitimacy and competitiveness [J]. International Journal of E-Business Research, 2009, 5 (1): 65-91.

[487] Wu H, Hu S. The impact of synergy effect between government subsidies and slack resources on green technology innovation [J]. Journal of Cleaner Production, 2020, (274): 122-136.

[488] Wu J. Marketing capabilities, institutional development, and the performance of emerging market firms: a multinational study [J]. International Journal of Research in Marketing, 2013, 30 (1): 36-45.

[489] Xie X, Hoang T T, Zhu Q. Green process innovation and financial performance: the role of green social capital and customers' tacit green needs [J]. Journal of Innovation & Knowledge, 2022, 7 (1): 100-165.

[490] Xu E, Yang H, Quan J M, et al. . Organizational slack and corporate social performance: empirical evidence from China's public firms [J]. Asia Pacific Journal of Management, 2015, 32 (1): 181-198.

[491] Yang Q, Geng R, Feng T. Does the configuration of macro and micro-institutional environments affect the effectiveness of green supply chain integration? [J]. Business Strategy and the Environment, 2020, 29 (4): 1695-1713.

[492] Yang Y, Chen N, Chen H. The digital platform, enterprise digital transformation, and enterprise performance of cross-border e-commerce-from the perspective of digital transformation and data elements [J]. Journal of Theoretical & Applied Electronic Commerce Research, 2023, 18 (2): 777-794.

[493] Yang Z, Yun L. The effects of supply chain collaboration on green innovation performance: an interpretive structural modeling analysis [J]. Sustainable Production and Consumption, 2020 (23): 1-11.

[494] Yin J, Gong L, Wang S. Large-scale assessment of global green innovation research trends from 1981 to 2016: a bibliometric study [J]. Journal of Cleaner Production,

2018（197）：827-841.

［495］ Yin Q, Li X. Exploring the roles of government involvement and institutional environments in the internationalization of Chinese Internet companies ［J］. Chinese Journal of Communication, 2019, 13（2）：1-21.

［496］ Zameer H, Wang Y, Vasbieva D G, et al.. Exploring a pathway to carbon neutrality via reinforcing environmental performance through green process innovation, environmental orientation and green competitive advantage ［J］. Journal of Environmental Management, 2021, 296（7）：1-9.

［497］ Zeng H, Chen X, Xiao X, et al.. Institutional pressures, sustainable supply chain management, and circular economy capability：empirical evidence from Chinese eco-industrial park firms ［J］. Journal of Cleaner Production, 2017（155）：54-65.

［498］ Zhang B, Wang Z H, Lai K H. Mediating effect of managers' environmental concern：bridge between external pressures and firms practices of energy conservation in China ［J］. Journal of Environmental Psychology, 2015, 43（1）：203-215.

［499］ Zhang D, Rong Z, Ji Q. Green innovation and firm performance：evidence from listed companies in China ［J］. Resources, Conservation and Recycling, 2019（144）：48-55.

［500］ Zhang F, Zhu L. Enhancing corporate sustainable development：stakeholder pressures, organizational learning, and green innovation ［J］. Business Strategy and the Environment, 2019, 28（6）：1012-1026.

［501］ Zhang J, Wu W P. Social capital and new product development outcomes：the mediating role of sensing capability in Chinese high-tech firms ［J］. Journal of World Business, 2013, 48（4）：539-548.

［502］ Zhang Q, Mu R, Hu Y, et al. The influence mechanism of organizational slack on CSR from the perspective of property heterogeneity：evidence from China's intelligent manufacturing ［J］. Journal of Intelligent and Fuzzy Systems, 2020（38）：7041-7052.

［503］ Zhang Y, Wang J, Chen J, et al.. Does environmental regulation policy help improve business performance of manufacturing enterprises? Evidence from China ［J］. Environment, Development & Sustainability, 2023, 25（5）：4335-4364.

子研究一调查问卷

中小企业生态创新影响因素的调查问卷

尊敬的女士/先生：

您好！感谢您在百忙之中抽出宝贵的时间参与问卷调查！

本问卷旨在了解我国中小企业内部运营及生态创新环保实践开展情况，您的填写将对本研究具有很大贡献。本问卷采用匿名方式填写，不涉及贵公司的商业机密，所填数据仅作学术研究，您填写的任何个人信息或企业信息都将会受到严格的保密，敬请放心填写。

非常感谢您的支持！祝您工作顺利，万事如意！

一、基本资料（请您在相应的选项上打"√"）

1. 您的性别：□男 □女

2. 您工作的企业所在的地区为：省/自治区/直辖市

3. 您的学历：□初中及以下 □高中或中专 □大专 □本科 □研究生

4. 您所在企业成立时间为：

☐小于 3 年　☐3～5 年　☐5～10 年　☐10～15 年　☐15 年及以上

5. 您所在企业的员工人数为：

☐少于 100 人　☐100～500 人　☐500～1000 人　☐1000～1500 人
☐1500～2000 人

6. 您所在行业为：☐制造业　☐非制造业　☐其他

7. 您工作的企业是否属于高污染企业：☐是　☐否

8. 您在公司工龄为：☐3 年以下　☐3～6 年　☐6～10 年　☐10～13 年
☐13 年及以上

9. 您的工作职级为：

☐一般员工　☐基层管理者　☐中层管理者　☐高层管理者　☐企业法人代表

10. 您所在企业的性质是：

☐国有企业　☐民营企业　☐外资企业　☐混合所有制企业　☐其他企业

二、请根据您公司感受到压力的实际情况，在最能代表您的意见或感觉的数字上打"√"。（"1"指"非常不同意"，"7"指"非常同意"）

题项（简写）	非常不同意	不同意	比较不同意	一般	比较同意	同意	非常同意
企业生产须符合国内相关环境法律法规规定	1	2	3	4	5	6	7
企业生产须符合出口国家相关环保规定	1	2	3	4	5	6	7
企业产品须符合国际环保标准	1	2	3	4	5	6	7
政府提供了与企业相关的实施环保措施的补贴	1	2	3	4	5	6	7
政府减免了与企业相关的实施环保措施的税收	1	2	3	4	5	6	7

续表

题项（简写）	非常 不同意	不同意	比较 不同意	一般	比较 同意	同意	非常 同意
政府积极宣传环境保护	1	2	3	4	5	6	7
政府提供了与企业相关的环保技术信息	1	2	3	4	5	6	7
政府提供了与企业相关的产学研合作平台	1	2	3	4	5	6	7
政府提供了专项扶持基金	1	2	3	4	5	6	7
客户要求产品符合环保标准	1	2	3	4	5	6	7
客户倾向蕴含生态价值的产品	1	2	3	4	5	6	7
供应商要求生产过程符合环保规定	1	2	3	4	5	6	7
公众重视生态问题	1	2	3	4	5	6	7
碳交易市场强调绿色环保	1	2	3	4	5	6	7
竞争对手成功采用领先生态技术	1	2	3	4	5	6	7
替代产品成功采用领先生态技术	1	2	3	4	5	6	7
龙头企业成功采用领先生态技术	1	2	3	4	5	6	7

注：1 表示"非常不同意"，7 表示"非常同意"，从 1 到 7，表示"越来越同意"。

三、请根据您公司资源状况的实际情况，在最能代表的您意见或感觉的数字上打"√"。（"1"指"非常不同意"，"7"指"非常同意"）

题项（简写）	非常 不同意	不同意	比较 不同意	一般	比较 同意	同意	非常 同意
有充足的财务资源用于自由支配	1	2	3	4	5	6	7
留存收益能够支持市场扩张	1	2	3	4	5	6	7
有较多的潜在关系资源可以利用	1	2	3	4	5	6	7
能在需要时获得银行贷款等金融资助	1	2	3	4	5	6	7
工艺设备或技术较先进，但尚未被充分利用	1	2	3	4	5	6	7

续表

题项（简写）	非常 不同意	不同意	比较 不同意	一般	比较 同意	同意	非常 同意
专门人才相对较多，有一定发掘潜力	1	2	3	4	5	6	7
企业目前的生产运营低于设计能力	1	2	3	4	5	6	7

注：1表示"非常不同意"，7表示"非常同意"，从1到7，表示"越来越同意"。

四、请根据您公司高管对生态创新看法的实际情况，在最能代表您的意见或感觉的数字上打"√"。（"1"指"非常不同意"，"7"指"非常同意"）

题项（简写）	非常 不同意	不同意	比较 不同意	一般	比较 同意	同意	非常 同意
高管主张生态创新可降低生产成本	1	2	3	4	5	6	7
高管主张生态绿色创新可提高生产效率	1	2	3	4	5	6	7
高管主张生态创新可增加营销机会	1	2	3	4	5	6	7
高管主张生态创新可使企业多方面受益	1	2	3	4	5	6	7
高管主张生态创新可提高企业竞争力	1	2	3	4	5	6	7
企业高管重视相关环保法规对公司的影响	1	2	3	4	5	6	7
高管重视生产经营对环境的消极作用	1	2	3	4	5	6	7
高管重视对生态保护的政策和知识	1	2	3	4	5	6	7
高管在运营、生产、营销各个环节将生态保护视为自身责任	1	2	3	4	5	6	7

续表

题项（简写）	非常不同意	不同意	比较不同意	一般	比较同意	同意	非常同意
高管主张生态保护对企业生存异常关键	1	2	3	4	5	6	7

注：1 表示"非常不同意"，7 表示"非常同意"，从 1 到 7，表示"越来越同意"。

五、请根据您公司生态创新的实际情况，在最能代表您的意见或感觉的数字上打"√"。（"1"指"非常不同意"，"7"指"非常同意"）

题项（简写）	非常不同意	不同意	比较不同意	一般	比较同意	同意	非常同意
公司经常进行积极的与环境相关的创新，以便先于竞争对手采取新做法或研发新产品	1	2	3	4	5	6	7
公司积极致力于持续投入资源进行绿色创新，成功抓住机遇，引领市场	1	2	3	4	5	6	7
公司积极改进制造工艺以回收再利用，降低材料成本	1	2	3	4	5	6	7
企业主动提出生态保护的相关创新理念，获取竞争优势	1	2	3	4	5	6	7
公司为遵守环境法规采取被动的环境创新	1	2	3	4	5	6	7
公司被要求发明新的解决方案，以适应利益相关者的要求	1	2	3	4	5	6	7
公司被迫对不断变化的环境作出反应	1	2	3	4	5	6	7
企业被动开展环境创新，应对竞争对手挑战	1	2	3	4	5	6	7

注：1 表示"非常不同意"，7 表示"非常同意"，从 1 到 7，表示"越来越同意"。

再次感谢您对本次调研的大力支持！

附录 **2**

子研究二调查问卷

生态创新对中小企业绩效的作用机制调查问卷

尊敬的女士/先生：

您好！感谢您在百忙之中抽出宝贵的时间参与问卷调查！

本问卷旨在了解我国中小企业生态创新及其绩效状况，您的填写将对本研究具有很大贡献。本问卷采用匿名方式填写，不涉及贵公司的商业机密，所填数据仅作学术研究，您填写的任何个人信息或企业信息都将会受到严格的保密，敬请放心填写。

非常感谢您的支持！祝您工作顺利，万事如意！

一、基本资料（请您在相应的选项上打"√"）

1. 贵公司的性质为：

□国有/集体企业　　□民营企业　　□外资企业　　□混合所有制企业
□其他企业

2. 贵公司所属的行业为：

□传统制造业　　　　　　　□高科技制造业　　　　　　　□其他行业

3. 您所在企业现有正式职工人数有多少？

□少于 100 人　　　　□100～500 人　　　　□500～1000 人

□1000～1500 人　　　□1500～2000 人

4. 您的工作职位：

□企业法人代表　　　□高层管理者　　　□中层管理者　　　□基层管理者

□一般员工

5. 贵公司已成立多少年？

□小于 3 年　　□3～5 年　　□5～10 年　　□10～15 年　　□15 年及以上

6. 贵公司的资产规模总额（截至上一年底）为：

□500 万元以内　　□500 万～1000 万元　　□1000 万～4000 万元　　□4000
万元及以上

二、请根据您所在企业实际情况的符合程度在相应的数值上打
"√"（"1"指"非常不同意"，"7"指"非常同意"）。

题项（简写）	非常 不同意	不同意	比较 不同意	一般	比较 同意	同意	非常 同意
贵公司经常进行积极的与环境相关的创新，以便采取先于竞争对手的新做法或新产品	1	2	3	4	5	6	7
贵公司积极致力于持续投入资源进行绿色创新，成功抓住机遇，引领市场	1	2	3	4	5	6	7
贵公司积极改进制造工艺以回收再利用，降低材料成本	1	2	3	4	5	6	7
贵公司自发提出与环境相关的创新理念，以获取竞争优势	1	2	3	4	5	6	7

续表

题项（简写）	非常 不同意	不同意	比较 不同意	一般	比较 同意	同意	非常 同意
贵公司为遵守环境法规采取被动的环境创新	1	2	3	4	5	6	7
贵公司被要求发明新的解决方案，以适应利益相关者的要求	1	2	3	4	5	6	7
贵公司被迫对不断变化的环境作出反应	1	2	3	4	5	6	7
贵公司被动进行环境创新，以应对竞争对手的挑战	1	2	3	4	5	6	7

注：1表示"非常不同意"，7表示"非常同意"，从1到7，表示"越来越同意"。

三、请根据您所在企业实际情况的符合程度在相应的数值上打"√"（"1"指"非常不同意"，"7"指"非常同意"）。

题项（简写）	非常 不同意	不同意	比较 不同意	一般	比较 同意	同意	非常 同意
贵公司的竞争优势在于产品优质	1	2	3	4	5	6	7
贵公司将产品与服务相结合，为顾客创造优异的价值	1	2	3	4	5	6	7
贵公司逐步建立高品质的产品和品牌形象	1	2	3	4	5	6	7
贵公司开发顾客专用的解决方案和产品	1	2	3	4	5	6	7
贵公司的竞争优势在于运营效率	1	2	3	4	5	6	7
贵公司以比竞争对手低的价格为顾客创造更多的价值	1	2	3	4	5	6	7
贵公司依靠新技术的应用而做到运营成本低于竞争对手	1	2	3	4	5	6	7
贵公司通过规模经济实现低运营成本	1	2	3	4	5	6	7

注：1表示"非常不同意"，7表示"非常同意"，从1到7，表示"越来越同意"。

四、请根据您所在企业实际情况的符合程度在相应的数值上打"√"（"1"指"非常不同意"，"7"指"非常同意"）。

题项（简写）	非常不同意	不同意	比较不同意	一般	比较同意	同意	非常同意
贵公司的销售收入增长情况在同行业中处于领先水平	1	2	3	4	5	6	7
贵公司的利润增长情况在同行业中处于领先水平	1	2	3	4	5	6	7
贵公司的投资回报情况在同行业中处于领先水平	1	2	3	4	5	6	7
贵公司的市场份额增长情况在同行业中处于领先水平	1	2	3	4	5	6	7
贵公司向市场推出新产品或服务的速度在同行业中处于领先水平	1	2	3	4	5	6	7

注：1 表示"非常不同意"，7 表示"非常同意"，从 1 到 7，表示"越来越同意"。

再次感谢您对本次调研的大力支持！

子研究三调查问卷

生态创新与中小企业绩效间权变关系调查问卷

尊敬的女士/先生:

您好!感谢您在百忙之中抽出宝贵的时间参与问卷调查!

本问卷旨在了解我国中小企业生态创新及其成长状况,您的填写将对本研究具有很大贡献。本问卷采用匿名方式填写,不涉及贵公司的商业机密,所填数据仅作学术研究,您填写的任何个人信息或企业信息都将会受到严格的保密,敬请放心填写。

非常感谢您的支持!祝您工作顺利,万事如意!

一、基本资料(请您在相应的选项上打"√")

1. 贵公司的性质为:

□国有/集体企业　□民营企业　□外资企业　□混合所有制企业
□其他企业

2. 贵公司所属的行业为：

□传统制造业　　　　□高科技制造业　　　　□其他行业

3. 您所在企业现有正式职工人数有多少？

□少于 100 人　　　□100～500 人　　　　□500～1000 人

□1000～1500 人　　□1500～2000 人

4. 您的工作职位：

□企业法人代表　□高层管理者　□中层管理者　□基层管理者　□一般员工

5. 贵公司已成立多少年？

□小于 3 年　　□3～5 年　　□5～10 年　　□10～15 年　　□15 年及以上

6. 贵公司的资产规模总额（截至上一年底）为：

□500 万元以内　□500 万～1000 万元　□1000 万～4000 万元　□4000万元及以上

二、请根据您所在企业实际情况的符合程度在相应的数值上打"√"（"1"指"非常不同意"，"7"指"非常同意"）。

题项（简写）	非常不同意	不同意	比较不同意	一般	比较同意	同意	非常同意
贵公司经常进行积极的与环境相关的创新，以便采取先于竞争对手的新做法或新产品	1	2	3	4	5	6	7
贵公司积极致力于持续投入资源进行绿色创新，成功抓住机遇，引领市场	1	2	3	4	5	6	7
贵公司积极改进制造工艺以回收再利用，降低材料成本	1	2	3	4	5	6	7
贵公司自发提出与环境相关的创新理念，以获取竞争优势	1	2	3	4	5	6	7

注：1 表示"非常不同意"，7 表示"非常同意"，从 1 到 7，表示"越来越同意"。

题项（简写）	非常 不同意	不同意	比较 不同意	一般	比较 同意	同意	非常 同意
贵公司为遵守环境法规采取被动 的环境创新	1	2	3	4	5	6	7
贵公司被要求发明新的解决方案， 以适应利益相关者的要求	1	2	3	4	5	6	7
贵公司被迫对不断变化的环境作 出反应	1	2	3	4	5	6	7
贵公司被动进行环境创新，以应对 竞争对手的挑战	1	2	3	4	5	6	7

注：1 表示"非常不同意"，7 表示"非常同意"，从 1 到 7，表示"越来越同意"。

三、请根据您所在企业实际情况的符合程度在相应的数值上打
"√"（"1"指"非常不同意"，"7"指"非常同意"）。

题项（简写）	非常 不同意	不同意	比较 不同意	一般	比较 同意	同意	非常 同意
当地政府相关法规能得到较好地 落实	1	2	3	4	5	6	7
当地政府的司法很公正	1	2	3	4	5	6	7
当地法规系统中公司运营相关法 规的制定很完备	1	2	3	4	5	6	7

注：1 表示"非常不同意"，7 表示"非常同意"，从 1 到 7，表示"越来越同意"。

四、请根据您所在企业实际情况的符合程度在相应的数值上打
"√"（"1"指"非常不同意"，"7"指"非常同意"）。

题项（简写）	非常 不同意	不同意	比较 不同意	一般	比较 同意	同意	非常 同意
贵公司与客户建立了良好关系	1	2	3	4	5	6	7
贵公司与供应商建立了良好关系	1	2	3	4	5	6	7

续表

题项(简写)	非常不同意	不同意	比较不同意	一般	比较同意	同意	非常同意
贵公司与竞争对手建立了良好关系	1	2	3	4	5	6	7
贵公司与各级政府官员建立了良好关系	1	2	3	4	5	6	7
贵公司与行业协会等机构建立了良好关系	1	2	3	4	5	6	7
贵公司与监管和支持机构(如税务局、工商局等)建立了良好关系	1	2	3	4	5	6	7

注：1 表示"非常不同意"，7 表示"非常同意"，从 1 到 7，表示"越来越同意"。

五、请根据您所在企业实际情况的符合程度在相应的数值上打"√"（"1"指"非常不同意"，"7"指"非常同意"）。

题项(简写)	非常不同意	不同意	比较不同意	一般	比较同意	同意	非常同意
贵公司的销售收入增长情况在同行业中处于领先水平	1	2	3	4	5	6	7
贵公司的利润增长情况在同行业中处于领先水平	1	2	3	4	5	6	7
贵公司的投资回报情况在同行业中处于领先水平	1	2	3	4	5	6	7
贵公司的市场份额增长情况在同行业中处于领先水平	1	2	3	4	5	6	7
贵公司向市场推出新产品或服务的速度在同行业中处于领先水平	1	2	3	4	5	6	7

注：1 表示"非常不同意"，7 表示"非常同意"，从 1 到 7，表示"越来越同意"。

再次感谢您对本次调研的大力支持！

后　记

自 2013 年起，我们团队聚焦创新创业与人力资源管理领域，以期为"创新驱动"及"人才强国"等国家重大战略实施贡献微薄力量。近五年来，在国家社科基金项目的资助下，我们围绕中小企业生态创新主题，就转型经济情境下中小企业生态创新的驱动因素及绩效转化机制等问题开展了一系列研究工作。

从某种意义来说，本书是我们团队集体智慧的结晶。我们团队的研究生朱晴雯、夏靖婷等都参与了本项目研究，他们硕士学位论文的部分成果在本书相关章节均有体现，袁文文、沈仪扬、裴双明、钟宇婷、姚益林、潘伟业等研究生也在研究过程乃至成书阶段付出了自己的努力。其中，朱晴雯、夏靖婷参与了第四章、第五章的撰写工作。他们为本书的顺利完成作出了较大贡献。

在项目开展过程中，我们得到很多组织机构以及亲朋好友们的支持和帮助。诸多政府部门管理人员、中小企业管理者等对我们的调研和问卷调查工作给予了理解和支持。在此，我们要向他们表达最诚挚的谢意！此外，我们要衷心感谢社会科学文献出版社在本书编校、出版过程中的辛劳付出，感谢他们给予我们的大力支持！

　　由于时间精力、研究能力等多方面的限制，本书难免存在纰漏之处，恳请广大读者批评指正。

陈奎庆　彭　伟　赵　帅
2023 年初冬

图书在版编目（CIP）数据

中小企业生态创新：驱动因素与绩效转化机制 / 陈奎庆，彭伟，赵帅著 . --北京：社会科学文献出版社，2023.12

ISBN 978-7-5228-2586-1

Ⅰ.①中… Ⅱ.①陈… ②彭… ③赵… Ⅲ.①中小企业-企业管理-研究-中国 Ⅳ.①F279.243

中国国家版本馆 CIP 数据核字（2023）第 188851 号

中小企业生态创新：驱动因素与绩效转化机制

著　者 / 陈奎庆　彭　伟　赵　帅

出 版 人 / 冀祥德
责任编辑 / 宋　静
责任印制 / 王京美

出　　版 / 社会科学文献出版社·皮书出版分社（010）59367127
　　　　　　地址：北京市北三环中路甲 29 号院华龙大厦　邮编：100029
　　　　　　网址：www. ssap. com. cn
发　　行 / 社会科学文献出版社（010）59367028
印　　装 / 三河市龙林印务有限公司

规　　格 / 开　本：787mm × 1092mm　1/16
　　　　　　印　张：17　字　数：261 千字
版　　次 / 2023 年 12 月第 1 版　2023 年 12 月第 1 次印刷
书　　号 / ISBN 978-7-5228-2586-1
定　　价 / 98.00 元

读者服务电话：4008918866